The Blue Book on the Quality of Industrial
Development in China (2017-2018)

2017-2018年
中国工业发展质量
蓝皮书

中国电子信息产业发展研究院　编著

主　编／王　鹏

副主编／秦海林　关　兵　乔宝华

人 民 出 版 社

责任编辑：邵永忠

封面设计：黄桂月

责任校对：吕　飞

图书在版编目（CIP）数据

2017-2018年中国工业发展质量蓝皮书／中国电子信息产业发展研究院
　编著；王鹏 主编．—北京：人民出版社，2018.9
ISBN 978-7-01-019813-2

Ⅰ.①2… Ⅱ.①中… ②王… Ⅲ.①工业发展—经济运行质量—研究报告—中
国—2017-2018 Ⅳ.①F424

中国版本图书馆 CIP 数据核字（2018）第 217551 号

2017-2018 年中国工业发展质量蓝皮书

2017-2018 NIAN ZHONGGUO GONGYE FAZHAN ZHILIANG LANPISHU

中国电子信息产业发展研究院 编著

王　鹏 主编

人 民 出 版 社 出版发行

（100706 北京市东城区隆福寺街 99 号）

北京市燕鑫印刷有限公司印刷　新华书店经销

2018 年 9 月第 1 版　2018 年 9 月北京第 1 次印刷

开本：710 毫米×1000 毫米 1/16　印张：17

字数：280 千字　印数：0,001—2,000

ISBN 978-7-01-019813-2　定价：70.00 元

邮购地址　100706　北京市东城区隆福寺街 99 号

人民东方图书销售中心　电话（010）65250042　65289539

前　言

2017 年，是我国经济由高速增长阶段向高质量发展阶段转变的标志性的一年，是我国工业经济开启新征程的重要一年。在习近平新时代中国特色社会主义思想指引下，在党中央、国务院的坚强领导下，稳步推进工业领域供给侧结构性改革，推动工业高质量发展成为我国经济优化升级的重要抓手，工业系统坚持稳增长调结构的总要求下，积极推进新旧动能平稳接续转换，全面落实"中国制造 2025"战略，我国工业总体上呈现出"稳中向好、稳中有升"的基本态势。

2017 年以来，我国工业发展面临着错综复杂的国内外形势。一方面，美国特朗普政府先后出台加息、缩表、税改等政策，旨在增强美国制造业国际竞争力，同时挑战 WTO 既有规则，推行单边贸易保护主义，全球贸易自由化进程面临巨大挑战，我国工业在全球价值链的劳动力成本传统优势日益弱化；另一方面，我国工业下行压力仍然存在，工业民间投资意愿仍不强，工业结构优化升级和"去产能"任重道远，传统工业增长动能趋弱，新动能尚未发挥出支撑工业经济增长的主要作用，新旧动能转换尚需时日。我国工业经济在这样的发展背景下，需要继续深化推进"中国制造 2025"战略，加快推动工业高质量发展，增强我国工业，特别是制造业的国际竞争力。

本书通过研究"工业发展质量"，目的在于考量我国各省市工业经济以及各工业行业在上述新的发展背景和环境下，反映出各自的工业发展进程。"工业发展质量"，是指一定时期内一个国家或地区工业发展的优劣状态，综合反映了速度、结构、效益、创新、资源、环境及信息化等方面的关系的协调程度。本书通篇围绕"工业高质量发展"，遵循新发展理念，紧密结合"中国制造 2025"的主要目标，充分吸纳供给侧结构性改革对工业经济发展的新要求，全面剖析了工业发展质量的内涵，明确了构建评价体系的基本原则和主要思路，在往年评价体系的基础上，对 22 项指标进行了适时的调整，对过去十年全国及地方省市的工业发展质量,以及工业主要行业发展质量进行了评价。

在研究过程中,我们深刻体会到,工业发展质量内涵丰富,构建一套相对合理的评价体系并对全国、各省(区、市)以及工业行业进行评价,是一项极富挑战性和创造性的工作,具有现实意义。《中国工业发展质量蓝皮书》前五版问世以来,引发了学术界的广泛关注和热烈反响,《2017—2018年中国工业发展质量蓝皮书》在认真吸收和采纳了行业内专家和学者具有建设性的建议和意见的基础上,通过对2017年我国工业发展质量相关热点、重点和难点问题进行透析,期望能够引起更多国内外学术界有识之士共同关注。

囿于时间、精力、能力有限,虽谨思慎为、几经推敲,但不足之处实属难免,恳请业界同人不吝赐教。

目　　录

区 域 篇

专 题 篇

影 响 篇

展　望　篇

理论篇

第一章　理论基础

　　当前，我国步入新时代，基本特征就是我国经济已由高速增长阶段转向高质量发展阶段。我国工业经济发展不仅实现了从高速到中高速的平稳换挡，而且从规模速度型粗放增长开始转向质量效益型发展，工业发展更加注重质量与效益的平衡，追求稳中有进，稳中提质，更加注重工业发展质量变革、效率变革、动力变革。基于这一现状，本章主要从我国工业发展走势和研究成果出发，提出有关工业发展质量的概念，并认为工业发展质量的衡量是多维度的，主要体现在速度和效益有机统一、结构持续调整和优化、技术创新能力不断提高、资源节约和环境友好、两化融合不断深化、人力资源结构优化和待遇提升六个方面。对工业发展质量进行评价，不仅是衡量工业转型升级成果的需要，还是把握工业经济运行规律和正确指导地方工业科学发展的有效手段。

第一节　研究背景和文献综述

一、研究背景

　　改革开放 40 年来，我国经济建设取得了显著成绩。自 2010 年至今稳居世界第二经济大国，2017 年 GDP 初步核算达到 82.7 万亿元，比上年增长6.9%。在长期经济高速增长过程中，我国工业经济取得迅猛发展：从工业门类看，拥有全球门类最齐全的产业体系和配套网络，其中 220 多种工业品产量居世界第一；从总量看，2017 年全部工业增加值达到 28 万亿元，是 1990年工业增加值的近 41 倍；从增速看，1991—2012 年间均保持在 8% 以上的高增速，2017年工业增加值同比增长6.4%。近几年增速有所放缓，但从全球角度来看增速依然处于高位。从贡献率看，工业对经济增长的贡献率长期处于较高水平，20世纪90年代始终保持在60%左右，2010年后贡献率逐年下降，2017年有所回升，贡献率为30.9%，比上年提高0.2个百分点。虽然我国工业经济增速有所放缓，但产业结构持续优化。主要表现在：一是传统产业高端化、智能化改造步伐加快，效益持续改善，2017年制造业技改投资93973亿元，同比增长16%，比全国固定资产投资快8.8个百分点；2017年全国规模以上工业企业实现利润总额75187.1亿元，同比增长21%，较上年加快12.5个百分点；二是中高端产业发展迅速，对GDP增长的贡献率提高，2017年高技术产业和装备制造业增加值分别比上年增长13.4%和11.3%，增速分别比规模以上工业快6.8和4.7个百分点；三是高耗能行业增速低位回落，2017年六大高耗能行业规模以上工业增加值同比增长3.0%，较上年回落2.2个百分点，显示高耗能、高污染行业结构调整进程有所加快；四是新业态、新模式发展迅速，2017年全国网上零售额71751亿元，比上年增长32.2%。近几年来，通过全面深化改革、实施"创新驱动发展""中国制造2025"等战略和政策，我国工业经济实现了从高速到中高速的平稳换挡，规模速度型粗放增长开始转向质量效益型发展。

党的十九大报告从党和国家事业发展全局出发，描绘了新时代全面建设社会主义现代化国家的宏伟蓝图，作出了我国经济已由高速增长阶段转向高质量发展阶段的重大战略判断。报告指出，我国经济正处在转变发展方式、优化经济结构、转换增长动力的攻关期，建设现代化经济体系是跨越关口的迫切要求和我国发展的战略目标。建设现代化经济体系，必须把发展经济的着力点放在实体经济上，把提高供给体系质量作为主攻方向，显著增强我国经济质量优势。工业是立国之本，是振兴实体经济的主战场，是稳增长、转方式、调结构的主心骨。从2017年情况看，"三去一降一补"工作成效初显：钢铁、煤炭等传统产能过剩行业圆满完成全年去产能任务，全国工业产能利用率为77.0%，创5年新高。工业企业杠杆率不断降低，规模以上工业企业资产负债率为55.5%，比上年降低0.6个百分点。企业成本继续下降，规模以上工业企业每百元主营业务收入中的成本为84.92元，比上年减少0.25元。短板领域投资加快，全年生态保护和环境治理业、水利管理业、农业投资分别比上年增长 23.9%、16.4% 和 16.4%，分别快于全部投资 16.7、9.2 和 9.2 个百分点。

深化供给侧结构性改革，还要继续加快落实"中国制造 2025"战略，变制造业大国为制造业强国，实现中国制造向中国创造转变，中国速度向中国质量转变，中国产品向中国品牌转变。2017 年是实施"中国制造 2025"的关键一年，统筹推动国家制造业创新中心建设、智能制造、工业强基、绿色制造、高端装备创新等五大工程实施，促进制造业与互联网、军民深度融合，加快推动制造业"双创"，实施服务型制造和装备制造品牌提升行动，坚持多措并举促进制造业结构升级，加强政策创新，完善制造业发展环境。扎实开展"中国制造 2025"城市（群）试点示范，推进"中国制造 2025"国家级示范区创建工作。修订印发《"中国制造 2025"分省市指南（2017 年度）》，引导区域特色化、差异化发展。2018 年将全面深入实施"中国制造 2025"。研究制定重点工作任务考核管理办法，推进新一代信息技术和制造业深度融合，加快构建工业互联网，持续优化制造业发展环境。加强世界产业集群发展趋势和我国产业集群发展现状的研究，制定出台《关于培育发展世界级先进制造业集群的意见》，推进国家新型工业化产业示范基地发展质量提升，促进集群发展。

2018 年，我国将着力振兴实体经济，工业发展将更加注重质量和效益，更加注重质量变革、效率变革、动力变革，更加注重质量发展的体系建设。《中华人民共和国国民经济和社会发展第十三个五年规划纲要》明确指出要实现经济保持中高速增长，投资效率和企业效率明显上升，工业化和信息化融合发展水平进一步提高，产业迈向中高端水平，先进制造业加快发展，新产业新业态不断成长，坚持创新发展，着力提高发展质量和效益。2017 年 12 月，中央经济工作会议指出，推动高质量发展是当前和今后一个时期确定发展思路、制定经济政策、实施宏观调控的根本要求，必须加快形成推动高质量发展的指标体系、政策体系、标准体系、统计体系、绩效评价、政绩考核，创建和完善制度环境，推动我国经济在实现高质量发展上不断取得新进展。会议指出，要围绕推动高质量发展，做好八项重点工作：一是深化供给侧结构性改革；二是激发各类市场主体活力；三是实施乡村振兴战略；四是实施区域协调发展战略；五是推动形成全面开放新格局；六是提高保障和改善民生水平；七是加快建立多主体供应、多渠道保障、租购并举的住房制度；八是加快推进生态文明建设。

二、文献综述

我国专家、学者围绕供给侧结构性改革，针对如何推进"中国制造2025"，实现新旧动能转换展开了深入探讨。李伟（2017）认为培育的新动能一定要有质量要求，不仅应是经济增长的动力，也应成为优化经济结构和化解各类风险的动力。刘世锦（2017）认为，如何使"老经济"释放出新动能，关键是要让"老经济"加上新体制、新机制、新技术、新商业模式。释放新动能，应着眼以下五个领域：一是聚焦基础产业，进一步打破行政性垄断；二是助力优势企业，用好供给侧竞争机制；三是促进服务业增长，进一步扩大开放；四是提升实体经济效率，加强与互联网技术融合；五是转变增长方式，激发创新带来的增长动能。张军扩（2017）认为，新形势下增强我国经济发展新动能需要处理好三个方面的关系：要处理好发展新技术、新产业、新业态与促进传统产业转型升级之间的关系；要处理好供给侧动能与需求侧动能之间的关系；要通过改革创造好的制度环境，核心是处理好政府和市场的关系。李伟（2016）认为，经济新常态的核心是实现动力转换，我国过去依靠廉价优质劳动力等支撑经济增长的基本动力已经发生转折性变化，经济发展动力要从大规模要素投入驱动增长转向创新驱动增长。

党的十九大指出，我国经济已由高速增长阶段转向高质量发展阶段，部分专家和学者对此进行了解读。李伟（2018）认为社会主要矛盾的变化决定了经济工作的方向和重点，要求我国经济发展切实转向高质量发展，过去40年的高速增长，成功解决了"有没有"的问题，现在强调高质量发展，根本在于解决"好不好"的问题。陈昌盛（2017）认为中国经济增长速度将继续出现走稳态势，在相对低的速度下中国加快迈向高质量增长。刘世锦（2017）认为建设现代化经济体系要解决一个关键性的问题，就是提高全要素生产率。聚焦到工业领域，学者的研究主要集中在工业运行质量和工业全要素生产率两方面。在工业运行质量方面，王必香（2015）、陈卫灵（2010）等学者通过构建相应的工业运行质量评价体系，分别对云南省、广东省工业增长质量进行了总体测度。研究表明：工业发展注重的方向逐步由数量向质量转变，但还存在一些问题，如：资源利用效率不高、科技进步水平较低、创新意识不强等。在工业生产效率方面，丁黄艳（2014）、吴海民（2008）等学者采用数据包络分析方法、Malmquist 指数法等计量方法对我国工业经济运行效率进行了测度和研究，研究表明我国工业运行效率呈现不断提高的趋势，发达地区的工业运行效率通过技术进步实现，而欠发达地区更多的是通过提高组织管理水平来实现。同时，净莉（2014）、李玲（2012）、时春红（2011）等学者对我国工业全要素生产率进行了研究。研究表明，技术进步已经成为全要素生产率增长的核心动力，必须大力促进工业技术进步，有效提高生产要素组合质量与使用效率，由此提高我国工业全要素生产率，进一步实现我国工业经济向集约型增长方式转变。

党中央、国务院和各级地方党委政府高度重视绿色发展。习近平总书记围绕绿色发展，发表一系列重要讲话，指出要像保护眼睛一样保护生态环境，推动形成绿色低碳循环发展新方式，并从中创造新的增长点，强调绿色发展是最有前途的发展领域，加快构建绿色循环低碳发展的产业体系，决不以牺牲环境换取一时的经济增长，形成了既要金山银山、又要绿水青山的鲜明导向。2017 年 12 月，国家统计局发布《2016 年生态文明建设年度评价结果公报》，首次公布了 2016 年度各省份绿色发展指数，排名前 5 位的地区分别为北京、福建、浙江、上海、重庆。开展年度评价，对于完善经济社会发展评价体系，引导各地方各部门深入贯彻新发展理念、加快推进绿色发展和生态文明建设，具有重要的指导作用。2017 年 12 月，工业和信息化部发布了《中国工业绿色发展报告（2017）》，系统总结了我国推进工业节能与绿色发展的主要工作及进展，是我国工业领域第一部全面梳理总结工业绿色发展进程的重要资料，集中展示了我国推进工业绿色发展的实践经验和积极成效，是社会各界把握绿色发展国内外形势的重要指引。我国学者和研究机构针对经济可持续发展也进行了大量研究，如中国社会科学院工业经济研究所课题组（2011）从剖析工业绿色转型升级面临的体制机制障碍入手，绘制了我国工业绿色转型升级的路线图，通过详细分析工业绿色转型的成本收益，提出了促进工业绿色转型升级的机制创新和政策支撑体系的相关对策建议。此外，王永瑜和郭立平（2010）、向书坚和郑瑞坤（2013）、王军和耿建（2014）、钱争鸣和刘晓晨（2014）等学者围绕绿色经济发展指数、绿色经济效率等问题进行了研究。

创新是引领发展的第一动力，是建设现代化经济体系的战略支撑。党的十九大指出，加快建设创新型国家，要瞄准世界科技前沿，强化基础研究，实现前瞻性基础研究、引领性原创成果重大突破。2017年12月，国家统计局构建了中国创新指数（China Innovation Index，CII），2016年中国创新指数为181.2，比上年增长5.7%。分领域看，创新环境指数、创新投入指数、创新产出指数和创新成效指数分别为172.0、172.2、223.3和157.3，分别比上年增长4.9%、4.8%、7.2%和5.2%。2016年我国创新环境继续优化，创新投入力度加大，创新产出能力稳步提升，创新成效进一步显现，创新型国家建设持续推进。在政策层面，2017年9月，国务院办公厅发布《关于推广支持创新相关改革举措的通知》，确定在京津冀、上海、广东（珠三角）、安徽（合芜蚌）、四川（成德绵）、湖北武汉、陕西西安、辽宁沈阳等8个区域开展全面创新改革试验，推进相关改革举措先行先试，着力破除制约创新发展的体制机制障碍。2017年10月，国务院办公厅发布《关于积极推进供应链创新与应用的指导意见》，以提高发展质量和效益为中心，以供应链与互联网、物联网深度融合为路径，创新发展供应链新理念、新技术、新模式，高效整合各类资源和要素，打造大数据支撑、网络化共享、智能化协作的智慧供应链体系，推进供给侧结构性改革，提升我国经济全球竞争力。

综上所述，当前以及未来相当长的一段时期内，我国工业经济发展更加关注工业发展质量和效益，更加注重工业发展质量变革、效率变革、动力变革。推动工业经济高质量发展，是保持工业经济持续健康发展的必然要求，是遵循经济规律发展的必然要求。就当前国内外复杂形势看，亟须构建一套合理、完善的评价体系，来客观、科学反映和评价我国新时代工业发展质量，引导和推动工业产业结构向更加合理的方向调整。

第二节 工业发展质量的概念及研究意义

一、概念及内涵

工业发展质量的衡量是多维度的，涉及生态效益、经济结构、创新能力、民生水平等多个方面。赛迪智库工业经济研究所认为，广义上，工业发展质量是指一定时期内一个国家或地区工业发展的优劣状态；狭义上，工业发展质量是在保持合理增长速度的前提下，更加重视增长的效益，不仅包括规模扩张，还包括结构优化、技术创新、资源节约、环境改善、两化融合、惠及民生等诸多方面。现阶段其内涵主要体现在以下六个方面。

第一，速度和效益有机统一。工业发展质量的提高是以稳定的发展速度为基础，目前我国工业经济运行呈现"稳中有进"的特点，"稳"主要体现在工业增速保持在一定的水平，"进"更多地体现在质量和效益的提高。忽视效益和质量的盲目扩张很可能以资源高消耗、环境高污染为代价，并可能引致产业结构失衡等一系列严重问题，将影响到工业的良性循环和健康发展。提升工业发展质量的关键在于实现速度和效益的有机统一。

第二，结构持续调整和优化。工业结构反映了生产要素在产业间、地区间、企业间的资源配置情况，是工业总体发展水平的重要评价维度。工业结构的优化升级有助于提高工业发展质量，是工业发展质量提升的重要表现。必须要统筹处理好传统产业和新兴产业、劳动密集型产业和资本技术密集型产业、重化工业与轻工业、东部地区与中西部地区、大集团大企业与中小企业、国有企业与非国有企业等重要关系，优化生产要素配置。

第三，技术创新能力不断提高。技术创新是工业经济发展质量提高的源泉，提高产业技术创新能力，有助于实现内涵式发展，推动工业转型升级。在新一轮科技革命的背景下，必须转变经济发展方式，建立健全工业化的创新驱动机制，实现工业化动力从投资驱动向创新驱动转变，进而形成创新驱动的现代化经济体系。提高工业发展质量，要求完善创新生态体系，实现创新链、产业链与资金链的有机统一，保障科研经费投入，促进科技成果的转化。

第四，资源节约和环境友好。实现工业经济与资源环境的和谐发展，是缓解资源约束矛盾的根本出路，是提高工业发展质量的前提。绿色发展是工业发展质量的重要要求，也是工业经济效益的具体表现方面之一。实践证明，粗放利用资源的发展模式只会加剧资源约束矛盾，而以损害环境为代价的工业发展具有极强的社会负外部性。提升工业发展质量，必须提高资源利用效率，发展循环经济，有效控制污染排放。

第五，两化融合不断深化。随着新兴信息技术的产生和应用，互联网、大数据、人工智能和实体经济深度融合，信息技术、信息产品、信息资源、信息化标准等信息化要素，在工业技术、工业产品、工业装备、工业管理、工业基础设施、市场环境等各个层面的渗透与融合，是推动工业转型升级的重要科技助力，也是优化工业系统管理水平的重要手段。

第六，人力资源结构优化和待遇提升。随着我国人口老龄化的加剧，劳动力成本上升，以廉价劳动力为特征的人口红利在不断消失。但随着改革开放后我国人均受教育水平的提高，劳动力质量呈现明显改善，成为我国人口红利的新特征。提高工业发展的质量，既要充分依托我国在人才和劳动力资源方面的巨大优势，特别是要关注人均受教育水平的提高。同时还要着眼于解决广大人民群众的就业与收入问题，实现发展成果人民共享的同时，扩大内需增强国内购买力。

二、评价意义

党的十九大明确提出，必须坚持质量第一、效益优先，以供给侧结构性改革为主线，推动经济发展质量变革、效率变革、动力变革，提高全要素生产率，着力加快建设实体经济、科技创新、现代金融、人力资源协同发展的产业体系，着力构建市场机制有效、微观主体有活力、宏观调控有度的经济体制，不断增强我国经济创新力和竞争力。结合实际情况，我们认为，未来我国工业发展质量的评价，应综合考虑产业结构优化、协调发展、绿色发展、工业创新能力等多个维度，着力提高工业发展的质量和效益。加强对工业发展质量的评价和研究，是推进工业转型升级的重要基础性工作之一，也是深入贯彻落实党的十九大和中央经济工作会议相关精神、实现"中国制造2025"战略的重要实践性工作之一，对我国新时代工业经济实现健康平稳增长具有重要意义。

第一，研究和评价工业发展质量是科学衡量工业转型升级效果的迫切需要。加快工业转型升级已成为推进我国经济结构调整和发展方式转变的重大举措。工业转型升级主要体现在自主创新、结构优化、两化深度融合、绿色低碳、对外开放等诸多方面，其核心目标就是要实现工业发展质量的不断提升。工业转型升级是一个系统性工程，单一指标难以准确客观衡量转型升级的效果，当前亟须构建一套能够全面准确衡量工业发展质量的指标体系，引导地方政府和企业走内生增长、集约高效的发展道路。

第二，研究和评价工业发展质量是正确引导地方工业实现科学发展的有效手段。长期以来，片面追求规模、增速的指标扭曲了行业或地区工业发展的经济行为，一方面在推动工业规模高速扩张的同时，另一方面也造成了资源浪费、环境污染、产能过剩、产品附加值低、竞争力不强等深层次问题。加强对工业发展质量的评价，有利于引导各级政府实现工业增速与效益的统一，通过加大创新投入、优化产业结构、推进节能减排等措施改善工业整体素质，引导地方将工作重心转移到发展方式转变上来。

第三，研究和评价工业发展质量是准确把握工业经济运行规律的内在要求。通过对工业发展质量的长期持续跟踪评价，有利于全面分析工业经济运行的中长期特点、趋势及影响因素，深刻剖析工业经济发展中的深层次问题和矛盾，准确把握工业经济运行的客观规律。进而在把握规律的基础上指导实践，提高政府决策的科学性与合理性。

因此，了解和掌握2017年我国工业相关政策，构建我国工业发展质量的评价体系，分析全国及地方省区市的工业发展质量水平和工业细分行业的发展质量情况，探讨工业发展质量的热点和面临的问题，展望工业发展存在的机遇与挑战，对促进我国新时代工业经济更高质量、更有效率、更可持续地发展具有重要意义。

第二章　评价体系

　　党的十九大报告作出了"我国经济已由高速增长阶段转向高质量发展阶段"的重大战略判断，2017 年底召开的中央经济工作会议又明确指出："推动高质量发展是当前和今后一个时期确定发展思路、制定经济政策、实施宏观调控的根本要求。"2018 年是全面贯彻党的十九大精神的第一年，也将迎来改革开放 40 周年，必须深入贯彻落实创新、协调、绿色、开放、共享的发展理念，不断提高工业发展质量效益。本章将基于工业发展质量的基本内涵来确定评价指标体系的基本框架和主要内容，并按内在逻辑要求来选择具有代表性的指标；同时，坚持以指标数据的可获得性为前提来保证评价结果的客观性。在构建评价体系时坚持系统性、可比性、可测度、可扩展等原则，最终选取的指标涵盖速度效益、结构调整、技术创新、资源环境、两化融合、人力资源等六个方面，包含 22 项具体指标。本章详细介绍了工业发展质量评价指标体系的指标选取、指标权重、指标数据来源以及工业发展质量时序指数和截面指数的测算方法，是后续测算工业发展质量指数的基础。

第一节　研究思路

　　党的十八届三中全会指出，要完善发展成果考核评价体系，纠正单纯以经济增长速度评定政绩的偏向，加大资源消耗、环境损害、生态效益、产能过剩、科技创新、安全生产、新增债务等指标的权重。《国民经济和社会发展第十二个五年规划纲要》明确提出，要"弱化对经济增长速度的评价考核，强化对结构优化、民生改善、资源节约、环境保护、基本公共服务和社会管理等目标任务完成情况的综合评价考核"。《中国制造 2025》将质量为先与创新驱动、绿色发展、结构优化和人才为本并列为其五大基本方针之一，提出实现制造强国的战略目标，必须加快制造业转型升级，全面提高发展质量和核心竞争力。党的十八届五中全会再次明确提出"十三五"时期仍要坚持发展是第一要务，以提高发展质量和效益为中心，加快形成引领经济发展新常态的体制机制和发展方式。《国民经济和社会发展第十三个五年规划纲要》提出要"切实转变发展方式，提高发展质量和效益，努力跨越'中等收入陷阱'，不断开拓发展新境界"。要"坚持发展是第一要务，牢固树立和贯彻落实创新、协调、绿色、开放、共享的发展理念，以提高发展质量和效益为中心，以供给侧结构性改革为主线，扩大有效供给，满足有效需求，加快形成引领经济发展新常态的体制机制和发展方式"。党的十九大报告作出了"我国经济已由高速增长阶段转向高质量发展阶段"的重大战略判断，2017 年底召开的中央经济工作会议又明确指出"推动高质量发展是当前和今后一个时期确定发展思路、制定经济政策、实施宏观调控的根本要求"，并要求"必须加快形成推动高质量发展的指标体系、政策体系、标准体系、统计体系、绩效评价、政绩考核，创建和完善制度环境，推动我国经济在实现高质量发展上不断取得新进展"。为全面落实党的十九大精神，更好实现《中国制造 2025》发展规划的战略目标，我们以构建工业发展质量评价指标体系为途径，以科学监测我国工业经济的发展质量，准确分析工业经济运行实力与潜力为目标，实现工业发展方式转变，工业结构整体优化提升。

评价体系的构建需要认真研究、不断尝试和逐步完善，必须在明确工业发展质量内涵的基础上，选取能够反映现阶段我国工业发展水平和能力的指标，对数据进行处理，并对初步测算结果进行分析与验证，然后根据验证结果再对指标体系进行必要的修改和调整，确立适合我国国情和工业化发展阶段的评价指标体系，最终用于全国及地方省市的工业发展质量评价（见图 2－1）。

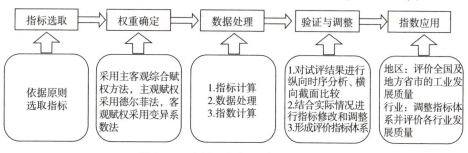

图 2－1　中国工业发展质量研究思路

资料来源：赛迪智库整理，2018 年 1 月。

　　指标选取。首先应根据工业发展质量的基本内涵，确定评价指标体系的基本框架和主要内容，并按内在逻辑要求选择重要而有代表性的指标组成初步的指标框架体系。在确立指标框架体系的基础上，按照系统性、可比性、可测度、可扩展的原则，选取具体指标。为保证评价结果的准确性和客观性，本书所需数据全部来源于国家统计局等权威机构发布的统计年鉴和研究报告。

　　权重确定。采用主客观综合赋权法，主观赋权法选用德尔菲法，客观赋权法选用变异系数法，这样不仅能够充分挖掘数据本身的统计意义，也能够充分利用数据指标的经济意义。主客观综合赋权法，能够客观、公正、科学地反映各指标所占权重，具有较高的可信度。为便于逐年之间的比较，采用2012—2016年主客观权重的平均值作为统一权重。

　　数据处理。首先计算无法直接获取的二级指标，如 R&D 经费投入强度、主要污染物排放强度、就业人员平均受教育年限等。对于截面指数，将所有指标进行无量纲化处理，利用无量纲化数据和确定的权重，得到地方省市的工业发展质量截面指数；对于时序指数，将所有指标换算为以2012 年为基期的增长率指标，然后进行加权，得到全国及地方省市工业发展质量时序指数。

　　验证与调整。指标体系确定后，对全国及地方省市的工业发展质量进行试评。利用试评结果对工业发展质量进行纵向时序分析和横向截面比较，并结合全国及地方省市的实际情况，发现指标体系存在的问题，对指标体系进行修改和调试，直至形成科学、全面、准确的评价指标体系。

　　指数应用。利用调整后的指标体系，对全国及地方省市的工业发展质量进行评价。通过分析评价结果，发现我国及各省市工业发展过程中存在的问题，并据此提出促进工业发展质量提升的对策建议。针对行业的实际情况，对部分不适合指标和不可获得指标进行剔除，得到适用于行业之间比较的评价指标体系，并利用实际数据评价行业发展质量。

第二节　基本原则

一、研究的指导原则

以创新、协调、绿色、开放、共享的发展理念为指导，以提高发展质量和效益为中心，以推进供给侧结构性改革为主线，坚定不移地走好中国特色新型工业化道路。紧紧围绕新型工业化道路和供给侧结构性改革的内涵，聚焦《中国制造 2025》规划主要目标，在保证一定增长速度的前提下，工业应实现更具效益的增长，结构不断调整和优化，技术创新能力不断提升，资源环境不断改善，信息化与工业化融合不断加深，人力资源优势得到更充分发挥。

二、指标的选取原则

指标的选择，首先应根据工业发展质量的基本内涵，确定评价指标体系的基本框架和主要内容，并按内在逻辑要求选择具有代表性的指标。同时，以指标数据的可获得性为前提并保证评价结果的客观性，指标数据应全部来源于统计年鉴或权威机构发布的研究报告。

三、体系的构建原则

构建评价指标体系是开展工业发展质量评价工作的关键环节。针对工业发展质量的内涵和特征，在构建评价指标体系的过程中，要遵循以下四个原则。

第一，系统性原则。工业发展质量涉及经济、社会、生态等诸多方面，但评价指标体系不可能无所不包，只有那些真正能够直接反映工业发展质量内在要求的要素才能被纳入到指标体系之中。同时，评价指标体系不应是一些指标和数据的简单堆砌与组合，而应当是一个安排科学、结构合理、逻辑严谨的有机整体。

第二，可比性原则。指标的选择必须充分考虑到不同地区在产业结构、自然条件等方面的差异，尽可能选取具有共性的综合指标，并且代表不同经济含义、不同量纲的指标，在经过无量纲化处理后，可以相互比较。考虑到总量指标不具备可比性，指标选择尽量采用均量指标，兼顾采用总量指标；尽量采用普适性指标，兼顾采用特殊指标。

第三，可测度原则。要求所选择的指标应充分考虑到数据的可获得性和指标量化的难易程度，定量与定性相结合，既能全面反映工业发展质量的各种内涵，又能最大限度地利用统计资料和有关规范标准，采取各种直接的或间接的计算方法能够加以量化，否则就会失去指标本身的含义和使用价值。

第四，可扩展原则。指标的选取要突出现阶段工业发展的战略导向，构建出符合工业转型升级、两化深度融合等新形势新要求的指标体系。同时，由于受统计指标、数据来源等多种因素制约，建立评价指标体系不宜过分强调它的完备性。对于暂时无法纳入本评价体系的指标，要根据实际需要和可能，逐渐补充和完善。

第三节　指标体系

一、概念

工业发展质量评价指标，是指能够反映工业经济发展质量和效益等多方面的各项具体数据。这些数据按照一定的目的和方式进行组织而形成的指标集合，构成了工业发展质量评价指标体系，它能够比较科学、全面、客观地向人们提供工业发展质量的相关信息。

二、作用

工业发展质量评价体系，能够反映我国工业经济与社会发展的健康程度，能够指导我国走好新型工业化道路，有利于我国国民经济的持续稳定增长。

工业发展质量评价体系具有三大作用：

第一，描述与评价的功能，可以将工业经济的发展质量利用相关的指标进行具体描述，使工业经济可持续发展的现状一目了然。

第二，监测和预警的功能，可以监测战略目标的完成情况和政策实施的效果，为防止经济、社会和资源环境危害的产生，提供预警信息。

第三，引导和约束的功能，对于各地区的工业发展具有一定的导向作用，可以与周边类似省份互设标杆进行比较。

总之，工业发展质量评价体系提供了评价工业经济与社会、资源、环境等之间关系的量化工具。为了实现工业经济可持续发展的目标，我国有必要利用好这一工具，对工业发展的过程进行监测和评价、指导与监督、规范和约束。当然，工业发展阶段和水平是动态变化的，其评判标准并非一成不变，工业发展质量评价体系的内容也将与时俱进。

三、框架设计

1. 指标选取

评价指标体系的框架设计，必须建立在准确理解和把握工业发展质量内涵的基础上。根据对工业发展质量内涵的理解和指标选取的基本原则，本书初步建立了由速度效益、结构调整、技术创新、资源环境、两化融合、人力资源共六大类 22 项具体指标组成的评价指标体系（见表 2 - 1）。

表 2 - 1　中国工业发展质量评价指标体系

总指标	一级指标	二级指标
工业发展质量	速度效益	工业增加值增速
		资产负债率
		工业成本费用利润率
		工业主营业务收入利润率
	结构调整	高技术产业占比
		500 强企业占比
		规模以上工业小企业主营业务收入增速
		工业制成品出口占比
	技术创新	工业企业 R&D 经费投入强度
		工业企业 R&D 人员投入强度
		工业企业单位 R&D 经费支出发明专利数
		工业企业新产品占比

续表

总指标	一级指标	二级指标
工业发展质量	资源环境	单位工业增加值能耗
		工业主要污染物排放强度
		工业固体废物综合利用率
		工业污染治理投资强度
	两化融合	工业应用信息化水平
		电子信息产业占比
		互联网普及率
	人力资源	工业职工平均工资增速
		第二产业全员劳动生产率
		就业人员平均受教育年限

资料来源：赛迪智库整理，2018年1月。

需要说明的是，由于工业发展质量的内涵十分丰富，涉及领域较多，并且关于工业发展质量的研究尚处在探索阶段，目前社会各界对如何评价工业发展质量也还没有形成统一的认识。因此，构建评价指标体系是一项需要不断探索和长期实践，且极富挑战性的工作。经过近几年的摸索和调整，目前指标体系已相对稳定，本版在上一版的评价指标体系的基础上，根据数据可获取情况对部分指标进行了微调，主要是技术创新类指标的统计口径统一调整为规模以上工业企业口径（以前年份用的是大中型工业企业口径），速度效益类指标用资产负债率替换了之前的总资产贡献率，未来仍会根据经济发展需要和数据获取情况进行微调。

2. 指标阐释

根据评价体系的框架设计，主要分为六大类指标：

一是速度效益类。发展速度和经济效益是反映一个国家和地区工业发展质量的重要方面。这里主要选取了工业增加值增速、资产负债率、工业成本费用利润率和工业主营业务收入利润率四项指标。

表 2-2 速度效益类指标及说明

指标	计算公式	说明
工业增加值增速	$\left(\dfrac{当年工业增加值}{上年工业增加值}\right) \times 100\%$	反映全口径工业增加值的增长速度
资产负债率	$\dfrac{负债总额}{资产总额} \times 100\%$	反映企业利用债权人提供的资金从事经营活动的能力，也反映工业企业经营风险的大小
成本费用利润率	$\dfrac{工业利润总额}{工业成本费用总额} \times 100\%$	反映工业企业投入的生产成本及费用的经济效益，同时也反映企业降低成本所取得的经济效益
主营业务收入利润率	$\dfrac{工业利润总额}{工业主营业务收入} \times 100\%$	反映工业企业主营业务的获利能力

资料来源：赛迪智库整理，2018 年 1 月。

二是结构调整类。产业结构的优化和升级是走新型工业化道路的必然要求，对于工业经济的高质量增长具有重要意义。这里主要选取了高技术产业占比、500 强企业占比、规模以上工业小企业主营业务收入增速和工业制成品出口占比四项指标。

表 2-3 结构调整类指标及说明

指标	计算公式	说明
高技术产业占比	$\dfrac{高技术产业主营业务收入}{工业主营业务收入}$	一定程度上能够反映我国产业结构的优化程度
500 强企业占比	评价全国时为世界 500 强企业中的中国企业数量占比；评价地方省市时为各省市制造业企业 500 强占全国比重	反映具有国际竞争力的大中型工业企业发展状况以及产业组织结构
规模以上工业小企业主营业务收入增速	$\left(\dfrac{当年规上小企业主营业务收入}{上年规上小企业主营业务收入} - 1\right) \times 100\%$	反映小型工业企业的发展活力
工业制成品出口占比	全国：$\dfrac{工业制成品出口}{全球出口总额} \times 100\%$ 地方：$\dfrac{地方工业出口交货值}{全国工业出口交货值} \times 100\%$	反映一国/地区工业产品的出口竞争力

资料来源：赛迪智库整理，2018 年 1 月。

三是技术创新类。增强技术创新能力，是走内涵式发展道路的根本要求，也是我国工业转型升级的关键环节。这里主要选取了工业企业 R&D 经费投入强度、工业企业 R&D 人员投入强度、工业企业单位 R&D 经费支出发明专利数和工业企业新产品占比四项指标。

表 2-4　技术创新类指标及说明

指标	计算公式	说明
工业企业 R&D 经费投入强度	$\dfrac{工业企业 R\&D 经费支出}{工业企业主营业务收入} \times 100\%$	反映规模以上工业企业研发经费的投入强度
工业企业 R&D 人员投入强度	$\dfrac{工业企业 R\&D 人员数}{工业企业从业人员年平均人数} \times 100\%$	反映规模以上工业企业研发人员的投入强度
工业企业单位 R&D 经费支出发明专利数	$\dfrac{工业企业发明专利申请数}{工业企业 R\&D 经支出} \times 100\%$	反映规模以上工业企业单位研发经费投入所创造的科技成果的实力
工业企业新产品占比	$\dfrac{新产品主营业务收入}{工业企业主营业务收入} \times 100\%$	反映规模以上工业企业自主创新成果转化能力以及产品结构

资料来源：赛迪智库整理，2018 年 1 月。

　　四是资源环境类。加强资源节约和综合利用，积极应对气候变化，是加快转变经济发展方式的重要着力点，也是实现工业可持续发展的内在要求。这里主要选取了单位工业增加值能耗、工业主要污染物排放强度、工业废物综合利用率和工业污染治理投资强度四项指标。

表 2-5　资源环境类指标及说明

指标	计算公式	说明
单位工业增加值能耗	$\dfrac{工业能源消费总量}{工业增加值}$	反映工业生产节约能源情况和利用效率
工业主要污染物排放强度	指单位工业增加值排放的二氧化硫、氮氧化物、化学需氧量和氨氮量	反映工业生产对环境产生的不利影响
工业废物综合利用率	$\dfrac{工业废物综合利用量}{工业废物产生量 + 贮存量} \times 100\%$	反映工业生产的资源再利用情况
工业污染治理投资强度	$\dfrac{工业污染治理投资}{工业增加值} \times 100\%$	反映工业生产过程中对环境改善的投入力度

资料来源：赛迪智库整理，2018 年 1 月。

　　五是两化融合类。信息化与工业化融合是我国走新型工业化道路的必然要求，也是提高工业发展质量的重要支撑。目前，工信部赛迪研究院已经连续多年发布《中国信息化与工业化融合发展水平评估报告》，企业数据采集量由首次评估的 2300 多家扩大到当前的 6000 多家，两化融合评价指标体系包括基础环境、工业应用、应用效益三类，其中工业应用指数涵盖重点行业典型企业 ERP 普及率、重点行业典型企业 MES 普及率、重点行业典型企业 PLM 普及率、重点行业典型企业 SCM 普及率、重点行业典型企业采购环节电子商务应用、重点行业典型企业销售环节电子商务应用、重点行业典型企业装备数控化率、国家新型工业化产业示范基地两化融合发展水平八个方面，很好地反映了工业企业的两化融合水平。根据数据可获得性原则，本研究还选取了电子信息产业占比和互联网普及率来辅助衡量两化融合水平。我们认为，电子信息产业发展的好坏，与地方产业结构轻量化、高级化有高度相关性，且一般来说电子信息产业发达地区信息化应用水平也较高。互联网普及率来源于中国互联网络信息中心（CNNIC）定期发布的《中国互联网络发展状况调查统计报告》。

表 2 - 6　两化融合类指标及说明

指标	计算公式	说明
工业应用信息化水平	由重点行业典型企业 ERP/MES/PLM/SCM 普及率、装备数控化率以及采购、销售环节电子商务应用等合成	反映工业企业生产经营管理过程中应用信息化技术的程度，用以体现工业化进程中企业的可持续发展情况
电子信息产业占比	$\dfrac{电子信息制造业收入}{工业主营业务收入} \times 50\% + \dfrac{软件业务收入}{GDP} \times 50\%$	反映地区电子信息制造业和软件业的发展程度和水平，体现工业化与信息化的发展水平
互联网普及率	$\dfrac{网民数}{当地年末常住人口数} \times 100\%$	指报告期行政区域总人口中网民数所占比重，是反映互联网普及和应用水平的重要指标

资料来源：赛迪智库整理，2018 年 1 月。

六是人力资源类。人力资源是知识经济时代经济增长的重要源泉，也是我国建设创新型国家的基础和加速推进我国工业转型升级的重要动力。这里主要选取了工业职工平均工资增速、第二产业全员劳动生产率和就业人员平均受教育年限三项指标来反映人力资源情况。

表 2 - 7　人力资源类指标及说明

指标	计算公式	说明
工业职工平均工资增速	$\left(\dfrac{当年工业企业职工平均工资}{上年工业企业职工平均工资}-1\right)\times$ 100%	体现一定时期内工业企业职工以货币形式得到的劳动报酬的增长水平，反映工业发展对改善民生方面的贡献
第二产业全员劳动生产率	$\dfrac{第二产业增加值}{第二产业就业人员数}$	综合反映第二产业的生产技术水平、经营管理水平、职工技术熟练程度和劳动积极性
就业人员平均受教育年限	就业人员小学占比×6 + 就业人员初中占比×9 + 就业人员高中占比×12 + 就业人员大专及以上占比×16	能够较好地反映出就业人员的总体素质

资料来源：赛迪智库整理，2018 年 1 月。

第四节　评价方法

一、指数构建方法

统计指数是综合反映由多种因素组成的经济现象在不同时间和空间条件下平均变动的相对数（徐国祥，2005）。从不同的角度，可以对统计指数进行不同的分类：按照所反映现象的特征不同，可以分为质量指标指数和数量指标指数；按照所反映现象的范围不同，可分为个体指数和总指数；按照所反映对象的对比性质不同，可分为动态指数和静态指数。

本书通过构建工业发展质量时序指数来反映全国及地方省市工业发展质量历年的时序变化情况，旨在进行自我评价；通过构建工业发展质量截面指数来反映地方省市工业发展质量在某一时点上的截面比较情况，旨在进行对比评价。在评价各行业时，我们拟采用截面指数来衡量各产业的发展质量，待数据库补充完整之后再构建时序指数。按照统计指数的分类，工业发展质量时序指数即为动态指数中的定基指数，工业发展质量截面指数即为静态指数，并在上述过程中计算了速度效益、结构调整等六个方面的分类指数，即个体指数。

1. 时序指数的构建

首先，计算2012—2016年30个省（区、市）各项指标的增速（已经是增速的指标不再计算）；然后，将增速调整为以2012年为基期；最后，加权求和得到各地区工业发展质量时序指数及分类指数。

2. 截面指数的构建

首先，按照公式（1）将2012—2016年30个省（区、市）的原始指标进行无量纲化处理；然后，按照公式（2）和（3）进行加权求和，分别得到各地区工业发展质量截面指数和分类指数。

$$X'_{ijt} = \frac{X_{ijt} - \min \{X_{jt}\}}{\max \{X_{jt}\} - \min \{X_{jt}\}} \tag{1}$$

$$IDQI_{it} = \frac{\sum_{j=1}^{22} X'_{ijt} W_j}{\sum_{j=1}^{22} W_j} \tag{2}$$

$$I_{it} = \frac{\sum X'_{ijt} W_j}{\sum W_j} \tag{3}$$

公式（1）至（3）中，X_{ijt}代表30个省（区、市），j代表22项三级指标，X_{ijt}代表t年i省j指标，$\max \{X_{jt}\}$和$\min \{X_{jt}\}$分别代表t年j指标的最大值和最小值，X'_{ijt}代表t年i省j指标的无量纲化指标值，I_{it}代表t年i省的分类指数，$IDQI_{it}$代表t年i省的工业发展质量截面指数，W_j代表j指标的权重。

需要说明的是，因为全国工业发展质量无须做截面比较，因此全国工业发展质量指数是时序指数。

二、权重确定方法

在指标体系的评价过程中，权重的确定是一项十分重要的内容，因为权重直接关系到评价结果的准确性与可靠性。从统计学上来看，权重确定一般分为主观赋权法和客观赋权法，前者一般包括德尔菲法（Delphi Method）、层次分析法（The Analytic Hierarchy Process，AHP）等，后者一般包括主成分分析法、变异系数法、离差及均方差法等。主观赋权法的优点在于能够充分利用专家对于各指标的内涵及其相互之间关系的经验判断，并且简便易行，但存在因评价主体偏好不同有时会有较大差异这一缺陷；客观赋权法的优点在于不受人的主观因素的影响，能够充分挖掘指标数据本身所蕴含的信息，但存在有时会弱化指标的内涵及其现实意义这一缺陷。为避免主观赋权法的经验性较强以及客观赋权法的数据依赖性较强，本书利用德尔菲法和变异系数法进行主客观综合赋权的方法。选择变异系数法的原因在于，从评价体系中的各项指标来看，差异越大的指标越重要，因为它更能反映出各地区工业发展质量的差异，如果全国各省市的某个指标没有多大差别，则没有必要再将其作为一项衡量的指标，所以对差异越大的指标要赋予更大的权重（曾五一和庄赟，2003）。

权重的测算过程如下，首先按照公式（4）计算各项指标的变异系数，然后按照公式（5）和（6）计算各项指标的客观权重，最后利用由德尔菲法得到的主观权重和由变异系数法得到的客观权重进行平均，得到各项指标的最终权重。

$$V_{jt} = \frac{Q_{jt}}{X_{jt}} \qquad\qquad (4)$$

$$W_{jt} = \frac{V_{jt}}{\sum\limits_{j=1}^{22} V_{jt}} \qquad\qquad (5)$$

$$W_j = \sum\limits_{t=2012}^{2016} W_{jt}/5 \qquad\qquad (6)$$

V_{jt} 代表 t 年 j 指标的变异系数，Q_{jt} 代表 t 年 j 指标的标准差，X_{jt} 代表 t 年 j 指标的均值，W_{jt} 代表 t 年 j 指标的权重，W_j 代表 j 指标的最终权重。

第五节　数据来源

一、数据来源

本书所使用的数据主要来源于国家统计局发布的历年《中国统计年鉴》《中国科技统计年鉴》《中国高技术产业统计年鉴》《中国工业统计年鉴》（2013 年以前为《中国工业经济统计年鉴》）、《工业企业科技活动统计年鉴》（2012 年以前为《工业企业科技活动统计资料》）、《中国劳动统计年鉴》《中国环境年鉴》，各省市统计局发布的历年地方省市统计年鉴，工信部发布的《中国电子信息产业统计年鉴》，工信部赛迪研究院发布的《中国信息化与工业化融合发展水平评估报告》和中国互联网络信息中心（CNNIC）定期发布的《中国互联网络发展状况调查统计报告》。

二、数据说明

1. 对象

由于西藏缺失指标较多，故不参与本评价；加之港澳台地区的数据来源有限；因此，本书的最终研究对象为全国及 30 个省（区、市）。

2. 指标说明

由于历年统计年鉴没有直接公布全国及各地区 2012—2016 年的单位工业增加值能耗数据，为保证工业发展质量时序指数在时间维度上的可比性，我们利用各地历年统计年鉴中的工业增加值、工业增加值指数和工业能耗数据，计算得到 2012—2016 年 30 个省（区、市）以 2010 年为不变价的单位工业增加值能耗。

本书在计算第二产业全员劳动生产率和工业主要污染物排放强度这两项指标时，第二产业增加值和工业增加值数据都调整为 2010 年不变价，以保证时序指数能够真实反映走势情况；单位工业 R&D 经费支出采用 R&D 价格指数进行平减，该指数由固定资产投资价格指数和消费者价格指数等合成。500

强企业占比这一指标，在衡量全国工业发展质量时是指世界 500 强企业中的中国企业数量所占比重，在衡量地方省市工业发展质量时是指中国企业联合会和中国企业家协会联合发布的历年中国制造业企业 500 强各省数量所占比重。

此外，由于单位工业增加值能耗和工业主要污染物排放强度均为逆向指标，在计算过程中我们对其进行取倒数处理以便于统一分析。

需要补充说明的是，本版在评估工业发展质量时将数据的基期调整为 2012 年，主要考虑是党的十八大以来我国工业发展速度、产业结构、增长动力等都发生较大变化，以 2012 年为基期，能够更好地反映这些年出现的一些新情况、新变化和新趋势。

全 国 篇

第三章　全国工业发展质量分析

在第二章构建的工业发展质量评价体系的基础上，本章测算了2012—2016年全国工业发展质量总指数及分类指数，分析了分类指数对总指数增长的贡献情况。结果显示：2012—2016年，全国工业发展质量指数呈逐年提升趋势，从2012年的100.0提高至2016年的123.1，年均增速为5.3%，表明自2012年以来，我国工业发展质量稳步提升。从分类指数看，六个分类指数整体呈上升趋势，其中，资源环境、结构调整、人力资源、两化融合水平提升较快，年均增速分别为7.9%、6.5%、6.3%、6.0%，快于总指数年均增速；技术创新、速度效益提升较慢，年均增速分别为4.9%、1.6%，低于总指数年均增速。从分类指数对总指数的影响看，与2012年相比，2016年六个分类指数对工业发展质量总指数增长的贡献率和拉动作用差异较大，结构调整和资源环境对总指数增长的贡献率较高，均超过20%；技术创新、人力资源、两化融合的贡献率也都在15%以上；速度效益的贡献率最低。

第一节　全国工业发展质量指数走势分析

利用本书所构建的评价体系，根据主客观综合赋权法，按照时序指数计算方法，得到2012—2016年全国工业发展质量指数及分类指数，结果见表3-1。根据表3-1中最后一行绘制全国工业发展质量指数走势图，结果见图3-1。需要说明的是，由于全国工业发展质量无须作截面比较，因此该指数即为时序指数。

结合表3-1和图3-1，2012—2016年，全国工业发展质量指数呈逐年提升趋势，从2012年的100.0提高至2016年的123.1，年均增速为5.3%。表明自2012年以来，我国工业发展质量稳步提升。

表 3-1 2012—2016 年全国工业发展质量指数及分类指数

	2012	2013	2014	2015	2016	2012—2016 年 年均增速（%）
速度效益	100.0	101.7	101.4	102.4	106.6	1.6
结构调整	100.0	111.0	117.2	125.8	128.4	6.5
技术创新	100.0	104.4	109.2	112.8	121.0	4.9
资源环境	100.0	116.3	126.2	125.6	135.6	7.9
两化融合	100.0	108.2	113.0	119.4	126.1	6.0
人力资源	100.0	107.2	114.3	121.1	127.6	6.3
工业发展质量指数	100.0	107.6	112.7	116.9	123.1	5.3

资料来源：赛迪智库整理，2018 年 1 月。

从增速看，2012 年以来我国工业发展速度明显回落，全口径工业增加值增速和规模以上工业增加值增速分别从 2012 年的 8.1% 和 10% 持续回落至 2016 年的 6.0%，规上工业增速相对全口径工业增速的领先幅度也从 2012 年的 1.9 个百分点收窄至 0。2017 年，我国全口径工业增加值增速和规模以上工业增加值增速分别为 6.4% 和 6.6%，增速都较上年小幅回升，为整个宏观经济稳中向好奠定坚实基础。同时，作为世界上制造业规模最大的国家，我国工业生产的稳定增长，对提振世界实体经济起着举足轻重的作用。

从结构看，2012 年以来我国产业结构不断优化，产业新动能加速释放。2017 年我国高技术制造业增加值较上年增长 13.4%，高出规模以上工业 6.8 个百分点，增速较上年加快 2.6 个百分点；装备制造业增加值较上年增长 11.3%，高出规模以上工业 4.7 个百分点，增速较上年加快 1.8 个百分点。主要工业行业中，电子、仪器仪表、汽车、医药、专用设备、通用设备、电气机械等均保持两位数增长。

从国际看，2012 年以来我国工业产品的国际竞争力显著增强。在我国制造业产出规模稳居世界第一的同时，工业产品出口结构不断优化，中高端工业品的国际竞争力持续增强。2016 年我国工业制成品出口占全球出口比重达到 12.5%，比 2012 年提高 1.9 个百分点。由于我国工业制成品物美价廉，有助于降低全球生产成本、推动技术进步、改善各国人民生活。2017 年，我国规模以上工业企业实现出口交货值 12.3 万亿元，较上年增长 10.7%，增速明显加快。其中，计算机、通信和其他电子设备制造业增长 14.2%，扭转上年的下降趋势；化学原料和化学制品制造业增长 14.1%，较上年加快 10.2 个百分点。工业品出口结构持续优化，2017 年计算机、通信和其他电子设备制造业出口交货值占比继续保持在 40% 以上，比 2012 年提高 2.2 个百分点；纺织业出口交货值占比降至 2.8%，比 2012 年下降 0.8 个百分点。

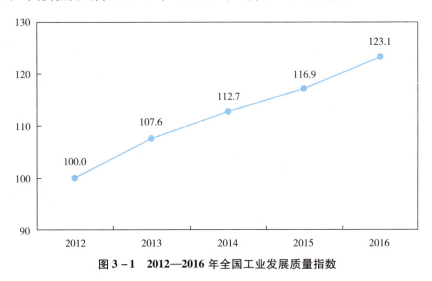

图 3-1　2012—2016 年全国工业发展质量指数

资料来源：赛迪智库整理，2018 年 1 月。

综合来看，2012 年至今，我国工业经济继续保持中高速增长，但企业效益仍需改善；产业结构调整取得积极成效，技术创新能力不断提升，两化融合水平继续提高，资源环境有所改善，人力资源水平明显改善。整体看，工业发展质量稳步提高。

第二节　全国工业发展质量分类指数分析

第一节分析了 2012—2016 年全国工业发展质量总指数走势，本节着重分析各分类指数的走势及其影响因素。

一、分类指数走势及其对总指数的影响

1. 评价结果分析

2012—2016 年，全国工业发展质量的六个分类指数整体呈上升趋势，其中，资源环境、结构调整、人力资源、两化融合水平提升较快，年均增速分别为 7.9%、6.5%、6.3%、6.0%，快于总指数年均增速；技术创新、速度效益提升较慢，年均增速分别为 4.9%、1.6%，低于总指数年均增速。

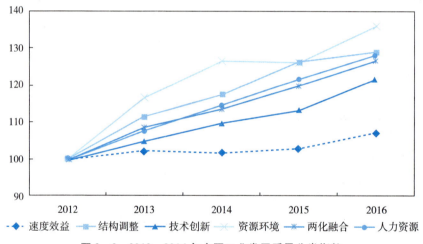

图 3-2 2012—2016 年全国工业发展质量分类指数

资料来源：赛迪智库整理，2018 年 1 月。

从分类指数对总指数的影响看，与 2012 年相比，2016 年六个分类指数对工业发展质量指数增长的贡献率和拉动作用差异较大（见表 3-2）。其中，结构调整和资源环境对总指数增长的贡献率较高，均超过 20%，分别拉动工业发展质量指数增长 1.2 个百分点；技术创新、人力资源、两化融合的贡献率也都在 15% 以上，分别拉动工业发展质量指数增长 1.0、0.9 和 0.8 个百分点；速度效益的贡献率最低，拉动工业发展质量指数增长 0.3 个百分点。

表 3 - 2　六个分类指数对总指数增长的贡献率和拉动

	速度效益指数	结构调整指数	技术创新指数	资源环境指数	两化融合指数	人力资源指数	合计
贡献率（%）	5.7	22.1	18.1	21.6	15.8	16.7	100
拉动（百分点）	0.3	1.2	1.0	1.2	0.8	0.9	5.3

资料来源：赛迪智库整理，2018 年 1 月。

2. 原因分析

（1）结构调整

2012 年以来，我国工业在结构调整方面取得显著成效。首先，高技术制造业规模不断扩大。2016 年我国高技术制造业主营业务收入突破 15 万亿元，占规模以上工业企业主营业务收入的 13.3%，比 2012 年提高 2.3 个百分点。2016 年，我国高技术制造业增加值占规模以上工业比重为 12.4%，比 2012 年提高 3 个百分点。

其次，装备制造业整体实力明显增强。近几年，通过深入实施《中国制造 2025》，持续推进"核高基"、宽带移动通信、高档数控机床、大飞机、"两机"等重大科技专项，装备制造业综合实力显著提升。2016 年，装备制造业增加值占规模以上工业比重为 32.9%，比 2012 年提高 4.7 个百分点，对工业经济的支撑力度显著提高。2017 年，我国高档数控系统打破国外技术垄断，高端装备创新成果丰硕，"蓝鲸 1 号"在南海成功试采可燃冰，C919 大型客机、AG600 水陆两栖飞机成功首飞，世界上最长的跨海大桥港珠澳大桥全线贯通，"复兴号"高铁成功投入运营。这些都将进一步推动我国装备制造向高端攀升。

最后，工业企业组织结构不断优化。自 2012 年以来，国家大力推进兼并重组，鼓励企业之间实现强强联合，有条件的地区正加快实现上下游一体化经营。从央企兼并重组情况来看，截至 2017 年底，国资委监管中央企业减至 98 家。这有助于调整优化产业结构，加快产业转型升级，提高国有资本配置效率，打造世界一流企业。从企业数量和就业来看，2016 年末，我国规模以上小型企业 316287 家，平均吸纳就业 3424.01 万人，在规模以上工业企业占比分别为 83.5% 和 36.1%。当前，中小企业已经成为支撑我国国民经济和社会发展的重要力量，在促进经济增长、保障就业稳定等方面发挥着不可替代的重要作用。可以预见，随着我国经济发展环境的逐步完善，大众创业、万众创新将成为我国经济增长的新引擎，中小企业特别是小微企业的发展活力将对宏观经济增长起到重要作用。

（2）两化融合

近几年，我国在两化融合方面取得较大进展，互联网基础设施、电子信息产业等都有明显突破。第一，从互联网基础设施方面来看，截至2017年底，我国IPv4地址数量为3.39亿个，拥有IPv6地址23430块/32。我国域名总数为3848万个，减少9%；其中".CN"域名总数增长1.2%，达到2085万个，在中国域名总数中占比达54.2%。国际出口带宽为7320180Mbps，年增长10.2%。从网民规模来看，2008年我国网民规模已跃升全球第一，到2017年末，我国网民规模达7.72亿，全年共计新增网民4074万人；互联网普及率也逐年提高，2017年达55.8%，较2016年底提升了2.6个百分点。

第二，从电子信息产业的发展来看，2017年，我国规模以上电子信息制造业增加值同比增长13.8%，高出工业平均水平7.2个百分点；电子信息制造业主营业务收入同比增长13.2%；电子信息产品出口交货值同比增长14.2%，高出工业平均水平3.5个百分点；软件和信息技术服务业完成软件业务收入5.5万亿元，同比增长13.9%；软件业实现出口538亿美元，同比增长3.4%。

（3）技术创新

第一，从创新投入来看，2016年，我国规模以上工业企业研究与试验发展（R&D）经费支出10944.66亿元，与主营业务收入之比达到0.94%，比2012年提升了0.17个百分点。从技术获取和技术改造情况来看，2016年，规模以上工业企业的引进技术经费支出、消化吸收经费支出、购买国内技术经费支出和技术改造经费支出分别为475.4亿元、109.2亿元、208亿元和3016.6亿元。

第二，从创新产出来看，近些年来我国工业企业专利数量不断攀升，2016年，规模以上工业企业专利申请数达到715397件，其中发明专利数286987件，规模以上工业企业有效发明专利数为769847件。专利数量的持续增长，反映出我国工业自主创新能力和水平日益提高。目前，我国在载人航天、探月工程、载人深潜、新支线飞机、大型液化天然气船（LNG）、高速轨道交通等领域取得突破性进展并进入世界先进行列。信息通信行业中，TD－LTE 技术、产品、组网性能和产业链服务支撑能力等均得到提升，涵盖系统、终端、芯片、仪表的完整产业链已基本完成。

（4）人力资源

近些年来，我国工业在科技人力资源方面保持稳定增长，科技人力投入不断增加，科技队伍进一步壮大。2016 年，我国规模以上工业企业 R&D 人员全时当量为 270.2 万人/年，比 2012 年增加了 45.6 万人/年；占工业平均用工人数的比重为 2.85%，比 2012 年提高了 0.5 个百分点。

（5）资源环境

自 2012 年以来，我国主要工业行业能耗显著下降，污染物排放明显下降，环境明显改善；但工业废物综合利用率和环境污染治理投资力度有所放缓。首先，单位增加值能耗明显下降。2012 年以来，我国单位 GDP 能耗（2010 年不变价）持续下降，2012—2016 年我国单位 GDP 能耗分别比上年下降 4.7%、3.7%、5.1%、5.0% 和 5.0%。从工业来看，2016 年，工业能源消费总量预计将达到 296480 万吨标准煤，以 2010 年为不变价的单位工业增加值能耗为 1.16 吨标准煤/万元。其次，主要污染物排放总量得到控制。2016 年单位工业废水中化学需氧量排放强度 10.76 吨/亿元、氨氮排放强度为 0.79 吨/亿元，工业废气中二氧化硫排放强度为 54.05 吨/亿元、氮氧化物排放强度为 39.16 吨/亿元。再次，工业废物综合利用率有所下降。2016 年工业废物综合利用率为 49.5%，比 2012 年下降 2.6 个百分点。最后，环境污染治理投资力度有所放缓。2016 年，工业污染治理完成投资 819 亿元，占工业增加值的比重为 0.33%，比重与上年基本持平。

（6）速度效益

速度效益方面，从规模和速度来看，2017 年，全部工业增加值 279997 亿元，比上年增长 6.4%；规模以上工业增加值增长 6.6%，整体仍处于中高速增长水平。从经济效益来看，2017 年，我国规模以上工业企业资产负债率 55.5%、主营业务收入利润率 6.46%，每百元主营业务收入中的成本 84.92 元，每百元资产实现的主营业务收入 108.4 元，人均主营业务收入 131.5 万元/人，产成品存货周转天数 14.4 天，应收账款平均回收期 39.1 天。

综合来看，近些年来，我国工业发展取得了较大成绩，结构持续调整和优化，两化融合不断深化，技术创新能力明显提升，人力资源素质和待遇明显改善，资源环境束缚压力有所缓解，速度回落至中高速，企业效益有待提升。

二、分类指数影响因素分析

为清楚地看到影响全国工业发展质量分类指数的内部因素，本书计算了22项指标对各自所属分类指数的贡献率和拉动，计算结果见表3-3。

2012—2016年，全国工业发展质量的六个分类指标中，资源环境指数、结构调整指数、人力资源指数、两化融合指数增长较快。其中，资源环境指数增长主要是由工业主要污染物排放强度下降推动的，贡献率高达71.9%；工业污染治理投资强度提高、单位工业增加值能耗下降的贡献率分别为22.8%和8.2%，工业废物综合利用率呈下降趋势，其贡献率为负。结构调整指数增长主要是由500强企业占比持续提高、规模以上工业小型企业主营业务收入持续增长、高技术制造业主营业务收入占比提高联合推动的，贡献率分别为35.6%、26.3%和20.1%，分别拉动结构调整指数增长2.3、1.7和1.3个百分点。人力资源指数主要是由工业职工平均工资增长以及第二产业全员劳动生产率提高共同带动的，贡献率分别为49%和46.4%。两化融合指数主要是由工业应用信息化水平、互联网普及率和电子信息产业占比联合拉动的，贡献率分别为43%、28.9%和28.1%，分别拉动2.6、1.7和1.7个百分点。

技术创新指数平稳增长，主要是由规模以上工业企业新产品销售收入占比提高和R&D经费投入强度以及R&D人员投入强度联合驱动的，贡献率分别为38.1%、31.3%和20.5%。

速度效益指数缓慢增长，虽然工业增加值继续保持中高速增长，但资产负债改善有限，而工业成本费用利润率和工业主营业务收入利润率都出现下降，拖累速度效益指数的增长。

表 3-3 22 项指标对分类指数的贡献率和拉动

二级指标	三级指标	贡献率（%）	拉动（百分点）
速度效益	工业增加值增速	134.9	2.2
	资产负债率	14.3	0.2
	工业成本费用利润率	-23.1	-0.4
	工业主营业务收入利润率	-26.1	-0.4
	合计	100	1.6
结构调整	高技术产业占比	20.1	1.3
	500 强企业占比	35.6	2.3
	规模以上工业小企业主营业务收入增速	26.3	1.7
	工业制成品出口占比	17.9	1.2
	合计	100	6.5
技术创新	工业 R&D 经费投入强度	31.3	1.5
	工业 R&D 人员投入强度	20.5	1.0
	单位工业 R&D 经费支出发明专利数	10.2	0.5
	工业企业新产品占比	38.1	1.9
	合计	100	4.9
资源环境	单位工业增加值能耗	8.2	0.7
	工业主要污染物排放强度	71.9	5.7
	工业废物综合利用率	-3.0	-0.2
	工业污染治理投资强度	22.8	1.8
	合计	100	7.9
两化融合	工业应用信息化水平	43.0	2.6
	电子信息产业占比	28.1	1.7
	互联网普及率	28.9	1.7
	合计	100	6.0
人力资源	工业职工平均工资增速	49.0	3.1
	第二产业全员劳动生产率	46.4	2.9
	就业人员平均受教育年限	4.6	0.3
	合计	100	6.3

资料来源：赛迪智库整理，2018 年 1 月。

第四章 工业细分行业发展质量评价与分析

为对工业细分行业发展质量进行整体评价和分析，本章构建速度效益和技术创新两大类共计八项指标的评价体系，计算截面指数，综合判断38个行业的速度效益类和技术创新类指标的得分和排名。评价结果表明，铁路、船舶、航空航天和其他运输设备制造业，计算机、通信和其他电子设备制造业，仪器仪表制造业，电气机械和器材制造业发展质量指数相对高，主要得益于其技术创新指数高，这也印证了高技术产业的战略地位；汽车制造业发展质量位列第三，主要由于其速度效益指数排名首位。而石化、矿采选、部分轻工行业发展质量指数较低，表明传统高耗能行业和劳动密集型行业速度效益和技术创新水平均亟待提高，传统行业下行压力较大。

第一节 评价体系构建与指标选取

行业和地区是衡量我国工业发展质量的两个维度。构建行业评价指标体系要遵循可获取性、可比性等原则。而在地区工业发展质量评价指标体系中，有部分指标不适用于对行业进行评价，如结构调整类指标。资源环境、两化融合和人力资源的大部分行业数据较难搜集，且由于行业自身特点，这三类指标行业间比较意义不大。因此，为体现行业之间的差异和特色，以下构建速度效益和技术创新两大类共计八项指标的体系，对2016年我国38个工业行业发展质量进行评价。根据国家统计局发布的国民经济行业分类，我国工业行业为41个，但由于开采辅助活动、其他采矿业和废弃资源综合利用业三个行业的部分指标数据缺失，因此最终选取参与评价的行业为38个。具体评价指标如表4-1所示。

表 4－1 2016 年 38 个工业行业速度效益类、技术创新类共计八项指标

	速度效益类				技术创新类			
	规上工业增加值增速（%）	工业资产负债率（%）	工业成本费用利润率（%）	工业主营业务收入利润率（%）	工业 R&D 经费投入强度（%）	工业 R&D 人员投入强度（%）	单位工业R&D 经费发明专利数（件/亿元）	工业新产品销售收入占比（%）
总计	6.00	55.87	6.70	6.21	0.94	2.85	26.22	15.07
煤炭开采和洗选业	－1.50	69.53	5.60	5.19	0.59	1.01	5.15	2.23
石油和天然气开采业	－0.10	46.03	－8.74	－8.76	0.99	3.47	17.78	1.47
黑色金属矿采选业	－2.60	56.52	7.32	6.75	0.17	0.70	36.55	0.56
有色金属矿采选业	2.50	53.38	8.14	7.43	0.44	1.04	6.79	3.72
非金属矿采选业	4.30	47.10	8.23	7.46	0.21	0.62	19.29	1.81
农副食品加工业	6.10	49.15	5.60	5.26	0.36	1.18	18.23	4.84
食品制造业	8.80	44.08	9.54	8.70	0.64	1.60	20.12	6.70
酒、饮料和精制茶制造业	8.00	43.92	11.75	10.30	0.54	1.35	13.09	6.11
烟草制品业	－8.30	25.71	33.53	11.95	0.25	2.20	65.10	20.43
纺织业	5.50	51.71	5.94	5.60	0.54	1.46	17.30	12.67
纺织服装、服饰业	3.80	46.08	6.42	6.02	0.45	0.80	15.71	9.24
皮革、毛皮、羽毛及其制品和制鞋业	3.40	44.99	7.03	6.52	0.39	0.71	13.93	7.16
木材加工和木、竹、藤、棕、草制品业	6.80	40.51	6.58	6.12	0.36	0.97	18.76	4.12
家具制造业	6.60	49.02	7.03	6.54	0.49	1.22	37.75	10.78
造纸和纸制品业	5.90	54.79	6.29	5.93	0.84	1.91	13.56	14.31
印刷和记录媒介复制业	6.10	42.97	7.70	7.14	0.58	1.62	23.44	8.05
文教、工美、体育和娱乐用品制造业	3.20	49.99	6.40	6.00	0.54	1.32	26.16	8.02

续表

	速度效益类			技术创新类			
	规上工业增加值增速（%）	工业资产负债率（%）	工业成本费用利润率（%）	工业主营业务收入利润率（%）	工业R&D经费投入强度（%）	工业R&D人员投入强度（%）	单位工业R&D经费发明专利数（件/亿元）	工业新产品销售收入占比（%）
石油加工、炼焦和核燃料加工业	6.70	65.25	6.66	5.46	0.35	1.62	7.86	7.74
化学原料和化学制品制造业	7.70	55.43	6.36	5.93	0.96	3.72	22.83	13.47
医药制造业	10.80	40.31	12.40	11.04	1.73	5.53	21.46	19.23
化学纤维制造业	6.10	56.98	5.24	5.00	1.08	3.74	10.27	23.71
橡胶和塑料制品业	7.60	46.84	6.88	6.41	0.86	2.34	23.67	11.55
非金属矿物制品业	6.50	50.97	7.39	6.84	0.52	1.46	19.60	5.48
黑色金属冶炼和压延加工业	−1.70	66.38	2.97	2.86	0.87	2.80	10.77	11.49
有色金属冶炼和压延加工业	6.20	63.38	3.91	3.73	0.76	3.34	10.62	13.07
金属制品业	8.20	49.87	6.41	5.99	0.82	2.60	24.11	9.93
通用设备制造业	5.90	51.88	7.08	6.59	1.38	4.64	29.81	18.57
专用设备制造业	6.70	52.17	6.53	6.09	1.54	5.09	36.34	17.19
汽车制造业	15.50	58.34	9.22	8.43	1.29	4.74	14.65	31.32
铁路、船舶、航空航天和其他运输设备制造业	3.20	63.20	6.53	6.08	2.38	5.62	21.82	33.35
电气机械和器材制造业	8.50	55.59	7.52	6.99	1.50	4.49	37.54	26.36
计算机、通信和其他电子设备制造业	10.00	57.56	5.34	5.09	1.82	4.84	39.14	34.97
仪器仪表制造业	9.40	43.88	9.36	8.61	1.95	6.65	39.04	22.47
其他制造业	5.40	54.19	6.74	6.31	1.00	2.47	33.57	10.37
金属制品、机械和设备修理业	6.50	66.25	1.22	1.2	1.51	3.76	22.48	22.60

续表

	速度效益类				技术创新类			
	规上工业增加值增速（%）	工业资产负债率（%）	工业成本费用利润率（%）	工业主营业务收入利润率（%）	工业R&D经费投入强度（%）	工业R&D人员投入强度（%）	单位工业R&D经费发明专利数（件/亿元）	工业新产品销售收入占比（%）
电力、热力生产和供应业	4.80	62.12	8.01	7.5	0.15	0.78	114.26	0.51
燃气生产和供应业	14.30	55.78	8.85	8.32	0.13	0.76	9.14	0.84
水的生产和供应业	7.00	55.94	10.02	9.72	0.35	0.52	16.35	1.20

资料来源：国家统计局，赛迪智库整理，2018年1月。

第二节　38个行业发展质量评价

为体现我国38个工业行业自身特性，八项评价指标的权重不应有明显差距，因此本节在确定指标权重时，对八个指标取相等权重，计算截面指数，综合判断38个行业的速度效益类和技术创新类指标的得分和排名。

有两点需要说明：第一，由于行业自身特点不同，部分评价指标并不具有绝对可比性。第二，对行业发展质量进行排名旨在找出相对差距。基于行业发展质量的评价指标体系，采用相等权重，计算得出2016年我国38个行业发展质量指数及分类指数，得到结果见表4-2。

表4-2　2016年38个工业行业发展质量截面指数、分类指数及排名

	指数			排名		
	速度效益	技术创新	发展质量	速度效益	技术创新	发展质量
煤炭开采和洗选业	28.73	4.20	32.94	22	34	30
石油和天然气开采业	10.10	12.59	22.70	38	20	38
黑色金属矿采选业	25.89	4.22	30.11	32	33	37
有色金属矿采选业	28.33	4.14	32.47	24	35	32
非金属矿采选业	27.53	2.73	30.26	28	37	36

续表

	指数			排名		
	速度效益	技术创新	发展质量	速度效益	技术创新	发展质量
农副食品加工业	26.95	5.73	32.68	29	30	31
食品制造业	30.17	9.00	39.17	13	25	20
酒、饮料和精制茶制造业	31.32	6.94	38.26	8	27	23
烟草制品业	25.00	18.18	43.18	37	11	15
纺织业	27.67	10.00	37.67	27	22	24
纺织服装、服饰业	25.57	6.74	32.31	34	28	33
皮革、毛皮、羽毛及其制品和制鞋业	25.53	5.25	30.78	36	31	34
木材加工和木、竹、藤、棕、草制品业	25.66	5.06	30.73	33	32	35
家具制造业	28.37	10.89	39.26	23	21	19
造纸和纸制品业	29.06	12.75	41.81	16	19	18
印刷和记录媒介复制业	26.95	9.59	36.54	30	23	27
文教、工美、体育和娱乐用品制造业	26.35	9.05	35.41	31	24	29
石油加工、炼焦和核燃料加工业	32.29	6.39	38.69	5	29	22
化学原料和化学制品制造业	30.21	17.90	48.11	11	12	11
医药制造业	32.40	27.79	60.19	4	5	6
化学纤维制造业	28.92	20.84	49.76	19	10	10
橡胶和塑料制品业	28.15	13.90	42.06	26	15	17
非金属矿物制品业	29.16	7.56	36.73	15	26	26
黑色金属冶炼和压延加工业	25.54	13.39	38.94	35	17	21
有色金属冶炼和压延加工业	29.64	14.46	44.10	14	14	14
金属制品业	28.94	13.66	42.60	18	16	16
通用设备制造业	28.87	24.74	53.61	21	8	8
专用设备制造业	28.91	26.80	55.70	20	7	7
汽车制造业	37.50	27.33	64.83	1	6	3
铁路、船舶、航空航天和其他运输设备制造业	30.21	36.71	66.92	12	1	1
电气机械和器材制造业	31.66	28.79	60.45	7	4	5
计算机、通信和其他电子设备制造业	31.22	34.58	65.81	9	2	2
仪器仪表制造业	30.32	34.46	64.77	10	3	4
其他制造业	28.99	15.68	44.67	17	13	13

续表

	指数			排名		
	速度效益	技术创新	发展质量	速度效益	技术创新	发展质量
金属制品、机械和设备修理业	28.30	24.27	52.57	25	9	9
电力、热力生产和供应业	32.03	13.14	45.17	6	18	12
燃气生产和供应业	35.96	1.06	37.02	2	38	25
水的生产和供应业	33.36	2.75	36.11	3	36	28

资料来源：国家统计局，赛迪智库整理，2018 年 1 月。

2016 年，全国 38 个工业行业中，工业发展质量排在前六位的分别是铁路、船舶、航空航天和其他运输设备制造业，计算机、通信和其他电子设备制造业，汽车制造业，仪器仪表制造业，电气机械和器材制造业，医药制造业，发展质量指数分别为 66.92、65.81、64.83、64.77、60.45、60.19。铁路、船舶、航空航天和其他运输设备制造业，计算机、通信和其他电子设备制造业，仪器仪表制造业，电气机械和器材制造业，医药制造业发展质量指数高，主要得益于技术创新指数高，位居全国前五位，这也印证了其高技术产业的战略地位。汽车制造业速度效益指数排名由上年第四位升至第一位，同时该行业技术创新指数排名第六位，因此发展质量指数位列第三。而烟草制品业以往年度由于速度效益指数高，其发展质量指数也相对较高，但伴随烟草制品业速度效益指数下滑到第 37 位，其发展质量指数也下滑到第 15 位。

发展质量位于 38 个行业后五位的分别是石油和天然气开采业，黑色金属矿采选业，非金属矿采选业，木材加工及木、竹、藤、棕、草制品业，皮革、毛皮、羽毛及其制品和制鞋业，工业发展质量指数分别为 22.70、30.11、30.26、30.73、30.78。石油和天然气开采业得分明显低于其他四个行业。从该五个行业的分类指数来看，除石油和天然气开采业技术创新指数排第 20 名，五个行业的速度效益和技术创新指数均位于第 28 名以外。此外，燃气生产和供应业、水的生产和供应业虽然速度效益指数分别排名第二和第三，但技术创新指数分别排名第 38 位和第 36 位。

综合来看，运输设备、计算机、仪器仪表、电器机械、医药等高端制造业的发展质量水平较高，而石化、矿采选、部分轻工行业发展质量水平较低，表明传统高耗能行业和劳动密集型行业下行压力较大，速度效益和技术创新水平均亟待提升。

区域篇

第五章　四大区域工业发展质量评价与分析

第三章我们分析了全国工业发展质量指数，2012—2016 年，我国工业发展质量总体稳步提升。本章我们将从东部、东北、中部和西部①四大区域角度来分析我国工业发展质量的水平、特点及存在的问题，为区域协调发展提供相应数据支撑及决策参考。四大区域截面指数测算结果显示：

2012—2016 年，东部地区工业发展质量始终遥遥领先其他地区，且领先幅度有逐年扩大趋势；东北地区工业发展质量下滑趋势明显；中部地区工业发展质量稳中有升，紧紧追赶东部地区；西部地区工业发展质量有明显提升，逐渐向中部看齐。此外，本章还从分类指数入手分析了四大区域工业发展质量指数变动的具体因素。

第一节　四大区域截面指数分析

基于本书第二章构建的工业发展质量评价指标体系和评价方法，我们得到 2012—2016 年全国 30 个省（区、市）的工业发展质量截面指数（各省份分析详见第六章）；根据各省（区、市）数据计算出我国四大区域的工业发展质量截面指数及排名，结果见表 5 – 1 和表 5 – 2。

---

① 东部地区包括北京、天津、河北、上海、江苏、浙江、山东、广东、福建、海南等 10 省（市）；中部地区包括河南、山西、安徽、湖南、湖北、江西等 6 省；东北地区包括辽宁、吉林、黑龙江等 3 省；西部地区包括新疆、青海、内蒙古、宁夏、甘肃、陕西、四川、重庆、贵州、广西、云南、西藏（未参与分析）等 12 省（区、市）。

表5-1　2012—2016年四大区域截面指数

	2012	2013	2014	2015	2016	2012—2016年均值
东部地区	48.5	48.7	51.9	55.4	56.3	52.2
东北地区	33.9	30.7	29.6	31.7	32.5	31.7
中部地区	33.4	32.4	35.2	38.5	39	35.7
西部地区	30.8	30.6	31.3	33.9	33.8	32.1

资料来源：赛迪智库整理，2018年1月。

表5-2　2012—2016年四大区域截面指数排名

	2012	2013	2014	2015	2016	2012—2016年均值
东部地区	1	1	1	1	1	1
东北地区	2	3	4	4	4	4
中部地区	3	2	2	2	2	2
西部地区	4	4	3	3	3	3

资料来源：赛迪智库整理，2018年1月。

从表5-1和表5-2可以看出，2012—2016年，东部地区依靠强大的技术创新能力，积极运用"互联网+"等改造提升传统产业，促进产业结构升级，工业发展质量始终遥遥领先其他地区，且领先幅度有逐年扩大趋势。东北地区受困于深层次体制机制和结构性矛盾，高端人才外流严重，工业发展质量下滑趋势明显，2012年位居第二，2014年开始在四大区域中垫底。中部地区在积极承接东部地区产业转移、大力推进新型城镇化和实施长江经济带战略的过程中，工业发展质量稳中有升，2013年成功超越东北地区，紧紧追赶东部地区。西部地区依托"一带一路"等国家战略，工业发展质量有明显提升，2014年超过东北地区，逐渐向中部看齐。

从规模以上工业增加值增速来看，我国工业发展呈现中部地区领跑、西部地区追赶、东部地区缓中趋稳、东北地区缓慢恢复的格局。2017年以来，东部地区工业增速基本稳定在6%以上（8月份除外，增长5.4%），为全国工业增速趋稳奠定良好基础；中部和西部地区平均增速分别高出全国平均水平1.4和0.7个百分点，带动全国工业增速稳中有升；东北地区工业增速出现回升，平均增速为2.8%，12月当月增速达到6.4%，对全国工业的拖累明显减轻。

从积极培育工业增长新动力、提高工业发展质量的地区实践来看，东部地区主要依靠产业结构升级改造和科技创新驱动，提升在价值链分工体系的地位。如：浙江依托互联网和电子商务，大力发展特色小镇，不断提高产业集聚度；深圳前瞻性地布局生命健康、海洋经济、航空航天、智能装备、机器人、可穿戴设备等未来产业，打造可持续的产业竞争力；揭阳打造中德中小企业合作区，推进中德智能制造合作。中西部地区依托国家的区域发展战略，积极承接产业，不断释放追赶效应。如：河南借助临空经济重点发展电子信息等产业，积极融入全球产业链；江西依托丰富的航空产业发展资源实施航空强省战略；重庆通过改善物流和完善产业链，开创了内陆地区发展加工贸易的新模式；贵州以大数据为引领，大力发展计算机、平板电脑、智能手机等电子信息产业，成为带动地方经济发展的重要引擎。东北地区集中力量打造东北亚航运中心，将进一步降低物流成本，成为东北振兴重要的"利润源泉"。

第二节　四大区域分类指数分析

第一节综合分析了四大区域工业发展质量截面指数及排名情况，本部分从速度效益、结构调整、技术创新、资源环境、两化融合、人力资源这六大分类指数来分析影响各区域工业发展质量的具体因素。

表5-3　2012年四大区域工业发展质量六大分类指数

	速度效益	结构调整	技术创新	资源环境	两化融合	人力资源
东部地区	46.8	39.3	59.7	52.1	57.6	33.7
东北地区	53.4	22.8	26.2	29.7	34.3	35.2
中部地区	50.8	20.8	35.7	34.4	30.5	23.7
西部地区	56.4	20.6	25.2	26.8	19.9	30.0

资料来源：赛迪智库整理，2018年1月。

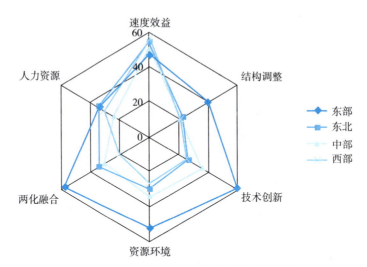

图5-1　2012年四大区域工业质量分类指数

资料来源：赛迪智库整理，2018年1月。

表5-3和图5-1显示，2012年，东部地区在技术创新、两化融合、资源环境和结构调整等方面显著领先于其他地区；东北地区在人力资源方面处于领先地位；中部地区在技术创新和资源环境方面小幅领先东北地区和西部地区，其他类别指标都处于中下游水平；西部地区除了速度效益和人力资源外，其他都排在末位。

表5-4和图5-2显示，2016年，东部地区六大分类指数均处于领先地位，其中，速度效益实现从末位到首位的逆转，结构调整继续保持大幅领先，技术创新、资源环境和两化融合与其他地区的优势进一步加大，人力资源也赶超东北地区位列第一。这表明东部地区仍然是我国工业发展质量的引领者，通过近几年的产业转型、结构调整和技术积累，东部地区工业发展迈上新台阶。大量优秀人才的持续流入也为东部地区未来发展提供了最有力的支撑。

表5-4　2016年四大区域工业发展质量六大分类指数

	速度效益	结构调整	技术创新	资源环境	两化融合	人力资源
东部地区	76.1	48.9	54.9	45.0	60.8	46.5
东北地区	42.9	20.4	28.6	24.2	33.6	45.7

续表

	速度效益	结构调整	技术创新	资源环境	两化融合	人力资源
中部地区	66.9	32.6	34.0	30.0	33.8	28.3
西部地区	59.9	28.2	22.9	23.0	22.8	40.8

资料来源：赛迪智库整理，2018年1月。

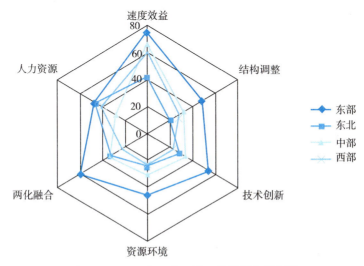

图 5-2 2016 年四大区域工业质量分类指数

资料来源：赛迪智库整理，2018年1月。

中部地区在结构调整方面相对东北地区和西部地区的优势继续扩大，但是相对于东部地区仍有较大差距；同时，中部地区的人力资源指数也严重拖累了整个地区的工业发展质量。这表明中部地区要想追赶东部地区，还必须继续加大对高技能人才的引进力度，不断聚集人才、资本等创新要素，加大科技创新投入，加快结构优化调整，为提升工业发展质量积蓄新动能。

西部地区在结构调整方面也取得一些成效，部分省份工业增速也保持较高水平，但是，工业企业技术创新能力不强、信息化水平较低等问题依然存在。西部地区还需要继续推动产业转型升级，加大技术创新投入，积极运用"互联网＋"等技术带动生产方式变革，拓展工业发展空间，提升工业发展质量。

　　东北地区由于受整个宏观经济大环境影响和自身产业结构制约，工业发展速度和企业效益明显下滑，严重影响了该地区的工业发展质量。东北地区要实现突围，必须顺应产业发展趋势，主动调整产业结构，提升技术创新能力，在发展中逐步提高企业效益，提升发展质量。

第六章　地方省市工业发展质量评价与分析

本章重点分析了各地方省市工业发展质量。首先，将30个省（区、市）按照时序指数和截面指数两个维度进行梯队分析，描绘出30个省（区、市）在四个象限中的位置，结果显示：第一象限主要集中了重庆等中西部省市，表明时序指数和截面指数处于全国平均水平之上；而北京、上海等东部省市既有位于第一象限的也有位于第二象限的；第三象限主要包括东北地区和内蒙古等，表明时序指数和截面指数处于全国平均水平之下；第四象限集中了宁夏、青海等大量中西部地区省份，意味着时序指数快速增长但截面指数处于全国下游水平，未来工业发展质量仍有待提高。其次，按照六个指数进行地区排序，同时计算六个分类指数的离散程度，结果显示，当前速度效益、资源环境、人力资源三个方面区域之间差距较小，结构调整、技术创新和两化融合方面区域之间差距较大。最后，在介绍30个省（区、市）宏观经济总体情况、工业经济运行情况的基础上，具体分析其时序指数和截面指数的表现及背后成因。

第一节　梯队分析

通过本书的评价指标体系计算得到2012—2016年全国30个省（区、市）工业发展质量截面指数及排名，计算结果见表6-1和表6-2（2012—2016年各地区工业发展质量六个分类指数详细情况见附表），两个表中最后一列分别为2012—2016年截面指数的均值和排名，反映了2012—2016年各地区工业发展质量的横向比较水平。表6-3为2012—2016年全国30个省（区、市）工业发展质量时序指数，表中最后一列为2012年以来时序指数的年均增速，反映了2012—2016年各地区工业发展质量的增长水平。同时，以2012—2016

年各地区截面指数均值和全国时序指数为基准绘制散点图（见图 6 - 1），通过 30 个省（区、市）在四个象限中的位置，分析各地区工业发展质量在截面和时序两个维度上的表现。

表 6 - 1 2012—2016 年 30 个省份工业发展质量截面指数

	2012	2013	2014	2015	2016	2012—2016 年均值
北　京	66.9	65.6	69.8	71.7	74.3	69.7
天　津	55.7	55.7	54.4	60.9	58.6	57.1
河　北	24.9	24.5	28.0	35.7	34.5	29.5
山　西	24.6	19.2	15.2	19.4	22.1	20.1
内蒙古	32.5	32.2	29.8	34.1	35.4	32.8
辽　宁	30.2	30.7	29.6	28.8	29.0	29.7
吉　林	33.8	29.4	30.6	34.0	35.4	32.6
黑龙江	37.7	32.1	28.6	32.4	33.0	32.8
上　海	56.2	58.1	64.5	65.7	70.3	63.0
江　苏	54.6	56.5	55.5	61.6	60.8	57.8
浙　江	46.2	48.9	55.6	59.9	64.2	55.0
安　徽	38.0	38.0	39.2	44.6	45.7	41.1
福　建	46.8	45.9	48.0	48.8	48.6	47.6
江　西	28.6	29.0	35.3	38.5	38.6	34.0
山　东	44.1	42.2	44.7	47.5	48.0	45.3
河　南	30.9	30.5	37.2	40.5	38.7	35.6
湖　北	38.9	39.3	42.8	42.9	44.7	41.7
湖　南	39.7	38.5	41.5	45.4	43.9	41.8
广　东	56.3	57.7	61.9	65.3	68.5	61.9
广　西	28.7	30.5	34.4	37.8	36.2	33.5
海　南	33.0	32.1	37.1	37.0	35.3	34.9
重　庆	42.7	45.3	51.1	56.0	52.5	49.5
四　川	32.1	31.6	34.8	37.5	36.6	34.5
贵　州	29.4	31.5	31.4	34.3	35.5	32.4
云　南	25.4	23.0	20.3	26.8	26.8	24.5
陕　西	40.9	43.6	40.5	42.3	43.4	42.2
甘　肃	25.1	21.5	19.8	20.4	21.6	21.7
青　海	25.3	20.5	23.1	22.7	24.7	23.3
宁　夏	25.0	27.5	28.5	31.1	32.4	28.9
新　疆	31.2	29.0	30.6	30.0	26.4	29.4

资料来源：赛迪智库整理计算，2018 年 1 月。

表 6－2　2012—2016 年 30 个省份工业发展质量截面指数排名

	2012	2013	2014	2015	2016	2012—2016 年均值
北　京	1	1	1	1	1	1
天　津	4	5	6	5	6	5
河　北	29	26	26	19	22	24
山　西	30	30	30	30	29	30
内蒙古	17	14	22	21	19	19
辽　宁	21	19	23	26	25	23
吉　林	15	22	21	22	20	21
黑龙江	14	15	24	23	23	20
上　海	3	2	2	2	2	2
江　苏	5	4	5	4	5	4
浙　江	7	6	4	6	4	6
安　徽	13	13	13	11	10	13
福　建	6	7	8	8	8	8
江　西	24	23	16	15	15	17
山　东	8	10	9	9	9	9
河　南	20	20	14	14	14	14
湖　北	12	11	10	12	11	12
湖　南	11	12	11	10	12	11
广　东	2	3	3	3	3	3
广　西	23	21	18	16	17	18
海　南	16	16	15	18	21	15
重　庆	9	8	7	7	7	7
四　川	18	17	17	17	16	16
贵　州	22	18	19	20	18	22
云　南	25	27	28	27	26	27
陕　西	10	9	12	13	13	10
甘　肃	27	28	29	29	30	29
青　海	26	29	27	28	28	28
宁　夏	28	25	25	24	24	26
新　疆	19	24	20	25	27	25

资料来源：赛迪智库整理，2018 年 1 月。

表 6－3　2012—2016 年 30 个省份工业发展质量时序指数

	2012	2013	2014	2015	2016	2012—2016 年年均增速（%）	平均增速排名
全　国	100.0	7.7	112.7	116.9	123.1	5.34	
北　京	100.0	103.5	111.2	120.8	125.9	5.92	15
天　津	100.0	105.0	109.0	115.6	121.3	4.95	23
河　北	100.0	112.2	123.9	127.7	129.8	6.73	12
山　西	100.0	102.0	102.7	103.6	114.0	3.32	29
内蒙古	100.0	110.5	111.9	110.0	115.9	3.75	28
辽　宁	100.0	110.6	112.3	107.2	117.0	4.00	27
吉　林	100.0	104.1	114.3	113.1	122.2	5.13	21
黑龙江	100.0	115.1	116.3	119.2	122.7	5.25	19
上　海	100.0	101.6	109.4	115.3	129.9	6.76	11
江　苏	100.0	106.2	110.3	116.6	122.4	5.18	20
浙　江	100.0	111.0	118.8	125.4	133.4	7.48	4
安　徽	100.0	112.0	116.7	127.1	139.5	8.69	1
福　建	100.0	103.8	107.1	110.5	113.4	3.19	30
江　西	100.0	108.8	115.9	121.9	129.8	6.73	13
山　东	100.0	105.8	112.4	115.5	122.0	5.10	22
河　南	100.0	117.5	123.2	126.9	136.0	7.99	2
湖　北	100.0	110.3	114.0	117.3	130.5	6.88	10
湖　南	100.0	107.1	109.7	119.4	123.4	5.39	18
广　东	100.0	105.5	111.0	115.5	125.0	5.74	16
广　西	100.0	112.6	116.8	125.4	129.1	6.59	14
海　南	100.0	109.0	112.2	107.1	118.1	4.25	26
重　庆	100.0	112.3	119.1	131.1	134.9	7.78	3
四　川	100.0	110.7	113.4	114.3	120.8	4.83	24
贵　州	100.0	103.7	109.6	121.6	132.6	7.30	5
云　南	100.0	105.0	106.1	112.5	124.8	5.70	17
陕　西	100.0	110.3	112.1	121.9	132.3	7.25	6
甘　肃	100.0	106.2	109.1	103.6	118.6	4.36	25
青　海	100.0	107.6	111.2	118.5	131.5	7.09	8
宁　夏	100.0	112.0	116.1	123.8	132.1	7.20	7
新　疆	100.0	111.1	125.3	130.7	131.0	6.99	9

资料来源：赛迪智库整理计算，2018 年 1 月。

从工业发展质量截面指数来看，表6-2显示，北京、天津、上海、江苏和广东是我国工业发展质量较好的地区，2012—2016年始终处于全国前5名。

北京工业发展质量处于全国首位，其多年来在技术创新、资源环境、两化融合和人力资源四个方面处于全国领先水平，2012—2016年四大类指数均值位于全国之首。

天津工业发展质量的排名有所下降，从2012年的第4位下降至2016年的第6位，平均排名为第5位。主要原因在于天津资源环境排名有所上升，从2012年的第4位上升至第3位。

上海工业发展质量保持在全国第2位，主要得益于其结构调整、技术创新、资源环境、两化融合和人力资源五个方面的良好表现，这五个方面均处于全国前五名以内。其中资源环境和两化融合均为全国第2位。

江苏工业发展质量处于全国第4位，主要由于其在结构调整和两化融合两个方面的良好表现，这两个指数在2012—2016年的均值分别位居全国第2位和第4位。

广东工业发展质量排名较为稳定，保持在全国第3位。其在结构调整、技术创新、资源环境和两化融合方面表现较好，分别为第1位、第5位、第4位和第3位。

整体来看方面，除东部沿海地区的工业发展质量截面指数排名靠前外，西部的重庆和陕西，中部的湖南、湖北、安徽、河南也表现较好，均处于全国中上游水平，其中重庆排名上升趋势明显，从2012年的第9位上升至2016年的第7位。

从工业发展质量时序指数来看，表6-3显示，安徽、河南、重庆、浙江、贵州、陕西、宁夏、青海的工业发展质量增长较快，年均增速均在7%以上。而天津、四川、甘肃、海南、辽宁、内蒙古、山西、福建的工业发展质量增长相对较慢，年均增速均处于在5%以下。

图6-1显示2012—2016年30个省份工业发展质量综合表现，位于水平线上方的地区是工业发展质量截面指数位于全国平均水平以上的省份，位于垂直线右侧的地区是工业发展质量时序指数增速高于全国平均水平的省份。从总体情况来看，第一象限主要集中了重庆、湖南、湖北、陕西、安徽等中西部省市，表明它们工业发展质量方面处于全国领先位置，同时也是全国经

济增长的区域动力。而北京、上海、广东、江苏、天津、福建和山东等东部省市既有位于第一象限的也有位于第二象限的，表明部分东部省市在截面指数上处于领先水平的同时，也一定程度上承担了区域增长的动力；与此同时，另一部分东部地区在产业转型升级过程中，正在由关注速度向效益向质量转变，因此其时序指数增长较慢。第三象限主要包括东北地区和内蒙古、四川、甘肃、海南，表明时序指数和截面指数处于全国平均水平之下。第四象限集中了大量中西部地区省份，如宁夏、青海、贵州、新疆、江西等地区，该象限意味着时序指数快速增长但截面指数处于全国下游水平，未来工业发展质量仍有待提高。

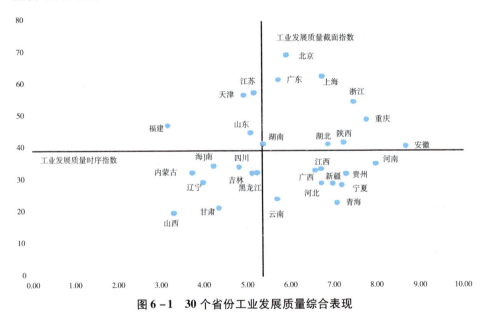

图 6-1 30 个省份工业发展质量综合表现

资料来源：赛迪智库整理，2018 年 1 月。

第二节 分类指数分析

根据 2012—2016 年全国 30 个省（区、市）工业发展质量的六个分类指数的均值，并按照六个指数进行地区排序，同时计算六个分类指数的离散程度，计算结果见表 6-4。

速度效益方面，陕西、河南和江西为全国前三名，三个省份的速度效益指数分别为82.8、73.7和70.9，甘肃、辽宁、山西位于全国最后三位，三个省市的速度效益指数分别为31.3、30.2和16.3。由计算结果可知，速度效益指数表现较好的主要为中西部省份，而东部发达地区省市中只有天津和北京的速度效益指数相对较高，分别为68.9和65.8。同时，速度效益指数的离散系数仅为0.25，低于其他五个分类指数的离散系数，表明这方面各地区差距较小。

结构调整方面，广东、江苏和浙江位于全国前三名，三个省市的结构调整指数分别为72.4、62和50，辽宁、山西、内蒙古位于全国最后三位，三个省份的结构调整指数分别为13.7、13.2和11.2。结构调整方面排名比较靠前的主要为东部发达省市，中西部地区特别是西部地区的结构调整进展缓慢，仅有重庆和四川进入了前10名。同时，结构调整指数的离散系数为0.51，表明结构调整方面差距较大。

技术创新方面，北京、浙江和上海位于全国前三名，三个省市的技术创新指数分别为85、77.7和77.2，吉林、新疆和青海位于全国最后三位，技术创新指数分别为14.5、12.1和6.1。技术创新前六名均为东部地区省市，表明在技术创新领域各地仍然有一定差距，其离散系数为0.58，为六个指数中离散程度最高的，也说明区域之间差异较大。

资源环境方面，北京、上海、天津位于全国前三名，三个省份的资源环境指数分别为75.7、59.7和56.6，贵州、新疆和青海位于全国最后三位，资源环境指数分别为18.0、14.7和13.9。同时，资源环境离散系数为0.44，表明各地区之间差距较小。

两化融合方面，北京、上海和广东位于全国前三名，三个省市的两化融合指数分别为90.8、88.2和75，贵州、甘肃、云南位于全国最后三位，两化融合指数分别为11.2、8.5和6。同时，两化融合的离散系数高达0.57，表明在两化融合方面区域之间存在明显差距。

人力资源方面，北京、内蒙古、上海位于全国前三名，三个省份的人力资源指数分别为66.6、61.8和55.6，山西、河南、安徽位于全国最后三位，三个省份的人力资源指数分别为22.5、21.3和15.6。从全国整体来看，各地区人力资源指数的差距并不大，离散系数为0.31，表明区域差异较小。

从上述六个分类指数的地区分析可以看到，当前速度效益、资源环境、人力资源三个方面区域之间差距较小，结构调整、技术创新和两化融合方面区域之间差距较大。

表6-4　2012—2016年全国工业发展质量分类指数各省份表现

排名	速度效益		结构调整		技术创新		资源环境		两化融合		人力资源	
	省份	指数	省份	指数	省份	指数	省份	指数	省份	指数	省份	指数
1	陕 西	82.8	广 东	72.4	北 京	85.0	北 京	75.7	北 京	90.8	北 京	66.6
2	河 南	73.7	江 苏	62.0	浙 江	77.7	上 海	59.7	上 海	88.2	内蒙古	61.8
3	江 西	70.9	浙 江	50.0	上 海	77.2	天 津	56.6	广 东	75.0	上 海	55.6
4	贵 州	70.2	山 东	44.1	天 津	73.2	广 东	55.2	江 苏	69.2	天 津	52.9
5	福 建	69.1	上 海	40.0	广 东	71.8	浙 江	52.3	福 建	62.2	吉 林	45.3
6	天 津	68.9	重 庆	38.7	江 苏	59.9	江 苏	49.9	浙 江	58.3	新 疆	42.9
7	北 京	65.8	北 京	38.0	安 徽	58.7	重 庆	48.9	天 津	51.7	辽 宁	42.7
8	内蒙古	64.8	天 津	33.9	重 庆	54.1	福 建	48.5	重 庆	50.5	江 苏	40.8
9	新 疆	63.4	四 川	30.9	湖 南	54.1	山 东	44.0	山 东	47.7	广 东	40.6
10	重 庆	61.7	福 建	30.8	湖 北	44.1	安 徽	40.2	辽 宁	44.8	陕 西	40.6
11	湖 北	61.5	贵 州	28.8	福 建	39.7	河 南	37.1	湖 北	43.1	海 南	40.2
12	湖 南	61.3	湖 北	27.9	海 南	38.8	吉 林	33.8	湖 南	38.1	重 庆	39.1
13	山 东	61.3	江 西	27.1	山 东	37.9	湖 南	32.7	广 西	37.6	青 海	39.0
14	江 苏	61.3	陕 西	25.9	陕 西	34.0	湖 北	31.7	安 徽	35.9	湖 北	36.5
15	海 南	61.3	安 徽	25.3	辽 宁	30.0	陕 西	31.0	黑龙江	33.8	浙 江	36.1
16	安 徽	59.9	河 南	24.9	黑龙江	30.0	宁 夏	30.8	河 北	33.6	广 西	35.9
17	上 海	59.1	河 北	22.9	宁 夏	28.9	黑龙江	28.3	四 川	31.6	宁 夏	35.5
18	吉 林	57.1	湖 南	22.1	贵 州	28.7	广 西	27.7	江 西	30.3	黑龙江	34.7
19	四 川	56.9	广 西	21.8	四 川	28.3	江 西	27.3	陕 西	29.7	湖 南	34.5
20	广 西	55.1	吉 林	20.5	山 西	22.1	海 南	25.6	河 南	29.4	福 建	34.3
21	广 东	53.0	云 南	18.8	广 西	22.0	甘 肃	23.8	山 西	25.8	山 东	33.4
22	黑龙江	50.4	青 海	18.4	云 南	22.0	山 东	23.6	吉 林	25.5	四 川	31.4
23	河 北	50.3	黑龙江	17.5	甘 肃	21.6	内蒙古	23.3	新 疆	24.4	江 西	27.5
24	浙 江	49.3	宁 夏	17.4	河 北	21.0	四 川	22.2	宁 夏	20.9	甘 肃	26.4
25	云 南	47.2	海 南	16.6	河 南	20.2	云 南	21.2	海 南	19.2	河 北	25.7
26	青 海	44.1	新 疆	16.0	内蒙古	16.4	辽 宁	20.6	内蒙古	18.9	云 南	24.6
27	宁 夏	38.8	甘 肃	15.9	江 西	15.0	河 北	20.2	青 海	18.1	贵 州	24.0

续表

排名	速度效益		结构调整		技术创新		资源环境		两化融合		人力资源	
	省份	指数	省份	指数	省份	指数	省份	指数	省份	指数	省份	指数
28	甘 肃	31.3	辽 宁	13.7	吉 林	14.5	贵 州	18.0	贵 州	11.2	山 西	22.5
29	辽 宁	30.2	山 西	13.2	新 疆	12.1	新 疆	14.7	甘 肃	8.5	河 南	21.3
30	山 西	16.3	内蒙古	11.2	青 海	6.1	青 海	13.9	云 南	6.0	安 徽	15.6
离散系数	速度效益	0.25	结构调整	0.51	技术创新	0.58	资源环境	0.44	两化融合	0.57	人力资源	0.31

资料来源：赛迪智库整理计算，2018年1月。

第三节　地区分析

一、北京

1. 总体情况

（1）宏观经济总体情况

2017年，北京实现地区生产总值24899.3亿元，同比增速为6.7%。其中，第一、二、三产业增加值分别为129.6亿元、4774.4亿元和19995.3亿元，同比增速分别为 -8.8%、5.6%和7.1%。全市常住人口人均GDP为11.5万元。三次产业结构为0.5∶19.2∶80.3，与上年相比，工业比重略有下降。全年文化创意产业、信息产业和高技术产业均保持快速增长，增速分别为12.5%、10.1%和9.1%。随着行业的快速增长，占区生产总值的比重也有所提升，三个产业占比分别为14.3%、15.3%和22.7%，分别提高了0.5、0.3和0.2个百分点。

2017年，全社会固定资产投资达到8461.7亿元，同比增速为5.9%。其中，基础设施投资为2399.5亿元，同比增长10.3%。从基础设施投资投向上看，交通运输投资达到973亿元，所占比重为40.6%；公共服务业投资达到643.8亿元，所占比重为26.8%。民间投资与往年相比有所下降。民间投资完成2766亿元，同比下降5.6%。消费方面，实现社会消费品零售总额

11005.1 亿元，比上年增长 6.5%。进出口呈下滑趋势。全年北京地区进出口总值为 18625.2 亿元，同比增长 -6.1%。其中，出口略有增长，进口呈负增长，同比增速分别为 0.7% 和 -7.5%。

（2）工业经济运行情况

2017 年，北京实现工业增加值 3884.9 亿元，同比增长 5.0%。其中，规上工业增加值同比增长 5.1%。规上工业中，战略性新兴产业呈正增长，同比增速为 3.8%。规上工业销售产值为 17447.3 亿元，较上年增长 2.7%。其中，内销呈正增长，同比增速为 3.7%；但是出口交货值呈下降态势，同比下降 11.9%。

效益方面，2017 年规模以上工业企业经济效益综合指数为 323.3，比 2015 年提高 11.5。工业企业利润有所回落，实现利润 1549.3 亿元，比上年下降 0.7%。从重点行业中看，电热生产和供应业实现利润 490.1 亿元，同比下降 7.7%；专用设备制造业利润显著增长，同比增速为 70.3%。

2. 指标分析

（1）时序指数

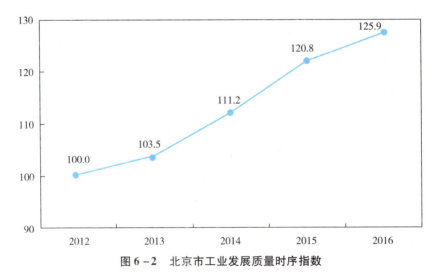

图 6-2　北京市工业发展质量时序指数

资料来源：赛迪智库整理计算，2018 年 1 月。

表 6-5 2012—2016 年北京市工业发展质量时序指数

	2012	2013	2014	2015	2016	2012—2016 年年均增速（％）
速度效益	100.0	98.4	105.7	113.2	113.5	3.2
结构调整	100.0	99.0	95.9	87.8	85.9	-3.7
技术创新	100.0	98.1	101.9	99.2	101.3	0.3
资源环境	100.0	120.2	151.6	215.3	239.7	24.4
两化融合	100.0	103.3	107.2	107.8	109.7	2.3
人力资源	100.0	107.7	115.6	123.7	132.7	7.3
时序指数	100.0	103.5	111.2	120.8	125.9	5.92

资料来源：赛迪智库整理计算，2018 年 1 月。

纵向来看，北京工业发展质量时序指数自 2012 年的 100.0 上涨至 2016 年的 125.9，年均增速为 5.92%，高于全国增速 0.58 个百分点。

北京在资源环境方面提升较快，年均增速达到 24.4%，人力资源发展也快于整体增速，年均增速达到 7.3%。资源方面，工业污染治理投资强度与工业主要污染物排放强度快速增长，增长明显，增速分别高达 25.2% 和 42.2%。人力资源方面，尽管就业人员平均受教育年限增速指标增速仅为 0.1%，但工业城镇单位就业人员平均工资增速和第二产业全员劳动生产率增速分别为 10.9% 和 8.7%，是人力资源指标增速较快的主要原因。

除上述两个因素外，其他方面增速均低于总体增速，速度效益、两化融合、技术创新三项指标增速分别只有 3.2%、2.3% 和 0.3%，结构调整指标甚至出现了负增长，增速为 -3.7%。

速度效益方面，四项指标均增速均低于全市整体增速，其中工业增加值增速指标最高，为 4.9%，工业成本费用利润率和工业主营业务收入利润率最低，均为 2.1%。两化融合方面，工业应用信息化水平和互联网普及率两项指标增速尽管低于整体增速，但均实现了正增长，增速分别达到 5.1% 和 1.9%，电子信息产业占比则呈现负增长，增速为 -0.3%。技术创新方面，整体增速较慢，其中工业企业 R&D 经费投入强度、工业企业 R&D 人员投入强度和工业企业新产品销售收入占比三项指标均为低速增长，增速分别为 2.5%、2.4% 和 1.3%，工业企业单位 R&D 经费支出发明专利则为负增长，

增速 -7.8% 。结构调整方面，除高技术制造业主营业务收入占比实现低速正增长外，主要是由于工业制成品出口占比、500 强企业占比和规模以上小型工业企业主营业务收入增速均为负增长，年均增速分别为 -13.1% 、 -2.2% 和 -1.4% 。

（2）截面指数

表6-6 2012—2016 年北京市工业发展质量截面指数排名

	2012	2013	2014	2015	2016	2012—2016 年均值
速度效益	18	17	10	3	1	7
结构调整	5	6	7	7	7	7
技术创新	1	1	1	2	3	1
资源环境	1	1	1	1	1	1
两化融合	1	1	1	1	2	1
人力资源	2	1	1	1	1	1
截面指数	1	1	1	1	1	1

资料来源：赛迪智库整理计算，2018 年 1 月。

横向来看，北京工业发展质量截面指数连排名连续多年上升，2015 年开始在全国领先越发明显。2016 年截面指数为 74.3，排在全国第 1 位。2012—2016 年平均截面指数为 69.7，排名全国第 1 位。

2016 年，北京在速度效益、资源环境和人力资源方面表现依旧突出，均处于全国首位。

速度效益方面，资产负债率指标排在全国第 1 位，工业主营业务收入利润率和工业成本费用利润率也处于全国领先位置，这两项指标分列全国第 2、3 位；但工业增加值增速指标的排名却表现欠佳，处于全国第 23 位。

资源环境方面，单位工业增加值能耗和工业主要污染物排放强度处于全国首位，且自 2013 年以来始终处于全国第一，是支撑资源环境总体排名较高的有利因素；尽管工业污染治理投资强度指标排名相较往年有所改善，但 2016 年仅排在第 19 位，处于全国中下游位置。

人力资源方面，北京凭借良好的科教资源和就业环境，一直是全国最具人才吸引力的城市之一，就业人员平均受教育年限连续多年位于全国第 1 位；工业城镇单位就业人员平均工资增速和第二产业全员劳动生产率两项指标同样表现不俗，分列全国第 4 位和第 5 位。

除以上三个方面排名全国首位外，北京在两化融合、技术创新、结构调整方面也处于全国领先水平，两项指标分别排在第 2、3、7 位，但这三项指标相较于之前年份有所下降。两化融合方面，互联网普及率、电子信息产业占比分列全国第 1、2 位，但工业应用信息化水平却位于全国第 12 位，仍有提升空间。技术创新方面，工业企业 R&D 人员投入强度排在全国第 2 位，工业企业 R&D 经费投入强度和工业企业单位 R&D 经费支出发明专利均处于全国第 5 位，但这两个方面相较之前年份排名均有所下降；工业企业新产品销售收入占比排名与上年持平，仍排在第 7 位。结构调整方面，高技术制造业主营业务收入占比与 500 强企业占比表现突出，分别排在全国第 2 位和第 5 位；但小型工业企业主营业务收入增速表现欠佳，排在全国第 29 位，且与 2015 年相比还下降了 2 位，成为制约结构调整发展的不利因素。

（3）原因分析

近年来，尽管北京市在环境治理以及产业疏解的大环境下发展速度受到一定程度的影响，但技术创新、两化融合、资源环境和人力资源等方面的优势仍然明显。

速度效益方面，北京市全面落实首都城市战略定位，着力推进供给侧结构性改革，工业加速转型升级，增速实现回升，全年规模以上工业增长 5.1%，较上年提高了 4.1 个百分点，规模以上工业实现利润 1343 亿元，同比增长 5.7%。其中，汽车、电子等重点制造业内部结构不断优化升级，企业劳动生产率进一步提高；出台了化解煤炭、钢铁等过剩产能的方案，加快推进水泥企业向科技环保型转型，主动化解过剩产能，提前完成了关停退出 1200 家一般制造业和污染企业任务。

资源环境方面，近年来北京市一直将节能减排作为转变发展方式、调整经济结构的重要抓手，刚柔并用，促进企业通过技术革新，挖掘节能减排潜力，提高用能效率。伴随建材、电子、通用和专用设备、纺织服装等行业的疏解关停，北京市规模以上工业综合能源消费量和单位增加值能耗分别同比下降了 6.5% 和 11%。

人力资源方面，北京市继续加大人才就业和生活环境工作力度，重点聚焦高端人才，制定了科研项目和经费管理 28 条改革措施、外籍人才出入境管理20条政策等，整体工作人员素质领先全国。此外，北京、河北共同签署《推动人力资源和社会保障深化合作协议》及配套协议，确定了推进京冀两地人力社保一体化"4＋3"工作目标。京冀两地将从就业创业、社会保障、人才服务、劳动关系等四个方面进一步加强省级合作，共同推动两地人力资源合理流动和有效配置，加快京冀人力社保一体化进程。

3. 结论与展望

综合时序指数和截面指数来看，北京工业发展质量处于全国排头兵的位置。六个分类指数均处于全国领先位置，反映出近年来北京市在结构调整、加快发展高精尖产业的背景下，不断补足短板，实现均衡发展。此外，京津冀战略的深入推进，城市副中心（通州）、首都第二机场建设发展以及与雄安新区的互动发展等带来的机遇将在未来几年开展显现。

未来，北京市可以从以下几个方面着手，实现高质量发展：一是继续加大结构调整力度，调整供给结构。退出低端无效供给，聚焦人工智能、先进制造等高精尖领域，支持相关企业"瘦身健体"，加快推进产业高端化、智能化、绿色化、服务化发展。二是继续深化"放管服"改革，取消下放行政审批事项，加强公共数据对外开放，推进电子政务创新与改革。三是借助城市副中心（通州）、首都第二机场以及雄安新区建设发展机遇，在京津冀协同发展中发挥带动作用。将非首都功能疏解与产业提升有机结合起来，积极培育新动能，在疏解功能中谋求发展，严格执行新增产业禁止和限制目录，建立新增建设用地与疏解腾退土地挂钩机制，打造世界级先进制造业创新中心。

二、天津

1. 总体情况

（1）宏观经济总体情况

2017年，天津实现地区生产总值17885.39亿元，同比增速为9.0%。其中，第一、二、三产业增加值分别为220.22亿元、8003.87亿元和9661.30亿元，分别同比增长3%、8%和10%。三次产业结构为1.2∶44.8∶54。

（2）工业经济运行情况

2017年，天津实现全部工业增加值为7238.70亿元，同比增长8.3%。其中，规模以上工业增加值同比增长 8.3%。2016 年规模以上工业总产值为 29443.00 亿元，同比增速为 5.7%。分行业看，全市规模以上 39 个工业行业大类中，其中 35 家企业增加值实现增长，24 家企业增速超过全市平均水平，制造业发展良好。

2. 指标分析

（1）时序指数

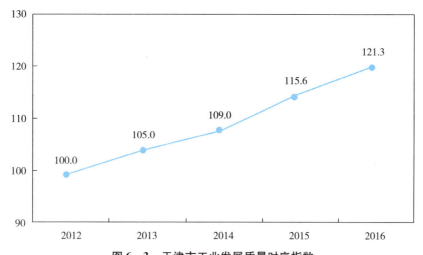

图 6 - 3　天津市工业发展质量时序指数

资料来源：赛迪智库整理计算，2018 年 1 月。

表 6 - 7　2012—2016 年天津市工业发展质量时序指数

	2012	2013	2014	2015	2016	2012—2016 年年均增速（%）
速度效益	100.0	100.8	103.1	106.1	109.9	2.4
结构调整	100.0	100.3	98.2	97.6	102.6	0.6
技术创新	100.0	106.9	110.1	114.2	121.7	5.0
资源环境	100.0	108.9	127.6	152.7	150.9	10.8
两化融合	100.0	109.4	105.9	106.8	118.0	4.2
人力资源	100.0	106.1	113.9	126.0	134.8	7.7
时序指数	100.0	105.0	109.0	115.6	121.3	4.95

资料来源：赛迪智库整理计算，2018 年 1 月。

纵向来看，天津工业发展质量时序指数自 2012 年的 100.0 上涨至 2016 年的 121.3，年均增速为 4.95%，低于全国平均增速 0.39 个百分点。

天津在资源环境和人力资源方面提升较快，年均增速分别为 10.8% 和 7.7%。人力资源方面，第二产业全员劳动生产率增长最快，增速达到 12.8%，工业城镇单位就业人员平均工资增速也超过了天津市工业整体增速，年均增速为 6.8%。资源环境方面，尽管工业废物综合利用率和工业污染治理投资强度两项指标均为负增长，但工业主要污染物排放强度和单位工业增加值能耗两项指标均实现快速增长，增速分别达到 27.1% 和 8.3%。

除上述两项指标之外，速度效益、结构调整、技术创新、两化融合等指标均低于整体增速。速度效益方面，工业增加值增速指标增长最快，年均高达 10.1%，资产负债率、工业成本费用利润率、工业主营业务收入利润率三项指标均为低速增长或负增长，增速分别为 0.8%、−2.9% 和 −2.9%。结构调整方面，规模以上小型工业企业主营业务收入增速、高技术制造业主营业务收入占比两项指标均实现正增长，年均增速达到 8.2% 和 2.0%，但 500 强企业占比和工业制成品出口占比两项指标均为负增长，年均增速分别为 −7.8% 和 −1.3%。技术创新方面，工业企业 R&D 人员投入强度增长最快，增速达 8.9%，工业企业 R&D 经费投入强度、工业企业单位 R&D 经费支出的发明专利数和工业企业新产品销售收入占比增速均低于整体增速，年均增速分别为 5.7%、1.7% 和 3.7%。两化融合方面，工业应用信息化水平增长最快，增速为 9.4%，互联网普及率、电子信息产业占比增呈低速增长或负增长，年均增速分别为 2.5% 和 −5.2%，一定程度上抵消了有利因素的作用。

（2）截面指数

表 6 - 8 2012—2016 年天津市工业发展质量截面指数排名

	2012	2013	2014	2015	2016	2012—2016 年均值
速度效益	7	6	6	4	7	6
结构调整	7	7	11	8	8	8
技术创新	4	5	4	4	4	4
资源环境	4	4	3	3	3	3
两化融合	6	6	7	8	7	7
人力资源	4	4	6	2	6	4
截面指数	4	5	6	5	6	5

资料来源：赛迪智库整理计算，2018 年 1 月。

横向来看，2016 年天津工业发展质量截面指数为 58.6，排在全国第 6 位。

2012—2016 年间平均截面指数为 57.1，排名为全国第 5 位。

2016 年，天津市工业发展质量的六个方面指标均排在第 3—8 位范围内，整体发展比较均衡。资源环境指标排在全国第 2 位，工业废物综合利用率表现突出，近年来始终排在全国首位；工业主要污染物排放强度指和单位工业增加值能耗和标表现居于全国前列，分别排名第 3、第 4 位；工业污染治理投资强度也较上年度则有明显下降，从 2015 年的第 14 位下降至 2016 年的第 25 位。

技术创新同样是天津市表现较好的指标，近年来一直处于全国前 5 位，工业企业 R&D 经费投入强度排在第 1 位，是支撑技术创新整体良好表现的有利因素；工业企业新产品销售收入占比与工业企业 R&D 经费投入强度两项指标也处于全国前列，均排在第 5 位；工业企业单位 R&D 经费支出发明专利指标尽管较上年上升 1 位，但表现仍不尽如人意，排位全国第 18 名。

此外，人力资源、两化融合、速度效益和结构调整方面也处于全国上游水平，分别为第 6 位、7 位、第 7 位和第 8 位。

人力资源方面，三项指标均表现差异较大，第二产业全员劳动生产率、就业人员平均受教育年限两项指标均排在第 3 位，但工业城镇单位就业人员平均工资增速指标表现则不尽如人意，仅排在全国第 29 位。

两化融合方面，电子信息产业占比和互联网普及率均表现较好，近年来排名处于全国上游水平且相对稳定，2016 年均排在全国第 6 位，工业应用信息化水平尽管处于全国中游水平，但相较上一年排名上升了 6 位。

结构调整方面，高技术制造业主营业务收入占比、500 强企业占比和工业制成品出口占比处于全国上游水平且比较稳定，近三年来排名均无变化，分别排在第 6、7、9 位；小型工业企业主营业务收入增速排名全国第 24 位，且与 2015 年相比有明显下降。

速度效益方面，工业成本费用利润率与工业主营业务收入利润率增速表现较好，均排在全国第 2 位；总资产贡献率较上年上升 1 位，排在第 21 位。

（3）原因分析

资源环境方面，天津市不断深入推进"四清一绿"行动。以燃煤、工业排放为重点，全力实施大气污染防治防控，全年改燃供热锅炉和工业锅炉 366 座，推进天津港散货物流中心搬迁，特高压工程建成运行，工业排放明显减少，空气质量进一步改善。工业万元增加值取水量指标排名全国第一，仅为全国平均水平的1/6。工业固体废物综合利用率水平全国领先，达到98%，碱渣、钢渣、粉煤灰的综合利用率甚至达到100%。

技术创新方面，天津市不断加快创新型城市和产业创新中心建设，创新能力显著提升，引进了以清华大学电子信息研究院为代表的一批高水平研发创新机构，组建"产学研用"协同创新联盟30个，众创空间达到139家。科技型企业产值占规模以上工业总产值的比重超过50%，国家高新技术企业总数达3200多家。全年大功率火箭贮箱制造等多项国际领先的重大科研项目取得突破，12家国家重点实验室转化科技成果485项。全年共引进培养高层次创新人才6000多人，全社会研发经费支出占生产总值比重超过3.1%。

3. 结论与展望

综合时序指数和截面指数来看，天津在所有方面均表现良好，增长速度位于全国前列，发展潜力突出。

未来，天津可以从以下几个方面着手，一是站位京津冀协同发展"大格局"，主动谋划，并以此为契机，在技术创新、结构调整、人力资源等方面继续加强与北京、河北的交流合作，实现互惠共赢。二是继续加创新体系建设，重点是提高科技成果转化率，大力培育高新技术产业和战略性新兴产业集群，加快产业转型升级跨越发展。三是加大技术改造支持力度，促进工业企业智能化水平从单项应用向集成提升跃升，加快由"制造"向"智造"的转型升级。

三、河北

1. 总体情况

（1）宏观经济总体情况

2017年，河北实现生产总值31827.9亿元，比上年增长6.8%。其中，第一、二、三产业增加值分别为3492.8亿元、15058.5亿元和13276.6亿元，同比增速分别为3.5%、4.9%和9.9%。其中，第一、二、三产业占全省生产总值的比重分别为11%、47.3%和41.7%。2016年，河北完成全社会固定资产投资31750.0亿元，同比增长9.3%。其中，完成固定资产投资31340.1亿元，同比增长 8.4%；农户投资 487 亿元，较上年下降 7.1%。在固定资产投资中，第一产业、第二产业和第三产业投资增长相对稳定，同比增速分别为 9.3%、7.6% 和 9.3%。2016 年，实现社会消费品零售总额 14364.7 亿元，同比增速为 10.6%。其中，乡镇消费增长水平快于城镇消费增速，乡村消费品零售额完成 3169.0 亿元，同比增长 11.4%；城镇消费品零售额完成 11195.7 亿元，同比增速为 10.3%。进出口总值达到 3074.7 亿元，比上年下降 3.4%。进出口总值相比上年下降主要为进口总值大幅降低导致。2016 年完成出口总值 2014.5 亿元，同比降低 1.3%；进口总值为 1060.2 亿元，同比降低 8%。

（2）工业经济运行情况

2017 年，河北实现工业增加值 13194.4 亿元，同比增长 4.6%。规上工业增加值达到 11663.8 亿元，同比增速为 4.8%。分主要行业看，保持较快速增长的行业包括装备制造业和化学原料及化学制品制造业，增加值同比增速分别为 10.2% 和 11.5%；钢铁工业同比增长 4.5%，与工业整体增速持平。六大高耗能行业增加值比上年增长 1.4%，增速比上年回落 1.8 个百分点。高新技术产业保持快速增长，工业增加值同比增速为 13%。其中，新能源、新材料、高端技术装备制造领域增加值同比分别增长 27.5%、12.8% 和 12.7%。2017 年，河北完成工业投资 15758.8 亿元，较上年增长 7.6%，完成工业技改投资 9375.9 亿元，同比增长 4.4%，占工业投资的比重为 59.4%。

2. 指标分析

（1）时序指数

表 6-9　2012—2016 年河北省工业发展质量时序指数

	2012	2013	2014	2015	2016	2012—2016 年年均增速（%）
速度效益	100.0	103.3	102.9	101.9	110.2	2.5
结构调整	100.0	106.0	112.9	116.7	115.8	3.7
技术创新	100.0	110.4	120.9	128.2	138.2	8.4
资源环境	100.0	143.2	184.1	182.0	165.9	13.5
两化融合	100.0	112.6	127.2	136.5	138.7	8.5

续表

	2012	2013	2014	2015	2016	2012—2016 年 年均增速（%）
人力资源	100.0	103.8	109.0	115.0	118.5	4.3
时序指数	100.0	112.2	123.9	127.7	129.8	6.73

资料来源：赛迪智库整理计算，2018 年 1 月。

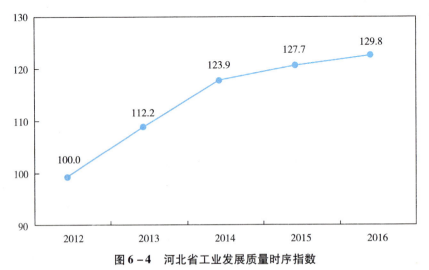

图 6-4 河北省工业发展质量时序指数

资料来源：赛迪智库整理计算，2018 年 1 月。

纵向来看，河北工业发展质量时序指数自 2012 年的 100.0 上涨至 2016 年的 129.8，年均增速为 6.73%，高于全国平均增速 1.39 个百分点。

河北在资源环境、技术创新和两化融合方面增速均高于整体增速，年均增速分别为 13.5%、8.5% 和 8.4%。

资源环境方面，工业主要污染物排放强度和工业废物综合利用率两项指标实现了高速发展，年均增速分别达到 20.8% 和 19.8%；单位工业增加值能耗指标同样表现不错，年均增速为 8.7%，快于整体增速；工业污染治理投资强度则呈现负增长，年均增速为 -0.4%。技术创新方面，各项指标均为正增长，其中工业企业 R&D 经费投入强度、工业企业 R&D 人员投入强度、工业企业新产品销售收入占比三项指标高于工业质量整体增速，分别达到 9.5%、11.0% 和 10.2%。两化融合方面，电子信息产业占比在三项指标中表现最好，年均增速达 10.9%；其他两项指标的增速也都表现不俗，工业应用信息化水平、互联网普及率的年均增速分别为7.7%和6.5%。

除此上述三项指标之外，速度效益、结构调整、人力资源等三项指标也都实现了低速正增长。速度效益方面，工业增加值增速指标表现最好，增速达5.8%，是支撑速度效益稳定增长的主要因素，但是资产贡献率、工业成本费用利润率和工业主营业务收入利润率指标均为低速增长，年均增速分别为2.0%、0.3%和0.4%。结构调整方面，高技术制造业主营业务收入占比和规模以上小型工业企业主营业务收入增速两项指标均发展良好，涨幅明显，年均增速分别达到10.2%和6.3%，但500强企业占比、工业制成品出口占比两项指标则为负增长，年均增速分别为 -1.6%和 -2.1%。人力资源方面，工业城镇单位就业人员平均工资增速与第二产业全院劳动生产率两项指标增长较快，年均增速分别为6.0%和5.2%。

（2）截面指数

表6-10　2012—2016年河北省工业发展质量截面指数排名

	2012	2013	2014	2015	2016	2012—2016年均值
速度效益	23	23	24	22	18	23
结构调整	20	15	19	18	19	17
技术创新	26	25	23	21	20	24
资源环境	28	27	23	20	24	27
两化融合	17	19	15	14	18	16
人力资源	25	28	27	19	26	25
截面指数	29	26	26	19	22	24

资料来源：赛迪智库整理计算，2018年1月。

横向来看，2012—2016年，河北省工业发展质量截面指数平均值为29.5，排在全国第24位。2016年河北工业发展质量截面指数为34.5，排在全国第22位，河北省工业发展六项指标均排在全国中下游，且总体和具体指标较上年都略有下降。

速度效益方面，河北省经过新旧动能转换，2016年速度效益得到明显提升，资产贡献率指标表现最好，排在全国第12位，工业增加值增速、工业成本费用利润率和工业主营业务收入利润率三项指标也较上年有所提升，分别排在第25、21、20位。

结构调整方面，500强企业占比近年来始终处于全国前列，2016年均排在第4位，是支撑结构调整指标表现较好的主要因素；但高技术制造业主营业务收入占比、小型工业企业主营业务收入增速、工业制成品出口占比均处于全国中下游水平，分别排在第 25 位、第 19 位和第 14 位。

技术创新方面，工业企业 R&D 人员投入强度和工业企业新产品销售收入占比两项指标均处于全国中游水平，分别排在全国第 16 位和第 19 位；工业企业 R&D 经费投入强度、工业企业单位 R&D 经费支出的发明专利则排名靠后，分别排在第 20 位和第 28 位。

资源环境方面，工业污染治理投资强度表现最好，排在全国第 6 位，工业废物综合利用率、工业主要污染物排放强度和单位工业增加值能耗则处于全国中下游水平，分别排在第 16 位、第 19 位和第 22 位。

两化融合方面，工业应用信息化水平和互联网普及率表现相对较好，分别排在全国第 11 位和第 13 位；但电子信息产业占比表现不佳，排在全国第 23 位，较上一年份下降 1 位。

人力资源方面，就业人员平均受教育年限和工业城镇单位就业人员平均工资增速两项指标排名分别位于全国第 10 位和第 14 位；第二产业全员劳动生产率三项指标尽管较上年有所上升，但仍排在全国第 25 位。

（3）原因分析

近年来，河北省全面推进供给侧结构性改革，落实"三去一降一补"重点任务，重点行业去产能成效显著，2016 年共压减炼钢产能 1624 万吨、炼铁产能 1761 万吨、水泥产能 286 万吨、平板玻璃产能 2189 万重量箱、煤炭产能 1400 万吨，均超额完成国家下达任务，受此影响，尽管整体发展速度有所下降，但瘦身健体后，良性发展的趋势开始显现，产业结构进一步优化、企业资产负债率明显好转。压减旧动能的同时，经济下行压力较大，发展的质量效益不高，实体经济困难较多，河北省在新动能培育方面仍需加大力度。

3. 结论与展望

综合时序指数和截面指数来看，尽管河北省各项指标排名比较偏后，但速度效益、技术创新等指标较往年均有所好转，未来随着京津冀协同发展、雄安新区建设发展、冬奥会配套设施建设等方面的带动，河北省将面临前所未有的发展机遇。

未来，河北省应从以下几个方面着手：一是以制造业为重点，深入实施"中国制造 2025"战略，增强制造业核心竞争力，聚焦新技术、新产业、新业态、新模式，促进研发、生产、管理、服务等模式变革。二是将高新技术产业、战略性新兴产业培育成为河北省发展的重要支撑，依托已有产业基础，重点发展先进装备制造、新一代信息产业、生命健康、新能源和清洁能源、卫星导航、节能环保等新兴产业集群，加快实现制造业高端化、智能化、绿色化、服务化发展。

四、山西

1. 总体情况

（1）宏观经济总体情况

2017 年 1—11 月，国有控股企业增加值同比增长 9.2%，集体企业同比增长 1.4%，股份制企业同比增长 7.9%，外商及港澳台商投资企业同比增长 7.2%。全省固定资产投资（不含农户、不含跨省）5390.9 亿元，同比增长 6.1%，增幅比 1—10 月上升 0.3 个百分点。分产业看，第一产业投资 491.7 亿元，同比增长 0.7%，与 1—10 月持平；第二产业投资 1980.3 亿元，同比增长 2.4%，增幅比 1—10 月上升 0.5 个百分点；第三产业投资 2918.9 亿元，同比增长 9.8%，增幅比 1—10 月上升 0.2 个百分点。全省一般公共预算收入 1721.2 亿元，同比增长 20.7%；一般公共预算支出 3322.1 亿元，同比增长 16.8%。全省社会消费品零售总额 6264 亿元，同比增长 6.8%，较 1—10 月加快 0.1 个百分点；其中，限额以上消费品零售额 2147.3 亿元，同比增长 3.1%，加快 0.5 个百分点。全省城镇新增就业 50.55 万人，完成全年目标 112.33%，同比增加 7.21 万人；全省农村劳动力转移就业 38 万人，完成全年目标 115.15%，同比增加 6.22 万人；城镇登记失业率为 3.44%，控制在 4.2% 目标以内。

（2）工业经济运行情况

2017 年 1—11 月，山西全省规模以上工业增加值同比增长 7.2%，增速较 1—10 月（7.5%）回落 0.3 个百分点。其中，采矿业增加值同比增长 4.2%，制造业同比增长 8.7%，电力、热力、燃气及水生产和供应业同比增长 13.7%。1—11 月，全省能源工业增加值同比增长 6.8%，材料与化学工业同比增长 7.8%，装备制造业同比增长 13.8%，消费品工业同比增长 1.1%，其他工业同比下降3.6%。此外，工业战略性新兴产业同比增长10.6%，高技术产业同比增长6.3%。全省15种主要产品产量"12增3降"：新能源汽车产量同比增长3.9倍、光伏电池同比增长28.4%、光缆同比增长22.0%、原铝同比增长15.7%、氧化铝同比增长13.7%、粗钢同比增长10.1%、发电量同比增长9.6%、煤层气同比增长8.8%、生铁同比增长7.3%、原煤同比增长4.6%、焦炭同比增长2.4%、钢材同比增长0.6%。手机产量同比下降25.9%、化学药品原药同比下降3.0%、水泥同比下降3.0%。工业投资同比增长2.4%，增幅比1—10月上升0.6个百分点。其中，采矿业投资下同比下降4.1%，增幅比1—10月上升15.2个百分点；制造业投资同比增长5.5%，增幅比1—10月上升0.4个百分点；电力、热力、燃气及水生产和供应业投资同比下降2.3%，增幅比1—10月上升14.7个百分点。

2. 指标分析

（1）时序指数

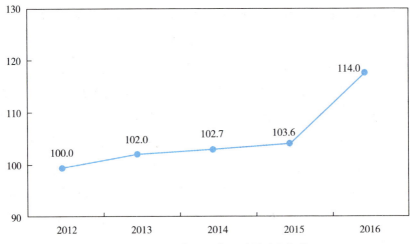

图6-5 山西省工业发展质量时序指数

资料来源：赛迪智库整理计算，2018年1月。

表6-11 2012—2016年山西省工业发展质量时序指数

	2012	2013	2014	2015	2016	2012—2016年年均增速（%）
速度效益	100.0	84.2	69.2	54.8	73.2	-7.5
结构调整	100.0	101.4	107.7	113.9	127.4	6.2

续表

	2012	2013	2014	2015	2016	2012—2016 年 年均增速（%）
技术创新	100.0	111.0	111.7	108.6	123.3	5.4
资源环境	100.0	107.4	110.7	117.9	123.3	5.4
两化融合	100.0	110.1	121.6	138.4	141.1	9.0
人力资源	100.0	101.6	104.6	103.8	104.9	1.2
时序指数	100.0	102.0	102.7	103.6	114.0	3.3

资料来源：赛迪智库整理计算，2018 年 1 月。

纵向来看，山西工业发展质量时序指数自 2012 年的 100.0 上涨至 2016 年的 114.0，年均增速为 3.3%，低于全国平均增速 2 个百分点。

山西在两化融合以及结构调整方面年均增速分别达到 9.0% 和 6.2%，增长较快，分别比 2012—2016 年工业发展质量时序指数年均增速高出 5.7 个百分点、2.9 个百分点。一是两化融合方面，电子信息产业占比年均增速高达 16.8%，表现较为突出，互联网普及率年均增速也超过时序指数整体增速 2.6 个百分点，达到 5.9%，二者均有力地推动了两化融合水平的快速提升。二是结构调整方面，各个指标数据差异较大，高技术制造业主营业务收入占比和工业制成品出口占比两项指标年均增速分别达到 16.5% 和 14.3%，均高于工业发展质量时序指数年均增速，但 500 强企业占比和规模以上小型工业企业主营业务收入增速分别为 -20.5% 和 -2.9%，均呈负增长，造成结构调整方面整体指标数偏低。

技术创新、资源环境和人力资源指标年均增速分别为 5.4%、5.4%、1.2%，均保持稳步增长态势。一是技术创新方面，工业企业新产品销售收入占比表现最为突出，年均增速达到 10.5%，成为推动技术创新发展的有利因素，工业企业 R&D 经费投入强度、工业企业 R&D 人员投入强度、工业企业单位 R&D 经费支出发明专利年均增速分别达到 3.8%、1.3%、3.3%，均呈现稳步增长趋势。二是资源环境方面，工业主要污染物排放强度年均增速较快，达到 13.8%，其次是工业污染治理投资强度年均增速达到 7.8%，单位工业增加值能耗年均增速达到 3.1%，均有力地促进了资源环境发展，但工业废物综合利用率年均增速却呈现负增长，为 -9.7%，成为资源环境发展的阻力。三是人力资源方面，第二产业全员劳动生产率年均增速达到3.8%，其次是就业人员平均受教育年限年均增速达到0.7%，推动人力资源快速发展，但工业城镇单位就业人员平均工资年均增速却呈现为负增长，为-1.3%。

山西在速度效益方面呈负增长，年均增速仅为-7.5%。其中，除工业增加值增速年均增速为3.1%，实现正增长外，其余三项指标均呈现较大程度的负增长，其中工业成本费用利润率和工业主营业务收入利润率两项指标年均增速分别为-22.5%、-21.9%，成为速度效益指标年均增速下降的最主要因素。

（2）截面指数

表6-12　2012—2016年山西省工业发展质量截面指数排名

	2012	2013	2014	2015	2016	2012—2016年均值
速度效益	29	30	30	30	29	30
结构调整	26	29	27	28	24	29
技术创新	22	21	20	23	22	20
资源环境	22	23	25	21	21	22
两化融合	20	21	20	18	23	21
人力资源	8	27	29	28	30	28
截面指数	30	30	30	30	29	30

资料来源：赛迪智库整理计算，2018年1月。

横向来看，2012—2016年山西工业发展质量截面指数平均数为20.1，排在全国第30位。2016年山西工业发展质量截面指数为22.1，排在全国第29位，较2015年上升了1位，表明山西工业发展质量稳中有升。

山西工业发展质量截面指数所有指标年均排名都处于全国下游水平，其中速度效益、结构调整、技术创新、资源环境、两化融合、人力资源各指标年均排名分别为30、29、20、22、21、28。

速度效益方面整体表现较差，所有指标均处于全国下游，其中工业增加值增速、资产负债率、工业成本费用利润率、工业主营业务收入利润率年均排名分别处于全国第28、30、29、29位。

结构调整方面，仅有工业制成品出口占比排名进入全国前20，年均排名达到第18位，其余指标排名均处于全国下游，其中高技术制造业主营业务收入占比、500 强企业占比、规模以上小型工业企业主营业务收入增速，年均排名分别在全国第 22、27、27 位。

技术创新方面，工业企业 R&D 经费投入强度与工业企业新产品销售收入占比分别排在全国第 17 位和第 19 位，工业企业 R&D 人员投入强度与工业企业单位 R&D 经费支出发明专利分别排在全国第 25 位、第 27 位。

资源环境方面，单位工业增加值能耗、工业主要污染物排放强度、工业废物综合利用率、工业污染治理投资强度各个指标全国年均排名分别为第 27 位、第 26 位、第 21 位与第 2 位。由此可见，山西省在 2012—2016 年对工业污染治理投资有了很大加强。

两化融合方面，山西省的工业应用信息化水平、电子信息产业占比、互联网普及率三项指标年均排名分别处于全国第 25、19、9 位。

人力资源方面，山西省的工业城镇单位就业人员平均工资增速、第二产业全员劳动生产率、就业人员平均受教育年限排名分别处于全国第 30 位、第 17 位和第 8 位。

（3）原因分析

山西省工业经济发展仍存在工业结构不够不合理，以能源原材料生产为主的超重特征较为突出，导致"头重脚轻"产业结构，难以形成强有力抵御市场风险能力。其中，制造业发展无论是行业总量还是产品、企业规模都偏小，且多处于传统制造业产业链低端，处于市场竞争弱势地位，尚未形成规模化的电子产业等现代化制造业，加之产业转移等能力有限。此外，山西省规模以上有研发活动的工业企业占不到企业总数的 10%，同时山西省的国家级企业技术中心、技术创新示范企业、国家工程技术研究中心等研发机构也处于全国平均水平以下，难以形成强有力创新能力。山西省没有大量的高新技术产业和服务业等低能耗产业发展，而是以重化工业为主导，必然导致全省生产总值能耗偏高。

3. 结论与展望

综合时序指数和截面指数来看，山西长期以来"一煤独大"的重工业为主的产业结构，处于供给侧改革大背景下，正受到化解过剩产能冲击，工业发展质量总体表现不佳。

未来，山西省应从以下几个方面着手：一是继续加大改造传统产业力度，突出发展本地的潜力产业、新支柱产业和信息产业发展，诸如新材料、食品、医药、节能环保等产业，以信息化技术强化传统产业改造提升工作，构建具有山西特色的制造业循环经济发展模式，促进传统产业生产集约化、节能化、清洁化。二是突破一批重点关键领域的核心技术，进一步增强优势产业竞争力，促进工业智能化、绿色化、服务化水平不断提升，注重"三品"，尤其要重点提高产品质量。

五、内蒙古

1. 总体情况

（1）宏观经济总体情况

2017年1—11月，全区税收收入占一般公共预算收入的比重为76.7%，占比较上年同期提高11个百分点；非税收入占一般公共预算收入的比重为23.3%，占比较上年同期下降11个百分点。全区实现社会消费品零售总额6474.26亿元，同比增长7.4%。其中，城镇5831.15亿元，同比增长7.1%；乡村643.11亿元，占社会消费品总额比重已提高至10%，同比增长10.2%，快于城镇增速3.1个百分点。投资结构也在不断优化。全区进出口总值达到864.86亿元，同比增长24.4%，增速快于全国平均水平8.8个百分点。其中，出口完成305.05亿元，同比增长15.9%，增速快于全国平均水平4.3个百分点；进口完成559.82亿元，同比增长29.6%，增速快于全国平均水平8.7个百分点。

（2）工业经济运行情况

2017年1—11月，全区全社会用电量2631.82亿千瓦时，同比增长10.9%，增速较1—10月加快0.1个百分点。其中，工业用电量2302.1亿千瓦时，同比增长10.6%，增速较1—10月加快0.1个百分点。高技术产业中的电子计算机通信同比增长31.3%，继续保持较快增长。战略性新兴产业增加值增速高于规模以上工业增速。从需求来看，社会消费品零售总额保持增长。制造业投资和基础设施投资分别占固定资产投资总额的22.8%和39.4%。1—9月，规模以上工业企业资产负债率为63.4%，比上年同期下降3.8个百分点；规模以上工业亏损企业亏损额为236.50亿元，同比下降29.7%；规模以上工业企业每百元主营业务收入中的成本为81.14元，比上年同期减少2.7元，较全国平均水平低4.42元。

2. 指标分析

（1）时序指数

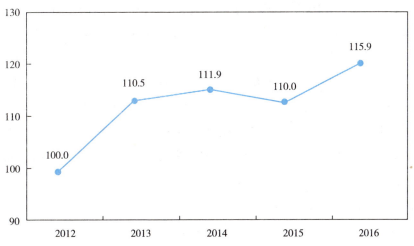

图 6 – 6　2012—2016 年内蒙古工业发展质量时序指数

资料来源：赛迪智库整理计算，2018 年 1 月。

表 6 – 13　2012—2016 年内蒙古工业发展质量时序指数

	2012	2013	2014	2015	2016	2012—2016 年 年均增速（%）
速度效益	100.0	100.8	88.0	86.6	94.4	– 1.4
结构调整	100.0	97.8	91.1	93.3	96.3	– 0.9
技术创新	100.0	108.2	107.6	120.6	130.4	6.9
资源环境	100.0	159.0	187.8	152.1	158.0	12.1
两化融合	100.0	102.8	107.0	102.6	100.4	0.1
人力资源	100.0	103.1	107.8	115.3	124.1	5.6
时序指数	100.0	110.5	111.9	110.0	115.9	3.75

资料来源：赛迪智库整理计算，2018 年 1 月。

纵向来看，从 2012 年到 2016 年，内蒙古工业发展质量时序指数由 100.0 上涨至 115.9，年均增速达到 3.75%，低于全国 5.34% 的平均增速。

内蒙古在技术创新、资源环境、人力资源三个方面增长较快，年均增速分别达到6.9%、12.1%和5.6%。构成技术创新各个指标中，工业企业R&D经费投入强度、工业企业R&D人员投入强度、工业企业单位R&D经费支出发明专利、工业企业新产品销售收入占比均有所改善，年均增速分别达到7.8%、10.8%、4.1%、4.9%。构成资源环境的各项指标中，单位工业增加值能耗、工业主要污染物排放强度、工业污染治理投资强度均有较大提高，年均增速分别达到7.2%、16.6%、23%，但工业废物综合利用率有所下降，年均增速呈现负增长，为-3.6%。构成人力资源各个指标中，工业城镇单位就业人员平均工资增速、第二产业全员劳动生产率均有所加强，分别达到6.2%和8.9%，但就业人员平均受教育年限却呈现负增长，年均增速为-0.1%。两化融合方面，进展较为缓慢，主要是电子信息产业占比呈现负增长，达到-8.1%，成为两化融合发展的阻力，而互联网普及率年均增速为7.6%，有力提高了两化融合水平。

内蒙古在速度效益、结构调整方面均出现下滑，年均增速分别为-1.4%和-0.9%。构成速度效益的四项指标中，仅有工业增加值快速增长，年均增速达9.0%，资产负债率、工业成本费用利润率、工业主营业务收入利润率均呈负增长，年均增速分别为-0.7%、-12%和-10.9%。结构调整方面，高技术制造业主营业务收入占比表现较好，年均增速高达9.9%，规模以上小型工业企业主营业务收入年均增速为3.4%，而500强企业占比和工业制成品出口占比年均增速均出现下滑，年均增速分别为-9.6%和-13.4%，成为阻碍内蒙古结构调整指数增长主要因素。

（2）截面指数

表6-14 2012—2016年内蒙古工业发展质量截面指数排名

	2012	2013	2014	2015	2016	2012—2016年均值
速度效益	3	3	17	21	15	8
结构调整	29	30	29	27	28	30
技术创新	27	26	26	25	24	26
资源环境	27	21	17	23	22	23
两化融合	25	25	25	28	27	26

	2012	2013	2014	2015	2016	2012—2016 年均值
人力资源	1	2	3	4	2	2
截面指数	17	14	22	21	19	19

资料来源：赛迪智库整理计算，2018 年 1 月。

横向来看，2016 年内蒙古工业发展质量截面指数为 32.8，排在全国第 19 位，较 2015 年排名上升 2 位。

2016 年，内蒙古在人力资源方面处于全国领先水平，排在全国第 2 位。其中，第二产业全员劳动生产率是促进内蒙古人力资源方面全国领先的主要支撑指标，2012 年以来一直处于全国领先水平，但是工业城镇单位就业人员平均工资增速和就业人员平均受教育年限处于中游水平，年均排名分别为第 16 位和第 17 位，对人力资源指数增长产生了负面影响。

2016 年，内蒙古在速度效益自 2015 年下滑后再次有所上升，比 2015 年上升了 6 个名次，位居全国第 8 位。其中，工业成本费用利润率与工业主营业务收入利润率两个指标增速较快，分别由 2015 年的第 17 位、第 18 位上升为 2016 年的第 8 位、第 11 位，但是工业增加值增速下滑较大，由 2015 年的第 7 位降为 2016 年的第 13 位，资产负债率稍有回升，由 2015 年的第 23 位上升为第 22 位，比 2015 年提升了 1 个名次。

2016 年，内蒙古工业发展质量截面指数排名靠后主要是受到结构调整、技术创新、资源环境、两化融合四个方面影响，这四个指标分别排在全国第 30 位、第 26 位、第 23 位和第 26 位。结构调整方面，高技术制造业主营业务收入占比、500 强企业占比、规模以上小型工业企业主营业务收入增速、工业制成品出口占比四项指标均处于全国中下游，排名分别为第 29 位、第 27 位、第 17 位和第 25 位。技术创新方面，仅有工业企业 R&D 人员投入强度指标排名位于全国前列，排名为第 13 位，但工业企业 R&D 经费投入强度、工业企业单位 R&D 经费支出发明专利、工业企业新产品销售收入占比在全国的排名分别是第 21 位、第 30 位和第 28 位。资源环境方面，工业污染治理投资强度 2016 年排在全国第 6 位，比上年排名下降 2 个位次；其他三个指标单位工业增加值能耗、工业主要污染物排放强度、工业废物综合利用率排名分别为第

21、23 和 25 位，均处于相对下游水平，成为资源环境指数排名靠后的主要影响因素。两化融合方面，工业应用信息化水平、电子信息产业占比、互联网普及率分别位于全国第 27 位、第 30 位、第 15 位。

（3）原因分析

内蒙古全区近几年供需失衡矛盾仍较突出，还处于去产能、去库存的产业转型升级再深化时期，虽然大数据、新能源、装备制造、节能环保等新兴产业有所发展，诸如航天 12 院等离子煤炭生产乙炔项目，神雾用电石法生产聚乙烯等 50 多个较大的新技术应用产业化项目正在加快建设，但还没有形成较为显著的成效，造成结构调整、资源环境等起色不大。另外，内蒙古近年来加大对人才吸引力度，打造特色产业高端人才集聚平台等引培人才平台，疏通人才供需通道，引进大批量创新创业从才及团队，注意有侧重地培养本地一批领军人才、高端人才等特色产业高端人才，为内蒙古工业可持续健康发展提供强有力人才支撑。

3. 结论与展望

综合时序指数和截面指数来看，内蒙古在结构调整、资源环境等方面还需要大力改进，继续推动工业提质增效，为经济发展注入新动能。

内蒙古今后还需在以下几个方面加大工作力度，一要立足新时代下优化配置资源，提高全要素生产力，一如既往地坚决贯彻国家产业政策及节能环保政策，遵循产业延伸和替代的发展规律，加大淘汰落后、技术改造力度，继续推进供给侧结构性改革，积极培育新工业经济增长点，承接国内外发达地区的先进制造业，坚持在增量中调整结构。二是加大技术创新力度，继续抓好以企业为主体的技术创新体系建设，增强国家级技术创新示范企业和国家级工业设计中心等科研机构的研发能力，加大技术成果转化力度，重点打造节能环保产业链条，大力推广循环经济发展模式发展。

六、辽宁

1. 总体情况

（1）宏观经济总体情况

2017 年 1—11 月，辽宁全省实现固定资产投资 6145.9 亿元。社会消费品零售总额达到 12568.1 亿元，进出口总额达到 6133.9 亿元，其中出口总额达到 2774.3 亿元，进口总额达到 3359.6 亿元。外商直接投资实现 49.6 亿美元。一般公共预算收入 2222.2 亿元，一般公共预算支出 4082.7 亿元。全省完成固定资产投资 6145.9 亿元，同比下降 3.6%，降幅比 1—10 月收窄 5.1 个百分点。从经济类型看，全省国有及国有控股经济完成投资 1796.9 亿元，同比增长 8.3%；民间投资 3816.4 亿元，同比下降 9.8%；港澳台及外商投资 537.7 亿元，同比增长 9.4%。全省社会消费品零售总额 12568.1 亿元，同比增长 2.5%，增速比 1—10 月提高 0.4 个百分点。其中，限额以上批发和零售企业通过公共网络实现商品零售额 259.9 亿元，同比增长 43.4%。全省进出口总额 6133.9 亿元，同比增长 19.3%。其中，出口总额 2774.3 亿元，同比增长 6.9%；进口总额 3359.6 亿元，同比增长 32.0%。全省一般公共预算收入 2222.2 亿元，同比增长 8.3%，增速比 1—10 月提高 0.1 个百分点。一般公共预算支出 4082.7 亿元，同比增长 10.0%，增速提高 0.8 个百分点。全省居民消费价格（CPI）同比上涨 1.3%，涨幅比 1—10 月提高 0.1 个百分点。其中，城市上涨 1.3%，农村上涨 1.0%。

（2）工业经济运行情况

2017 年 1—11 月，辽宁全省规模以上工业增加值同比增长 2.4%，增速比 1—10 月提高 1.7 个百分点。从经济类型看，全省规模以上国有及国有控股企业工业增加值同比增长 4.1%；私营企业增加值同比下降 3.8%；股份制企业增加值同比增长 1.1%；外商及港澳台商投资企业增加值同比增长 5.5%。从行业看，规模以上计算机、通信和其他电子设备制造业增加值同比增长 21.9%，铁路、船舶、航空航天和其他运输设备制造业增加值同比增长 20.2%。从新产品产量看，光缆产量同比增长 55.1%，新能源汽车产量同比增长 24.9%，太阳能电池（光伏电池）产量同比增长 19.3%，工业机器人产量同比增长 16.1%，城市轨道车辆产量同比增长 13.6%。从行业看投资，通信设备、计算机及其他电子设备制造业投资 182.9 亿元，同比增长 37.5%；金属冶炼及压延加工业投资 170.7 亿元，同比增长 27.6%；卫生和社会工作投资 88.2 亿元，同比增长 36.3%；教育业投资 74.9 亿元，同比增长 30.1%；文化、体育和娱乐业投资 92.5 亿元，同比增长 14.8%。

2. 指标分析

（1）时序指数

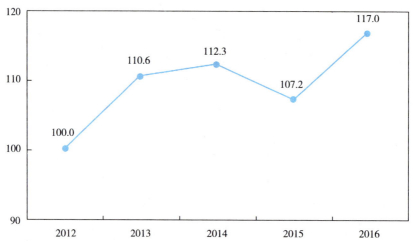

图 6 - 7　2012—2016 年辽宁工业发展质量时序指数

资料来源：赛迪智库整理计算，2018 年 1 月。

表 6 - 15　2012—2016 年辽宁工业发展质量时序指数

	2012	2013	2014	2015	2016	2012—2016 年 年均增速（%）
速度效益	100.0	108.8	97.4	84.5	73.1	-7.5
结构调整	100.0	98.4	92.5	82.4	72.9	-7.6
技术创新	100.0	111.1	117.1	129.2	179.9	15.8
资源环境	100.0	134.2	148.8	117.0	136.8	8.2
两化融合	100.0	111.2	117.6	119.9	119.9	4.6
人力资源	100.0	104.3	110.4	117.8	123.5	5.4
时序指数	100.0	110.6	112.3	107.2	117.0	4.0

资料来源：赛迪智库整理计算，2018 年 1 月。

纵向来看，辽宁工业发展质量时序指数自 2012 年的 100.0 上涨至 2016 年的 117.0，年均增速为 4.0%，低于全国平均增速 1.34 个百分点。

辽宁在技术创新方面年均增速为 15.8%，其中工业企业 R&D 经费投入强度、工业企业 R&D 人员投入强度、工业企业单位 R&D 经费支出发明专利、工业企业新产品销售收入占比年均增速分别为 14%、13.9%、6.8%、23.4%。

辽宁在资源环境方面年均增速达到8.2%，工业污染治理投资强度显著上升，年均增速达到28.9%，工业主要污染物排放强度有所上升，年均增速达到4.5%，但单位工业增加值能耗与工业废物综合利用率均有所下降，年均增速分别为 - 0.8%和 - 7.1%。

辽宁在两化融合方面年均增速为4.6%，其中工业应用信息化水平和互联网普及率有所上升，年均增速分别为5.5%和5.7%，是促进两化融合快速发展的主要因素，电子信息产业占比年均增速为2.9%。

辽宁在人力资源方面年均增速为5.4%，其中工业城镇单位就业人员平均工资增速是人力资源指标最有力支撑，年均增速达到8.1%，其次是第二产业全员劳动生产率，年均增速为5.2%，最后是就业人员平均受教育年限，年均增速达到2.0%。

辽宁在速度效益方面，由2015年的84.5%下降到2016年的73.1%，年均增速达到 - 7.5%，这主要是由于工业增加值增速、资产负债率、工业成本费用利润率、工业主营业务收入利润率均出现负增长，年均增速分别是 - 2.0%、 - 2.6%、 - 15.8%、 - 15.2%，造成速度效益难以有所发展。

辽宁在结构调整方面年均增速达到 - 7.6%。这主要是由于除高技术制造业主营业务收入占比年均增速为8.4%外，500强企业占比、规模以上小型工业企业主营业务收入增速、工业制成品出口占比增速均为负增长，分别为 - 15.9%、 - 26.7%、 - 11.5%，成为结构调整的主要阻力。

（2）截面指数

表 6 - 16　2012—2016 年辽宁工业发展质量截面指数排名

	2012	2013	2014	2015	2016	2012—2016 年均值
速度效益	25	25	27	29	30	29
结构调整	15	25	26	30	30	28
技术创新	19	20	18	17	10	15
资源环境	23	22	24	29	29	26
两化融合	10	11	9	9	12	10
人力资源	11	7	15	10	4	7
截面指数	21	19	23	26	25	23

资料来源：赛迪智库整理计算，2018 年 1 月。

横向来看，2016 年辽宁工业发展质量截面指数为29.7，排在全国第25

位，处于全国中下游水平。

2016 年，辽宁在人力资源表现较好，排在全国第 7 位，处于全国上游水平。其中，工业城镇单位就业人员平均工资增速、第二产业全员劳动生产率、就业人员平均受教育年限的全国平均排名均位于第 7 位。

2016 年，辽宁在两化融合方面方面表现也较好，排在全国第 10 位，但较上年下降 3 个位次。其中，互联网普及率表现较好，排在全国第 7 位；但电子信息产业占比和工业应用信息化水平分别排在第 10 位和第 21 位，后者处于全国中下游水平。

2016 年，辽宁在技术创新方面表现一般，排在全国第 15 位。其中，工业企业 R&D 经费投入强度与工业企业新产品销售收入占比表现较好，分别位于全国第 6 位、第 10 位，成为促进技术创新的主要推动因素，但工业企业 R&D 人员投入强度、工业企业单位 R&D 经费支出发明专利却成为技术创新主要阻力，分别位于第 18 位和第 23 位。

2016 年，辽宁在结构调整方面排在第 28 位，处于全国下游水平。其中，500 强企业占比和工业制成品出口占比均排在第 13 位，表现较好，有力地促进了结构调整；高技术制造业主营业务收入占比与规模以上小型工业企业主营业务收入增速较慢，处于全国下游水平，分别排在第 21 位和第 30 位。

2016 年，辽宁在资源环境方面排在第 26 位，处于全国下游水平。资源环境方面，工业污染治理投资强度表现相对较好，位于第 16 位，但单位工业增加值能耗、工业主要污染物排放强度、工业废物综合利用率分别位于第 20 位、第 21 位、第 29 位。

2016 年，辽宁在速度效益方面排在第 27 位，处于下游水平。其中，工业增加值增速、资产负债率、工业成本费用利润率、工业主营业务收入利润率分别排在全国第 30、26、28 和 27 位，均排名靠后。

（3）原因分析

辽宁近年来经济运行总体较为平稳，不断加大经济结构优化力度，培养了一批新动能，促使服务业比重有所提高，2016 年三次产业结构由 2015 年的 8.3∶46.6∶45.1 调整为 9.9∶38.6∶51.5，第三产业增加值占地区生产总值比重过半，较 2015 年提高 6.4%。虽然辽宁省新技术、新产业、新模式及新业态正快速形成，大力推进 50 个智能制造及智能服务试点示范项目建设，其中沈鼓集团、大连机床成为国家智能制造试点示范，特别是中德（沈阳）高端装备制造产业园、中德史太白双创基地、中德汽车轻量化技术工程中心等更是助力辽宁省工业发展，但是成效并没有完全发挥出来，存在增长动力不足、工业企稳回升基础不牢、产能过剩等问题，只是在技术创新及人才资源方面已获得一定成效，而其他方面还有待于进一步加快提质增效步伐。

3. 结论与展望

综合时序指数和截面指数结果，辽宁在速度效益与结构调整方面表现不佳，需要进一步加大改进力度。

辽宁今后还需在以下几个方面加大工作力度，一是积极落实国家文件和有关政策，加大供给侧改革力度，集聚绿色科技创新新动力，健全绿色开放制度体系建设，力求在调结构、转方式、提质量等方面取得新进展。二是继续推动实施新兴产业培育工程，做大做强装备制造等新兴产业，促进钢铁、石化等传统优势产业加速提质增效步伐，助力生产性服务业向专业化发展，加大辽宁工业发展所需的关键核心技术的研发力度，全力提高全要素生产率。

七、吉林

1. 总体情况

（1）宏观经济总体情况

2017年，吉林完成地区生产总值14886.23亿元，同比增长6.9%。其中，第一产业达到1498.52亿元，同比增长3.8%，第二产业达到7147.18亿元，同比增长6.1%，第三产业达到6240.53亿元，同比增长8.9%。2017年，限额以上社会消费品零售总额7310.42亿元，同比增长9.9%，其中城镇达到6554.51亿元，同比增长9.5%；乡村达到755.91亿元，同比增长13.2%。2017年，实际利用外资金额达到94.31亿美元，同比增长10.0%。2017年，投资完成额达到13773.17亿元，同比增长10.1%，其中第一产业达到708.50亿元，同比增长31.0%，第二产业达到7186.49亿元，同比增长2.4%，第三产业达到5878.18亿元，同比增长18.8%。

（2）工业经济运行情况

2017年，吉林规上工业增加值达到6133.98亿元，同比增长6.3%。其中汽车制造业达到 1644.45 亿元，同比增长 10.0%；食品产业达到 1021.49 亿元，同比增长 7.7%；医药产业达到 572.15 亿元，同比增长 11.8%，占规上工业比重的 9.3%；装备制造产业达到 655.99 亿元，同比增长 7.9%，占规上工业比重 10.7%。

3. 指标分析

（1）时序指数

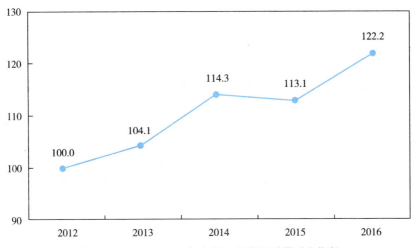

图 6 - 8　2012—2016 年吉林工业发展质量时序指数

资料来源：赛迪智库整理计算，2018 年 1 月。

表 6 - 17　2012—2016 年吉林工业发展质量时序指数

	2012	**2013**	**2014**	**2015**	**2016**	**2012—2016 年年均增速（%）**
速度效益	100.0	99.7	105.3	100.9	104.2	1.0
结构调整	100.0	115.5	129.5	120.7	140.6	8.9
技术创新	100.0	78.2	91.1	92.3	107.1	1.7
资源环境	100.0	125.3	148.6	141.2	144.8	9.7
两化融合	100.0	110.3	109.8	119.8	124.3	5.6
人力资源	100.0	105.4	110.6	115.5	120.8	4.8
时序指数	100.0	104.1	114.3	113.1	122.2	5.1

资料来源：赛迪智库整理计算，2018 年 1 月。

纵向来看，吉林工业发展质量时序指数自 2010 年的 100.0 上涨至 2016 年的 122.2，年均增速为 5.1%，低于全国平均增速 0.2 个百分点。

吉林在速度效益方面增速一般，年均增速为 1.0%。工业增加值呈快速增长，年均增速达到 6.6%，资产负债率年均增速仅为 0.8%，工业成本费用利润率和工业主营业务收入利润率均出现负增长，年均增速分别为 −3.2%、−3.0%。

吉林在结构调整、资源环境、两化融合和人力资源方面呈较快增长，年均增速分别为 8.9%、9.7%、5.6% 和 4.8%。结构调整方面，500 强企业占比快速增长，年均增速为 13.6%，高技术制造业主营业务收入占比年均增速为 11.1%，是促进结构调整指数快速增长的主要支撑要素。规模以上小型工业企业主营业务收入高速增长，年均增速高达 8.4%，工业制成品出口占比增速平稳较缓，仅为 2.4%。资源环境方面，主要工业污染物排放强度持续降低，单位工业增加值能耗和工业污染治理投资强度改善较好，但工业废物综合利用率出现显著下滑，年均增速为 −4.2%，成为影响资源环境指数改善的不利因素。两化融合方面，互联网普及率高速增长，年均增速为 7.2%；电子信息产业占比增长也较快，年均增速为 6.8%；工业应用信息化水平增速相对较缓，为 3.7%。人力资源方面，工业城镇单位就业人员平均工资增长较快，年均增速为 10%，是支撑人力资源发展的有利因素。第二产业全员劳动生产率和就业人员平均受教育年限增长较慢，年均增速分别为 1.8% 和 1.3%。

吉林在技术创新方面呈低速增长，年均增速仅为 1.7%。其中，工业企业 R&D 经费投入强度表现较好，年均增速达到 6.2%，工业企业 R&D 人员投入强度和工业企业新产品销售收入占比增长缓慢，年均增速分别为 0.2% 和 0.8%，工业企业单位 R&D 经费支出发明专利呈负增长，年均增速为 −2.8%，给技术创新方面带来不利影响。

（2）截面指数

表 6−18   2012—2016 年吉林工业发展质量截面指数排名

	2012	2013	2014	2015	2016	2012—2016 年均值
速度效益	10	18	20	20	17	18
结构调整	19	22	23	20	21	20
技术创新	23	29	28	29	28	28
资源环境	14	11	12	13	13	12
两化融合	18	20	23	23	20	22
人力资源	6	5	4	12	13	5
截面指数	15	22	21	22	20	21

资料来源：赛迪智库整理计算，2018 年 1 月。

横向来看，吉林工业发展质量截面指数连续多年处于全国中下游水平，2016年截面指数为35.4，排在第20位，与2015年排名提高2位。

2016年，吉林的人力资源处于全国中上游水平，排在第13位。其中，第二产业全员劳动生产率排在全国第8位，与2015年持平；工业城镇单位就业人员平均工资增速排在第22位，比2015年下滑1个名次；就业人员平均受教育年限排在第14位，较2015年下滑2个名次。

2016年，吉林的资源环境指标排在全国第13位，处于全国中游水平，与上年相比没有变化。其中单位工业增加值能耗表现较好，2016年排在第4位，工业主要污染物排放强度、工业废物综合利用率、工业污染治理投资强度分别排在全国第15、18和23位，对吉林资源环境的排名产生一定负面影响。

2016年，吉林在速度效益方面，排在全国第17位。其中，工业增加值增速排全国第22位，较2015年前进2位；总资产贡献率排在全国第8位，较2015年前进1位，处于全国上游水平；工业成本费用利润率和工业主营业务收入利润率排名有所下降，均处于全国第20位。

2016年，吉林在结构调整方面排在全国第21位，规模以上小型工业企业主营业务收入增速出现小幅下滑，从2015年的第14位降至2016年的第15位；高技术制造业主营业务收入和500强企业占比占比表现相对较好，分别排在全国第17位和第18位；工业制成品出口占比始终处于相对落后水平，2016年排在全国第21位。

2016年，吉林在两化融合方面排在全国第20位，工业应用信息化水平、电子信息产业占比和互联网普及率三项指标均处于全国下游水平，分别均排在第20、21、19位，直接影响了吉林两化融合指数的排名。

2016年，吉林的技术创新指标排在第28名，处于全国下游水平，较上年上升了1个名次。其中，新产品销售收入占比表现较好，排在全国第12位；但是工业企业R&D经费投入强度、大中型工业企业R&D人员投入强度和大中型工业企业单位R&D经费支出发明专利处于相对落后水平，排名分别为第28位、第24位和第29位，影响了技术创新指数的排名。

（3）原因分析

2012—2016年期间，吉林在人力资源方面成绩较为突出，通过实施《吉林省重大科技项目研发人才团队支持计划实施办法》《中共吉林省委、吉林省人民政府关于加快发展吉林特色现代职业教育的实施意见》《关于进一步激发人才活力服务创新驱动发展战略的若干意见》等一系列政策措施，优化人才创新创业的发展环境，提供留住人才发展人才的优惠条件，以人才为依托加快创新，将职务发明成果转化 70% 以上的收益作为创新奖励资金，最大程度地激发全社会的创新活力，为吉林发展提供了较好的人才保障。

2012—2016 年期间，吉林在资源环境方面发展水平相对较高，为保障绿色发展，吉林先后实施了《"十二五" 节能减排综合性实施方案》《吉林省东部绿色转型发展区总体规划》《吉林省 "十三五" 节能减排综合实施方案》等多项方案，通过强化政策引导、提升资源环保要求、加大环境保护监督力度等多项措施，有效督促企业开展节能减排专项行动，在政府、企业协同推进下，绿色发展工作层层落实，扎实推进，维护了吉林良好的资源环境优势。

3. 结论与展望

综合时序指数和截面指数结果，吉林在人力资源、资源环境两方面发展水平较好，保持在全国前列，但是人力资源方面自 2015 年开始出现下滑，表明吉林省仍需想方设法留住人才，保持住人才优势。另外，在资源环境方面，2015 年和 2016 年始终维持在第 13 位，较 2014 年下降了一位，未来发展过程中仍需坚持绿色发展，才能保持住资源环境优势。

吉林在技术创新方面全国排名靠后，近几年来始终没有改善，未来尤其要在技术创新方面取得突破，才能提升工业发展质量。一要出台促进创新创业的相关政策措施，简化优化行政审批程序，激活社会创新活力。二要加大创新资金支持力度，通过资金支持促进国家级、省级重点实验室、技术中心建设，加快创新成果转化。三是要搭建区域协同创新平台，加快产学研用深度合作，加快创新孵化器建设，推动各方力量联合创新。四是要培育和引进一批创新人才，充分利用吉林高校的人才资源，留住专家队伍，留住企业创新人才，改善创新环境，防止人才外流。

八、黑龙江

1. 总体情况

（1）宏观经济总体情况

2017 年，黑龙江地区生产总值达到 15386.1 亿元，同比增长 6.1%，其中，第一产业达到 2670.5 亿元，同比增长 5.3%，第二产业达到 4441.4 亿元，同比增长 2.5%，第三产业达到 8274.2 亿元，同比增长 8.6%；黑龙江固定资产投资达到 10432.6 亿元，同比增长 5.5%；社会消费品零售总额达到 8402.5 亿元，同比增长 10.0%；进出口下降明显，总值为 165.4 亿美元，同比下降 21.3%，其中出口仅为 50.4 亿美元，同比下降高达 37.2%；实际利用外资达到 589647 万美元，同比增长 6.3%；公共财政收入达到 1148.4 亿元，同比下降 1.1%；公共财政支出达到 4228.0 亿元，同比增长 5.2%；城镇常住居民人均可支配收入达到 25736 元，同比增长 6.3%；农村常住居民人均可支配收入达到 11832 元，同比增长 6.6%。

（2）工业经济运行情况

2017 年，黑龙江规模以上工业增加值 2994.2 亿元，同比增长 2.0%，规模以上工业综合能源消费量达到 5051.3 万吨标准煤，同比增长 0.5%，工业用电量达到 540.5 亿千瓦时，同比增长 0.9%。

2. 指标分析

（1）时序指数

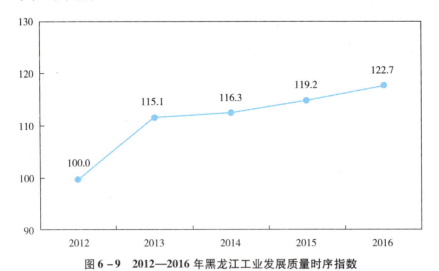

图 6－9 2012—2016 年黑龙江工业发展质量时序指数

资料来源：赛迪智库整理计算，2018 年 1 月。

表 6 – 19　2012—2016 年黑龙江工业发展质量时序指数

	2012	2013	2014	2015	2016	2012—2016 年 年均增速（%）
速度效益	100.0	93.2	89.3	74.8	70.1	– 8.5
结构调整	100.0	101.0	103.7	94.6	96.5	– 0.9
技术创新	100.0	102.0	103.7	107.1	113.1	3.1
资源环境	100.0	199.5	198.3	232.8	240.3	24.5
两化融合	100.0	108.3	114.6	124.4	133.3	7.5
人力资源	100.0	105.7	108.6	112.8	117.0	4.0
时序指数	100.0	115.1	116.3	119.2	122.7	5.25

资料来源：赛迪智库整理计算，2018 年 1 月。

纵向来看，黑龙江工业发展质量时序指数自 2012 年的 100.0 上涨至 2016 年的 122.7，年均增速为 5.25%，比全国平均增速少 0.09 个百分点。

黑龙江在资源环境方面快速增长，年均增速为 24.5%。其中，工业污染治理投资强度表现特别好，年均增速达到 58.8%，而单位工业增加值能耗与工业主要污染物排放强度表现也较好，年均增速分别达到 10.0% 和 14.1%，共同促进了资源环境指数的增长；但是，工业废物综合利用率表现不佳，年均增速仅为 – 10.3%。

黑龙江在技术创新方面，年均增速为 3.1%。其中，工业企业单位 R&D 经费支出发明专利发展较好，年均增速为 10.6%，促进技术创新取得较大成绩；工业企业 R&D 经费投入强度表现一般，年均增速为 1.9%；工业企业 R&D 人员投入强度增速表现一般，年均增速为 1.7%；大中型工业企业新产品销售收入占比表现较差，年均增速为 – 0.5%。

黑龙江在两化融合方面，年均增速为 7.5%。其中，互联网普及率和电子信息产业占比相对来说，实现快速增长，年均增速分别达到 8.5% 和 8.1%，是推动两化融合指数增长的主要因素；工业应用信息化水平增长相对较慢，年均增速为 5.9%。

黑龙江在人力资源方面，年均增速为 4.0%。其中，工业城镇单位就业人员平均工资快速增长，年均增速为 7.3%；第二产业全员劳动生产率也保持较快增长，年均增速为 2.0%；但是就业人员平均受教育年限增长一般，年均增速为 2.0%。

黑龙江在结构调整方面，年均增速为 – 0.9%。其中，规模以上小型工业企业主营业务收入增速一般，年均增速达到 4.3%，高技术制造业主营业务收入占比表现相对较好，年均增速为 6.6%，是促进结构调整指数增长的主要因素；500 强企业占比增速和工业制成品出口占比增速较差，年均增速分别为 – 5.4% 和 – 12.0%，成为阻碍结构调整的主要影响因素。

黑龙江在速度效益方面表现不佳，年均增速为 – 8.5%。其中，工业增加值增长一般，年均增速为 3.3%，资产负债率增长较缓，为 0.5%，工业成本费用利润率和工业主营业务收入利润率均呈负增长，年均增速分别为 – 31.6% 和 – 29.7%。

（2）截面指数

表 6 – 20   2012—2016 年黑龙江工业发展质量截面指数排名

	2012	2013	2014	2015	2016	2012—2016 年均值
速度效益	5	15	23	25	27	22
结构调整	16	16	30	23	26	23
技术创新	16	17	16	18	16	16
资源环境	21	18	18	16	16	17
两化融合	13	16	16	20	16	15
人力资源	10	15	26	16	10	18
截面指数	14	15	24	23	23	20

资料来源：赛迪智库整理计算，2018 年 1 月。

横向来看，黑龙江工业发展质量截面指数呈下滑趋势。2016 年截面指数为 32.2，排在全国第 23 位，与 2015 年名次持平。

黑龙江在人力资源方面排名第 10 位，处于全国上游水平，技术创新、资源环境和两化融合三个方面处于全国中游水平，2016 年都排在全国第 16 位。其中，人力资源方面，第二产业全员劳动生产率一直处于全国中上游位置，2016 排在第 14 位，较 2015 年下降了 2 个名次；工业城镇单位就业人员平均工资增速在 2015 年大幅提升，2016 年从第 18 位升至第 8 位；就业人员平均受教育年限与上年持平，排名处于第 15 位。技术创新方面，工业企业 R&D

人员投入强度处于全国上游水平，2016 年排在全国第 9 位；工业企业 R&D 经费投入强度和大中型工业企业单位 R&D 经费支出发明专利数处于全国中等偏上水平，2016 年分别排在全国第 15 位和第 14 位；工业企业新产品销售收入占比表现不佳，处于全国下游水平，2016 年排在第 27 位。资源环境方面，工业污染治理投资强度表现好，2016 年排在第 8 位；单位工业增加值能耗表现较好，2016 年排在第 17 位，较上年前进 2 个名次；工业主要污染物排放强度和工业废物综合利用率表现不佳，分别排在第 19 位和第 24 位。

黑龙江在速度效益方面出现明显下滑，2016 年排在全国第 27 位，较 2015 年下降 2 个名次，处于全国中下游水平。其中，工业增加值增速 2016 年排在全国第 27 位，与 2015 年持平。资产负债率、工业成本费用利润率和工业主营业务收入利润率，2015 年分别排在全国第 15 位、第 27 位和第 28 位，分别较 2015 年下降 2、2 和 3 个名次。另外，黑龙江在结构调整方面取得一定成效，2016 年排在第 26 位，较上年下降了 3 个名次。其中，规模以上小型工业企业主营业务收入较 2015 年有所下降，从 2015 年的第 23 位下降至 2016 年的第 26 位；高技术制造业主营业务收入占比、500 强企业占比和工业制成品出口占比都处于下游水平，2016 年分别排在第 23 位、第 19 位和第 26 位。

（3）原因分析

2012—2016 年期间，黑龙江在速度效益和结构调整方面排名逐年下滑。尽管黑龙江省出台"工业 17 条"促进工业经济增长，加快推动供给侧结构性改革，推动科技创新提升产品附加值，出台"五大规划"和"十大重点产业"建设方案，全力推进全省园区经济发展，但在速度效益和结构调整方面仍然滞后于全国平均水平，未来仍需改善工业发展环境，深化供给侧改革，加大科技创新力度，改善营商环境，保障工业高速度高质量发展。

2012—2016 年期间，黑龙江在资源环境方面取得一定成绩，名次逐年提升。黑龙江积极通过加快生态文明建设、探索环境治理措施、提高环保标准、加大环保考核力度、加强生态系统维护修复等多项措施，保障了资源环境逐年改善，尤其是找准源头、把控中间环节、注重终端控制的做法有效防止了污染和资源环境的恶化，一系列做法将有助于黑龙江省的资源环境进一步优化。同时，黑龙江省两化融合方面也取得了一定成绩，这主要得益于黑龙江省深入实施工业互联网创新发展战略,通过典型示范、信息共享、业务协同,不断推动云计算、物联网等先进技术在工业、贸易、金融等领域的应用,为两化融合发展打下了坚实基础。

3. 结论与展望

综合时序指数和截面指数结果,黑龙江在资源环境、两化融合、人力资源方面取得一定成效,但在速度效益和结构调整方面表现不佳,未来急需加快改进和提升。

工业经济发展失速是黑龙江省面临的最大问题,未来应重点在以下几方面提升发展能力。一是继续落实好"新工业 17 条""稳增长 65 条"等稳增长促发展的产业政策,挖掘政策潜力,寻求经济增长的新动力。二是加大工业投资,加强与央企合作,引进重大项目,加大工业投资,通过重大项目带动产业链延伸,带动产业集群发展。三是提升科技创新能力。发挥好哈工大、哈工程等高校的创新优势,搭建产学研用平台,加快科技成果转化。四是加快发展新业态,培育新动能。推进两化融合,大力发展云计算、大数据等信息技术产业,通过"互联网 +"促进两化融合,加快推进智能制造,提升先进制造业发展水平。

九、上海

1. 总体情况

(1) 宏观经济总体情况

2017 年,上海市实现地区生产总值(GDP)27466.15 亿元,比上年增长6.8%。其中,第一产业、第二产业和第三产业增加值分别为 109.47 亿元、7994.34 亿元和 19362.34 亿元,分别增长 -6.6%、1.2% 和 9.5%,第三产业增加值占上海市生产总值的比重高达 70.5%,比上年提高 2.7 个百分点。2017 年,上海全社会固定资产投资总额达到 6755.88 亿元,比上年增长6.3%。其中,第一产业、第二产业和第三产业投资分别为 4.09 亿元、982.69 亿元和 5769.11 亿元,同比分别增长 3.6%、2.5% 和 7%。2017 年,上海社会消费品零售总额达到 10946.57 亿元,同比增长 8.0%。2017 年,上海市进出口总额达到 28664.37 亿元,同比增长 2.7%。其中,进口总额达到

16558.92 亿元，同比增长 5.2%，出口总额达到 12105.45 亿元，同比增长
-0.5%。2017 年，上海市城市居民和农村居民家庭人均年可支配收入分别为
57692 元和 25520 元，分别比上年增长 8.9% 和 10.0%。

（2）工业经济运行情况

2017 年，上海工业总产值达到 33079.72 亿元，同比增长 0.7%。其中，
电子信息产品制造业、汽车制造业、石油化工及精细化工制造业、精品钢材
制造业、成套设备制造业和生物医药制造业的工业总产值分别达到 6045.08
亿元、5781.58 亿元、3259.33 亿元、1060.17 亿元、3896.48 亿元、958.63
亿元，同比分别增长 -2.2%、-12.6%、-0.3%、-5.5%、-2.6% 和
5.9%。2017 年，上海规模以上工业总产值达到 31082.72 亿元，同比增长
0.8%。2017 年，上海规模以上工业企业利润总额达到 2898.52 亿元，同比增
长 8.1%；上海规模以上工业企业税金总额达到 1954.19 亿元，同比下降
1.9%；上海规上工业亏损占比高达 21.9%。

2. 指标分析

（1）时序指数

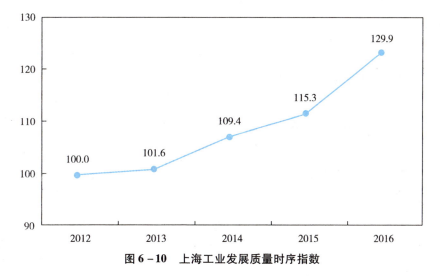

图 6-10　上海工业发展质量时序指数

资料来源：赛迪智库整理计算，2018 年 1 月。

表 6-21 2012—2016 年上海工业发展质量时序指数

	2012	2013	2014	2015	2016	2012—2016 年 年均增速（%）
速度效益	100.0	106.5	112.0	115.9	120.8	4.8
结构调整	100.0	94.5	92.5	88.9	93.9	-1.6
技术创新	100.0	107.1	113.7	112.0	123.2	5.4
资源环境	100.0	93.7	124.2	156.2	224.7	22.4
两化融合	100.0	102.5	105.1	110.1	109.4	2.3
人力资源	100.0	103.2	111.1	117.6	124.3	5.6
时序指数	100.0	101.6	109.4	115.3	129.9	6.76

资料来源：赛迪智库整理计算，2018 年 1 月。

纵向来看，上海工业发展质量时序指数自 2012 年的 100.0 上涨至 2016 年的 129.9，年均增速为 6.76%，高于全国平均增速 1.42 个百分点。

上海在技术创新、资源环境和人力资源方面快速增长，年均增速分别为 5.4%、22.4% 和 5.6%。技术创新方面，R&D 人员投入强度高速增长，年均增速达到 10.2%；单位 R&D 经费投入强度的年均增速也达到 7.0%，这两项指标成为带动技术创新指数增长的主要因素；而 R&D 经费支出发明专利、工业新产品销售收入占比增长缓慢，年均增速分别为 -2.6% 和 4.9%，限制了技术创新指数的增长。在资源环境方面，主要污染物排放强度年均增速为 29.9%；单位工业污染治理投资强度年均增速为 43.2%；但是工业废物综合利用率和工业增加值能耗表现不佳，年均增速分别为 -0.3% 和 2.9%。人力资源方面，工业就业人员平均工资增速较快，年均增速达到 10.6%；第二产业全员劳动生产率和就业人员平均受教育年限提高相对缓慢，年均增速分别为 3.0% 和 1.9%。

两化融合方面，工业应用信息化水平提升最快，年均增速达到 4.8%；电子信息产业占比负增长，年均增速为 -0.2%；互联网普及率占比提高有限，年均增速为 2.0%。

速度效益方面增速较缓，年均增速为 4.8%。工业增加值增速和资产负债率增速较慢，分别为 2.9% 和 0.7%，工业成本费用利润率和工业主营业务收入利润率两项指标的表现较好，年均增速分别为 8.5% 和 7.7%。

上海在结构调整方面进展不大，年均增速为 -1.6%。其中，仅规上小企业主营业务收入实现了增长，年均增速为3.9%，而其余三项指标均呈下降趋势，高技术制造业主营业务收入占比、500强企业占比和工业制成品出口占比年均增速分别为 -0.3%、-5.1%和 -5.0%。

（2）截面指数

表 6 – 22　2012—2016 年上海工业发展质量截面指数排名

	2012	2013	2014	2015	2016	2012—2016 年均值
速度效益	24	20	15	8	2	17
结构调整	6	5	6	6	5	5
技术创新	3	2	2	3	2	3
资源环境	2	2	2	2	2	2
两化融合	2	2	2	2	3	2
人力资源	7	6	2	3	3	3
截面指数	3	2	2	2	2	2

资料来源：赛迪智库整理计算，2018 年 1 月。

横向来看，上海工业发展质量截面指数连续多年排在全国前 3 名，处于全国领先水平，2016 年截面指数为 70.3，与 2015 年排名相同，均列第 2 位。

速度效益方面，2016 年上海排在第 2 位，较上年排名提升 6 个名次，处于全国上游水平。其中工业增加值增速排名靠后，2015—2016 年连续两年都排在全国第 28 位，排名靠后；资产负债率排名略有下降，2015 年排名第 3 位，2016 年排名降至第 4 位；工业成本费用利润率和工业主营业务收入利润率排名较上年都有明显提高，2016 年都排在第 1 位。

结构调整方面，2016 年上海排在第 5 位，处于全国上游水平。其中，高技术制造业主营业务收入占比排名第 3 位，工业制成品出口占比排名全国第 5 位；500 强企业占比有一定上升，2015 年排在第 14 位，但 2016 年提升至第 8 位；规模以上小型工业企业主营业务收入增速一直处于全国落后位置，2015 排名第 24 位，2016 年有明显提高，排名处于第 19 位。

技术创新方面，2016 年上海排在第 2 位，处于全国上游水平。其中，R&D 经费投入强度、R&D 人员投入强度和工业企业新产品销售收入占比表现最好，2015 年分别名列第 2 位、第 4 位和第 2 位；单位 R&D 经费支出的发明专利数稍微逊色，2016 年排在全国第 12 位。

资源环境方面，2016 年上海排在第 2 位，处于全国上游水平。其中，主要污染物排放强度和工业废物综合利用率均排在全国第 2 位；单位工业增加值能耗排名全国第 10 位，工业污染治理投资强度在全国处于上游水平，2016年排在第 4 位。

两化融合方面，2016 年上海排在第 3 位，处于全国上游水平。其中，工业应用信息化水平一直处于全国领先水平，2016 年排在全国第 4 位；互联网普及率自 2005 年以来一直处于第 2 位；电子信息产业占比提高也很高，近 5年都排在全国第 2 位。虽然上海的两化融合水平的年均增速低于全国平均水平，但是由于其基数较高，所以较低的增长也能使其保持全国领先优势。

人力资源方面，2016 年上海排在第 3 位，处于全国上游水平。其中就业人员平均受教育年限自 2014 年以来一直排在全国第 2 位，处于全国领先水平；第二产业全员劳动生产率处于上游水平，2016 年排名第 10 位；而工业城镇单位就业人员平均工资增速较快，2015 年排在全国第 5 位，2016 年排名第2 位，全国排名靠前。

（3）原因分析

2012—2016 年期间，上海在速度效益方面进步迅速，已由 2012 年的第 24位上升至 2016 年的第 2 位。上海市近年来加快供给侧结构性改革，主攻智能制造，加快工业化和信息化融合发展，同时通过发挥财税和金融信贷的政策优势，依托科技创新中心建设，不断培育新兴业态和新动能，促进了工业发展的速度效益快速提升。

与此同时，上海在技术创新、资源环境、两化融合方面也始终处于全国前列。技术创新方面，上海积极打造全球科创中心，各区发挥自身特色，实施重大科技专项，夯实基础研究，加大创新投入，加强科技人才培育，带动上海科技能力引领全国发展。资源环境方面，上海市通过实施《上海市清洁空气行动计划（2013—2017）》《上海市环境保护和生态建设"十三五"规划》，加快大气污染、水污染治理，不断提升环境治理监管能力，资源环境水平近年来始终保持在全国第二的水平。两化融合方面，上海加快推进国家级两化融合试验区建设，通过先行先试、试点示范、加快制造领域研发设计、生产制造等重要环节的信息化、数字化普及应用，提升了企业信息化水平，两化融合支持服务体系不断改善，成为全国典范。

3. 结论与展望

综合时序指数和截面指数结果，上海除了结构调整指标排名第五外，其他各项指标均排名全国前三，进一步提升结构调整水平，同时维持住其他各项指标的领先成为未来上海经济工作的重点。

具体在结构调整方面，上海市应强化发展先进制造业和高附加值、高技术含量、高成长型的新兴产业，同时进一步缩减高污染、高能耗、低效益产业，加快落后生产线的改造升级。在土地、资源、环境约束的条件下，执行好投资负面清单，执行好行业发展指导目录，加快供给侧结构性改革，配套产业转型升级专项资金，不断督促企业加快转型升级。

十、江苏

1. 总体情况

（1）宏观经济总体情况

2017 年，江苏全省地区生产总值（GDP）达到 85900.9 亿元，同比增长 7.2%，人均 GDP 为 107189 元，同比增长 6.8%。从第一、二、三产业的内部结构来看，三类产业增加值分别为 4076.7 亿元、38654.8 亿元和 43169.4 亿元，同比增速分别为 2.2%、6.6% 和 8.2%，三次产业比重调整为 4.7∶45.0∶50.3。全员劳动生产率继续保持快速增长态势，2017 年从业人员全年平均创造增加值达到 180578 元，同比增长了 17907 元。全省产业结构加快调整优化。2017 年高新技术产业产值同比增长 14.4%，占规上工业总产值的 42.7%，比重同比提升了 1.2 个百分点。战略性新兴产业增速更为凸显，产值同比增速为 13.6%，占规上工业总产值的 31.0%，比重同比提升了 0.8 个百分点。

（2）工业经济运行情况

2017 年，全省工业增加值同比增长 7.5%。从产业结构来看，轻工业增速高于重工业，两者同比增速分别为 8.6% 和 6.9%。从经济类型来看，股份制工业、国有工业、外商港澳台投资工业增长较快，同比增速分别为 8.0%、7.8% 与 6.6%。2017 年，全省规上工业企业实现主营业务收入 15.5 万亿元，同比增长 10.9%；实现利润总额 10359.7 亿元，同比增长 12.4%。企业亏损面11.6%，同比下降0.7个百分点。2017年，全省先进制造业增长迅速，全年规模以上工业中，专用设备制造业、医药制造业、电气机械及器材制造业和通用设备制造业等增长迅速，同比增速分别为15.1%、12.9%、11.7%和11.4%。代表智能制造、新材料、新能源汽车和高端电子信息产品等新动能产业实现较快增长，全年工业机器人产量同比增长99.6%，3D打印设备产量同比增长77.8%，新能源汽车产量同比增长56.6%。

2. 指标分析

（1）时序指数

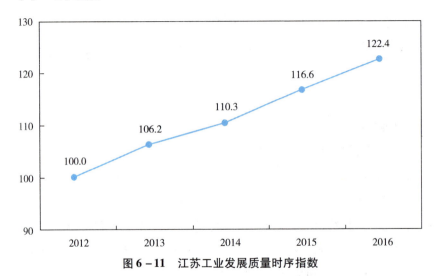

图6-11　江苏工业发展质量时序指数

资料来源：赛迪智库整理计算，2018年1月。

表6-23　2012—2016年江苏工业发展质量时序指数

	2012	2013	2014	2015	2016	2012—2016年 年均增速（%）
速度效益	100.0	104.7	109.2	114.5	119.1	4.5
结构调整	100.0	99.0	98.2	100.9	105.6	1.4
技术创新	100.0	103.2	112.1	114.0	120.6	4.8
资源环境	100.0	119.0	119.5	135.9	148.0	10.3
两化融合	100.0	102.6	107.0	112.8	114.4	3.4
人力资源	100.0	112.6	118.7	128.0	133.7	7.5
时序指数	100.0	106.2	110.3	116.6	122.4	5.2

资料来源：赛迪智库整理计算，2018年1月。

纵向对比，江苏工业发展质量时序指数增长较慢，从 2012 年的 100.0 上涨至 2016 年的 122.4，年均增速为 5.2%，比全国平均增速 5.3% 低 0.1 个百分点。

江苏在资源环境、人力资源两方面年均增速较快，分别为 10.3%、7.5%。分析其内部构成发现：资源环境方面，工业主要污染物排放强度指标表现强劲，年均增速达到 19%。此外，工业污染治理投资强度年均增速也达到 10.8%，两项指标均表明江苏在治理工业污染物排放方面通过加大投入取得显著成效。人力资源方面，工业城镇单位就业人员平均工资增速达到年均增长 11%，表明经济发展成果很好惠及广大产业工人。此外，第二产业全员劳动生产率达到年均增长 8.1%，表明江苏第二产业劳动力素质水平有较大提升。

江苏在两化融合、结构调整两项指标表现较差，年均增速远低于工业发展质量指数的年均增速，分别为 3.4% 和 1.4%。分析其内部构成发现：两化融合方面，电子信息产业占比表现乏力，年均增速仅为 0.2%，表明近年来以大数据、物联网等新一代信息技术为代表的产业发展缓慢，未能很好起到促进传统工业升级的效果。此外，互联网普及率年均增速为 3.1%，表明高速宽带等基础设施建设增速放缓。结构调整方面，工业制成品出口占比以及 500 强企业占比两项指标均出现负增长，年均增速分别为 -2.3% 与 -0.5%，这表明江苏在培育龙头企业及外贸经济方面发展面临较多困难，传统出口加工行业受全球经济形势影响波动较大，亟须开拓有竞争力的新产品领域。

（2）截面指数

表 6-24　2012—2016 年江苏工业发展质量截面指数排名

	2012	2013	2014	2015	2016	2012—2016 年均值
速度效益	21	14	13	5	8	14
结构调整	1	2	2	2	2	2
技术创新	6	6	6	7	7	6
资源环境	7	6	7	6	7	6
两化融合	3	3	4	4	5	4

续表

	2012	2013	2014	2015	2016	2012—2016 年均值
人力资源	12	3	21	7	15	8
截面指数	5	4	5	4	5	4

数据来源：赛迪智库整理计算，2018年1月。

横向来看，江苏工业发展质量截面指数始终保持在全国领先水平，自2012年以来排名一直位列全国前5位，2016年截面指数仍排全国第5位。

从分项指标来看，江苏省在结构调整与两化融合两方面表现较好，分别排名全国第2位和第5位，是支撑江苏省工业发展质量排名较高的重要因素，尤其是结构调整指标近几年来始终稳居全国第2位。但速度效益与人力资源两项指标则排名相对靠后，分列全国第8位和第15位，成为制约江苏省工业发展质量更上一层楼的直接原因。

结构调整指标中，工业制成品出口占比与500强企业占比两项指标排名稳居全国第2位和第3位，表明江苏省制造业规模产品对外竞争力强、制造业规模较大、龙头企业数量较多且带动效果明显，这也是江苏省工业发展质量较高的直接体现。

两化融合指标中，电子信息产业占比一直稳居全国第4位，工业应用信息化水平、互联网普及率两项指标均排名全国第8位，表明江苏省信息化水平支撑工业发展的能力较强。

速度效益指标中，工业增加值增速排名靠后，仅位列全国第14位，表明近年来江苏省工业发展整体动力不足。工业主营业务收入利润率近年来排名虽有所上升，但也仅位列全国第10位，说明江苏省工业企业整体盈利水平一般。

人力资源指标中，工业城镇单位就业人员平均工资增速排名比较靠后，仅位列全国第23位，说明江苏省工业企业所提供的薪资水平在全国的领先地位不断下降。第二产业全员劳动生产率也仅位列全国第12位，表明对劳动者技能提升效果不足。

（3）原因分析

作为全国第二大经济省份，2012—2016年江苏省工业经济表现也较为突出，尤其是在结构调整、两化融合、技术创新等方面始终位于全国前列，为工业高质量发展奠定了基础。

结构调整方面，江苏省近年来紧抓"中国制造2025"战略实施的有利契机，大力发展先进制造业，实现了工业结构的有序优化升级。一方面，全省积极推进钢铁、煤炭、水泥、平板玻璃、船舶等落后产能淘汰工作，仅2016年上述落后产能分别淘汰580万吨、818万吨、380万吨、300万重量箱、330万载重吨，为先进制造业发展腾出充裕空间。另一方面，全省加快推进战略性新兴产业发展，继续保持新材料、新能源、生物医药、海工装备等领域的全国领先地位，并积极加大对工业机器人、3D打印、新能源汽车等新兴产业的扶持力度，推进智能制造与工业互联网建设，产业结构调整取得显著成效。

两化融合方面，江苏省开展了一系列扎实工作，通过组建全省两化融合公共服务平台，推广两化融合创新（互联网与工业融合创新）示范工程，建立两化融合管理评估体系，推进全省两化融合示范（试验）区建设，评选两化融合管理体系贯标试点企业，指导相关企业加入中国两化融合咨询服务联盟，为全省工业企业在推进智能制造、服务型制造等方面提供了强有力的工作支撑。

技术创新方面，江苏省充分发挥省内高校、科研院所聚集的先天优势，积极推进政企学研合作，搭建全省科技创新平台，组建省级产业技术研究院，从体制机制、资源要素流通等方面为企业创新发展、转型升级提供了广阔平台。

3. 结论与展望

从时序指数和截面指数两个维度来看，江苏省工业发展质量在全国表现优异，无论是总排名还是自身提升速度都可圈可点，尤其是在结构调整和两化融合方面表现突出，但在速度效益与人力资源两方面仍需补齐短板。

速度效益方面，江苏省在规模总量上占全国领先地位，但近年来工业增加值增速提升较慢，这一方面与江苏省整体步入工业化中后期阶段有关，已走过工业大规模投资扩张发展阶段；另一方面，也与近年来经济新动能培育速度不快有关，全省仍处于新旧动能转换的关键时期。未来，需加大制造业供给侧改革力度与新动能培育力度，一方面需结合开展"263"减化行动等压减传统高耗能产业规模，完善新能源汽车等新兴产业扶持政策，助力其快速发展。

人力资源方面，江苏省在高校、科研院所等方面资源丰富，但近年来产业技术工人缺口一直较大。需高度重视职高、中专等职业技术教育，切实提升第二产业全员劳动生产率。同时，需通过加强监管、营造良好营商环境等手段，提高工业城镇单位就业人员平均工资。

十一、浙江

1. 总体情况

（1）宏观经济总体情况

2017 年，浙江全省地区生产总值（GDP）突破 5 万亿元大关，达到 51768 亿元，比上年增长 7.8%，人均 GDP 达到 92057 元（约合 13634 美元）。从产业结构来看，产业结构不断优化，第一产业、第二产业和第三产业比重为 3.9∶43.4∶52.7，经济发展质量与效益提升较快。三大产业增加值分别达到 2017 亿元、22472 亿元和 27279 亿元，同比分别增长 2.8%、7.8% 和 8.8%。

2017 年，浙江省固定资产投资达到 31126 亿元，同比增长 8.6%。全省全年财政总收入达到 10300 亿元，一般公共预算收入达到 5803 亿元，同比分别增长 10.6% 和 10.3%。全年税收收入达到 4940 亿元，同比增长 11.5%，占一般公共预算收入的比重达到 85.1%。全省全年进出口总额达到 25604 亿元，同比增长 15.3%。全省全年新批外商投资企业达到 3030 家，实际利用外商直接投资达到 1207 亿元，同比增长 2.7%。

（2）工业经济运行情况

2017 年，浙江省规模以上工业增加值达到 14440 亿元，同比增长 8.3%，增速比上年提高 2.1 个百分点，比全国平均水平高出 1.7 个百分点。规模以上工业企业实现利润达到 4570 亿元，同比增长 16.6%，增速比上年提升 0.5 个百分点。在工业 38 个大类中，有 29 个行业实现利润增长，主营业务收入增长 13.6%，主营业务收入利润率为 6.81%，较上年提升 0.17 个百分点。全省人均劳动生产率达到 21.6 万元/人（折年），同比增长 7.7%。

传统产业升级不断加速，2017 年 10 大传统制造业投资总额达到 3087 亿元，同比增长 6.7%，10 大传统制造业增加值同比增长 4.5%。新产业迅速培育，并形成以八大万亿产业引领转型的良好态势。高技术、高新技术、装备制造、战略性新兴产业发展态势较好，占规模以上工业比重分别为 12.2%、42.3%、39.1% 和 26.5%。节能环保、健康、高端装备、文化等制造业增加值较快增长，计算机通信电子、专用设备、仪器仪表、汽车制造等行业同比增速在 15% 以上。

2. 指标分析

（1）时序指数

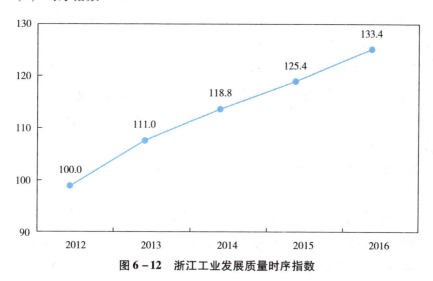

图 6 - 12　浙江工业发展质量时序指数

资料来源：赛迪智库整理计算，2018 年 1 月。

表 6 - 25　2012—2016 年浙江工业发展质量时序指数

	2012	2013	2014	2015	2016	2012—2016 年年均增速（%）
速度效益	100.0	106.1	108.8	113.7	123.4	5.4
结构调整	100.0	105.0	110.7	111.7	115.4	3.6
技术创新	100.0	113.5	120.3	132.5	140.9	8.9
资源环境	100.0	128.0	140.6	141.7	146.8	10.1
两化融合	100.0	108.6	122.6	134.7	149.0	10.5
人力资源	100.0	107.8	115.9	123.8	131.4	7.1
时序指数	100.0	111.0	118.8	125.4	133.4	7.5

资料来源：赛迪智库整理计算，2018 年 1 月。

从时间序列来看，浙江省工业发展质量近 5 年来保持较快增长，年均增速为 7.5%，高于全国平均 5.3% 的增速，整体保持了加速发展提升的态势。

从具体指标来看，浙江省在两化融合、资源环境两方面增长最为突出，年均增速达到 10.5% 和 10.1%。但也应看到，浙江省在速度效益和结构调整两方面表现仍不理想，年均增速仅为 5.4% 和 3.6%。

两化融合方面，工业应用信息化水平和电子信息产业占比两项指标增长明显，近 5 年来平均增速分别达到 15.4% 和 10.8%，远高于全国该项指标的平均增速 7.1% 和 4.8%。但互联网普及率近 5 年平均增速仅为 2.7%，远低于全国该项指标的平均增速 6.0%。

资源环境方面，工业污染治理投资强度和工业主要污染物排放强度两项指标增长迅速，近 5 年平均增速都为 15.0%；但单位工业增加值能耗和工业废物综合利用率两项指标表现一般，尤其是工业废物综合利用率，近 5 年平均增速仅为 0.5%。

速度效益方面，工业增加值增速、工业成本费用利润率和工业主营业务收入利润率这三项指标表现尚可，近 5 年平均增速分别为 6.6%、6.5% 和 6.1%。但资产负债率该项指标表现落后，近 5 年平均增速仅为 2.2%。

结构调整方面，高技术制造业主营业务收入占比、规模以上小型工业企业主营业务收入增速两项指标表现尚可，近 5 年平均增速分别为 6.6% 和 5.0%。但工业制成品出口占比出现负增长态势，近 5 年平均增速仅为 -1.2%。

（2）截面指数

表 6-26　2005—2014 年浙江工业发展质量截面指数排名

	2012	2013	2014	2015	2016	2012—2016 年均值
速度效益	30	28	22	18	11	24
结构调整	4	3	3	3	3	3
技术创新	5	3	3	1	1	2
资源环境	6	5	5	5	5	5
两化融合	7	8	6	6	4	6
人力资源	21	18	16	15	8	15
截面指数	7	6	4	6	4	6

资料来源：赛迪智库整理计算，2018 年 1 月。

　　横向对比来看，浙江省工业发展质量水平在全国领先优势较为明显，2012 年至 2016 年均排名始终位列全国前 7 名的地位，2016 年排在全国第 4 位，比 2015 年提升 2 个位次。

　　从细分指标来看，技术创新指标 2016 年排名全国第 1 位，表现优异；结构调整和两化融合两项指标分列全国第 3 位和第 4 位；但速度效益指标表现较差，仅位列全国第 11 位，成为拖累浙江省工业发展质量水平的重要因素。

　　技术创新方面，工业企业 R&D 经费投入强度与工业企业新产品销售收入占比两项指标表现优异，都位列全国第 1 位。但工业企业单位 R&D 经费支出发明专利表现较为落后，仅位列全国第 19 位，成为拖累浙江省技术创新能力进一步提升的重要因素。

　　结构调整方面，500 强企业占比全国排名第 1 位，表明行业龙头企业发展态势良好。工业制成品出口占比全国排名第 3 位，表明浙江省工业产品国际竞争力表现优秀。但规模以上小型工业企业主营业务收入增速排名全国仅为第 28 位，处于落后水平，表明中小企业发展活力相对不足。

　　两化融合方面，工业应用信息化水平全国排名第 1 位，表明浙江省工业企业运用"互联网＋"等手段进行智能化改造提升进展较快较好。但电子信息产业占比全国排名第 9 位，表明全省电子信息制造业发展有待于进一步加速提升。

　　速度效益方面，工业增加值增速仅排名全国第 21 位，处于较为落后的水平，且近 5 年来该项指标始终处于全国下游水平，表明浙江省近年来工业企业规模扩张乏力，已走过了工业化前期的快速发展阶段。

　　（3）原因分析

　　浙江省工业发展质量始终处于全国领先水平，2016 年排名全国第 4 位，较之 2015 年排名提升 2 个名次，尤其是在技术创新、结构调整两方面表现强劲。

　　结构调整方面，浙江省促进新旧动能协同发力。2017 年浙江省加快新旧动能转换，新旧动能接续平稳，成为支撑全省经济发展的有力支撑。尤其是以"互联网＋"、数字经济等为特点的新动能增长强劲，不仅贡献了较多新经济增长点，还有力促进了传统产业改造升级。例如，2017 年浙江省省网络零售额达到 13337 亿元，同比增长 29.4%，有力带动了相关制造环节及流通环节企业发展。此外，平台经济、共享经济、网络约车、在线医疗等新模式新业态快速发展，极大拓展了生产与消费领域。据统计，2017 年全省"三新"经济增加值达到 1.25 万亿元，同比增长 15.5%，占地区生产总值的比重达到 24.1%，对地区生产总值的增长贡献率高达 37.1%。

技术创新方面，浙江省近年来加大科技创新投入，促进工业企业全面技术升级。一方面，2017 年浙江省出台《浙江省全面改造提升传统制造业行动计划（2017—2020 年)》，加强了对传统企业的技改投入，促进信息化、智能化改造升级。另一方面，通过加大科技创新扶持力度，加快培育新动能发展。2017 年全省研发投入占地区生产总值比重达到 2.43%，高新技术企业与科技型中小企业数量分别达到 11462 家和 40440 家。全省大力发展以数字经济为核心的新经济，现代化经济体系已初步构建。

3. 结论与展望

浙江省工业发展质量始终处于全国领先水平，尤其在结构调整、技术创新、两化融合等方面表现优异，为促进工业发展质量提升提供强有力保障。同时，浙江省在速度效益和人力资源两方面排名较为落后，需要加大投入力度，为工业质量迈向更高层级作出贡献。

速度效益方面，浙江省正积极培训发展新动能，为工业发展积蓄新力量。一方面，全省正大力推进"互联网＋""机器人＋""标准化＋"等工作且成效明显，另一方面正大力推进"个转企、小升规、规改股、股上市"以及"浙商回归"等工作。浙江省工业发展速度未来有望提升到更高档位。

人力资源方面，浙江省已颁布《浙江省人力资源和社会保障事业发展"十三五"规划》，提出打造一支有力提升支撑浙江经济社会发展、更富创新精神、更具创新能力的高层次人才和高技能人才队伍，这将有力支撑浙江工业发展的技术创新与基础保障能力。

十二、安徽

1. 总体情况

（1）宏观经济总体情况

2017 年，安徽省实现地区生产总值（GDP）27518.7 亿元，同比增长 8.5%，人均地区生产总值达到 44206 元（约合 6547 美元）。从产业结构来看,第一、二、三产业比重为 9.5∶49∶41.5,产业结构不断优化。从规模数值来看,三大产业增加值分别达到 2611.7 亿元、13486.6 亿元、11420.4 亿元,分别同比增长 4%、8.6% 和 9.7%,第二产业对国民经济快速发展的支撑力度较大。

2017 年,全省全年固定资产投资额达到 29186 亿元,同比增长 11%,高出全国平均水平 3.8 个百分点,排名位居中部地区第 3 位、全国第 11 位,固定资产投资到位资金达到 28711.5 亿元,同比增长 8.8%。其中,第一产业投资额达到 775.8 亿元,同比下降 4.6%;第二产业投资额达到 13016.4 亿元,同比增长 12%;第三产业投资额达到 15393.8 亿元,同比增长 11%。另外,全省全年工业技改投资额达到 7352.9 亿元,同比增长 18%。

(2)工业经济运行情况

2017 年,安徽省全年规上工业增加值同比增长 9%,增幅较之上年提升 0.2 个百分点,比全国平均水平高出 2.4 个百分点,排序位列中部第 2 位、全国第 6 位。从工业门类来看,40 个工业大类行业中实现增加值增长的达到 34 个,其中又有 12 个行业增加值增幅超过 10%。从工业三大类来看,采矿业增加值同比增长 0.5%,制造业增加值同比增长 9.5%,电力、热力、燃气及水生产和供应业增加值同比增长 9.2%。全年规模以上工业中,高新技术产业增加值同比增长 14.8%,高出全部工业平均增速 5.8 个百分点,其占全部工业增加值的比重由上年的 39.8% 提升到 40.2%;战略性新兴产业增加值同比增长 21.4%,高出全部工业平均增速 5.3 个百分点,其占全部工业增加值的比重由上年的 23.3% 提高到 24.7%。

2. 指标分析

(1)时序指数

从时间发展维度来看,安徽工业发展质量时序指数稳步增长,绝对值自 2012 年的 100.0 提升到 2016 年的 139.5,年均增速达到 8.69%,比全国平均增速 5.34% 高出 3.35 个百分点。

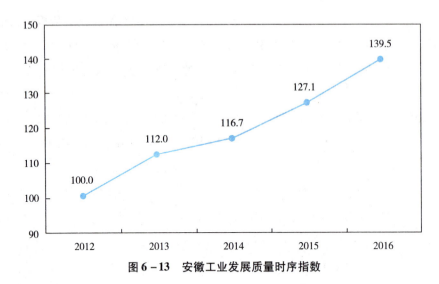

图6-13　安徽工业发展质量时序指数

资料来源：赛迪智库整理计算，2018年1月。

表6-27　2012—2016年安徽工业发展质量时序指数

	2012	2013	2014	2015	2016	2012—2016年年均增速（%）
速度效益	100.0	102.4	99.8	102.0	107.2	1.8
结构调整	100.0	105.3	132.1	144.4	154.8	11.5
技术创新	100.0	104.3	116.1	123.3	132.8	7.3
资源环境	100.0	152.7	123.9	136.6	175.6	15.1
两化融合	100.0	114.3	123.7	152.6	164.0	13.2
人力资源	100.0	102.3	107.4	110.9	115.3	3.6
时序指数	100.0	112.0	116.7	127.1	139.5	8.69

资料来源：赛迪智库整理计算，2018年1月。

从细分指标来看，安徽省在资源环境、两化融合、结构调整等方面表现强劲，年均增速分别为15.1%、13.2%和11.5%，成为支撑工业发展质量稳步提升的重要支撑。但安徽省在速度效益与人力资源两方面表现落后，年均增速仅为1.8%和3.6%，远远落后于全国领先地区。

资源环境方面，工业污染治理投资强度与工业主要污染物排放强度两项指标表现强劲，近5年平均增速高达27%和19%，这表明安徽省近年来不断加大工业治污力度、促进制造业绿色发展，成为支撑工业发展质量提升的重要因素。但工业废物综合利用率表现落后，出现负增长态势，近5年平均增速为 - 0.3%。

两化融合方面，电子信息产业占比表现强劲，近5年平均增速高达19.2%，表明近年来安徽省以平板显示等为代表的电子信息制造业发展较快。工业应用信息化水平和互联网普及率两项指标近5年平均增速分别为9.5%和9.1%，高于全国平均水平7.1%和6.0%。

结构调整方面，高技术制造业主营业务收入占比和规模以上小型工业企业主营业务收入增速两项指标表现强劲，近5年平均增速均为14.8%，表明近年来安徽省高技术型企业发展活力强劲，制造业"双创"成效显著。但500强企业占比表现一般，近5年平均增速均仅为3.9%，表现安徽省工业发展缺乏龙头企业引领。

人力资源方面，就业人员平均受教育年限和工业城镇单位就业人员平均工资增速两项指标表现一般，近5年平均增速均仅为0.5%和3.2%，成为拖累工业发展质量提升的主要制约因素。另外，第二产业全员劳动生产率近5年平均增速为6.3%，表现也落后于全国平均水平8.0%。

速度效益方面，除工业增加值增速增长较快，近5年平均增速为10.2%外，其余三项指标均表现落后。尤其是工业成本费用利润率和工业主营业务收入利润率两项指标均为负增长，近5年平均增速仅为 - 5.1%和 - 4.8%。

（2）截面指数

表6-28　2012—2016年安徽工业发展质量截面指数排名

	2012	2013	2014	2015	2016	2012—2016年均值
速度效益	15	9	16	17	20	16
结构调整	22	19	12	15	13	15
技术创新	9	7	7	6	6	7
资源环境	10	10	10	10	8	10
两化融合	14	15	21	11	11	14
人力资源	27	30	30	30	29	30
截面指数	13	13	13	11	10	13

资料来源：赛迪智库整理计算，2018年1月。

横向对比来看，安徽工业发展质量截面指数始终处于全国中游水平，

2016 年截面指数为 45.7，全国排名处于第 10 位，较之 2015 年上升 1 个名次。从分类指标来看，技术创新、资源环境两项指标表现较好，分别位列全国第 6 位和第 8 位，但人力资源、速度效益两项指标表现较为落后，分别仅位列全国第 29 位和第 20 位。

技术创新方面，安徽省近年来表现较为突出，一直稳居全国前十名，2015—2016 年排名全国第 6 位。其中，工业企业单位 R&D 经费支出发明专利表现强劲，2014—2016 年来始终处于领先地位，排名全国第 1 位。但工业企业 R&D 经费投入强度表现一般，排名全国第 13 位，说明技术创新的后续力量相对不足。

资源环境方面，安徽省近年来表现有稳步提升，2016 年位列全国第 8 位，比之前四年的全国第 10 位有明显进步。其中，工业废物综合利用率表现突出，近两年排名都位列全国第 7 位。工业污染治理投资强度进步较为明显，2016 年位列全国第 10 位，较之前两年的全国第 25 位有显著进步。

人力资源方面，安徽省近年来始终处于全国落后水平，2016 年位列全国第 29 位，之前三年则位于全国第 30 位。从细分指标来看，工业城镇单位就业人员平均工资增速、就业人员平均受教育年限、第二产业全员劳动生产率这三项指标排名都较为靠后，全国排名分别为第 27 位、28 位和第 29 位。

速度效益方面，安徽省近年来在全国的表现有一定下滑趋势，2016 年位列全国第 20 位，之前三年则分别位列全国第 9 位、第 16 位和第 17 位。从细分指标来看，除去工业增加值增速该项指标排名全国领先外，其余三项指标全国排名均处于中下游水平，尤其是工业主营业务收入利润率和工业成本费用利润率两项指标全国排名仅为第 21 位和第 22 位。

（3）原因分析

安徽省作为中部地区经济发展较为快速的地区，近年来在技术创新和资源环境方面进步显著，从而带动整体工业发展质量稳步提升，发展水平稳居全国中上游。

技术创新方面，安徽省不断挖掘自身科教资源优势并将其积极转化为现实生产力。近年来，安徽省先后颁发《关于实施创新驱动发展战略进一步加快创新型省份建设的意见》《"十三五"工业技术创新发展规划》等文件，加大了对全省工业发展的技术创新扶持力度。2017 年末，全省拥有有效发明专利达到 47734 件，排名位列全国第 7 位，同比增长 22.1%。

资源环境方面，安徽省始终贯彻绿色发展理念，严格贯彻落实国家下达的各项节能减排目标，并颁布实施《安徽省"十三五"工业绿色发展规划》，大力推广绿色制造理念，大力推广绿色工厂示范，着力构建绿色产业体系，一方面工业节能减排，另一方面则大力培育节能环保产业。

3. 结论与展望

近五年来，安徽省工业发展质量处于稳步上升阶段，2016 年排名位列全国第 10 位，较 2012 年提升 3 个位次。虽然已取得一定成绩，但也应看到，安徽省在速度效益和人力资源方面存在明显短板，成为制约工业发展质量进一步提升的主要因素。

速度效益方面，安徽省应加大对新兴产业培育力度，并充分激发市场主体活力。在新兴产业培育方面，一方面要紧抓近年来表现较为突出的几个战略性新兴行业，例如太阳能电池、工业机器人、新能源汽车、光纤光缆等。另一方面，则要提前布局，在人工智能、量子通信与技算等领域，发挥合肥市等地的科教资源优势，迅速培育壮大相关企业。

人力资源方面，应围绕《安徽省"十三五"人力资源和社会保障事业发展规划》做好各项工作，努力构建以产业集聚人才、以人才支撑产业发展的良好互动发展新格局。加大对顶级人才的引进力度，加大科研院所的体制机制改革，促进产业人才合理流动、高效配置。

十三、福建

1. 总体情况

（1）宏观经济总体情况

2017 年，福建省实现地区生产总值（GDP）28519.15 亿元，比上年增长 8.4%。分产业来看，第一产业、第二产业和第三产业增加值分别为 2364.14 亿元、13912.73 亿元和 12242.28 亿元，分别增长 3.6%、7.3% 和 10.7%。三次产业增加值占比分别为 8.3%、48.8% 和 42.9%。人均 GDP 达到 73951 元，比上年增长 7.5%。

2016 年，福建省全社会固定资产投资完成 22927.99 亿元，同比增长 9.3%。分产业看，第一产业、第二产业和第三产业投资分别增长 39.9%、

4.9%和9.3%；其中制造业投资增长5.8%。2016年社会消费品零售总额为11674.54亿元，同比增长11.1%。2016年进出口总额达到10351.56亿元，比上年下降1.2%；其中出口额和进口额分别为6838.87亿元和3512.69亿元，出口同比下降2.2%，进口同比增长0.7%。2016年福建省居民人均可支配收入为27608元，同比增长8.7%；扣除价格因素，同比实际增长6.9%；其中城镇居民和农村居民家庭人均可支配收入分别为36014元和14999元，同比分别增长8.2%和8.7%，扣除价格因素，同比分别实际增长7.1%和6.3%。

（2）工业经济运行情况

2016年，福建省全部工业增加值11517.21亿元，比上年增长7.4%。规模以上工业增加值同比增长7.6%；从细分行业看，在规模以上工业的38个行业大类中，有15个行业增速达两位数。福建省的三大主导产业增加值为3744.42亿元，同比增长10.0%；其中，机械装备产业、电子信息产业和石油化工产业增加值分别为1754.08亿元、777.02亿元和1213.32亿元，分别同比增长11.0%、10.6%和8.6%。高技术产业增加值为1116.55亿元，同比增长11.7%。

2. 指标分析

（1）时序指数

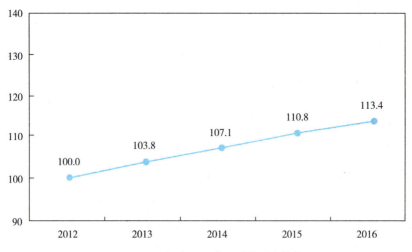

图6-14　福建工业发展质量时序指数

资料来源：赛迪智库整理计算，2018年1月。

表 6 – 29   2012—2016 年福建工业发展质量时序指数

	2012	2013	2014	2015	2016	2012—2016 年年均增速（%）
速度效益	100. 0	101. 9	103. 5	104. 3	113. 3	3. 2
结构调整	100. 0	94. 7	95. 4	103. 8	98. 6	– 0. 3
技术创新	100. 0	102. 0	102. 7	99. 0	104. 9	1. 2
资源环境	100. 0	117. 1	125. 6	131. 5	121. 9	5. 1
两化融合	100. 0	102. 6	105. 0	113. 0	118. 8	4. 4
人力资源	100. 0	108. 8	117. 0	122. 7	130. 6	6. 9
时序指数	100. 0	103. 8	107. 1	110. 8	113. 4	3. 2

资料来源：赛迪智库整理计算，2018 年 1 月。

纵向来看，福建工业发展质量时序指数自 2012 年的 100. 0 上涨至 2016 年的 113. 4，年均增速为 3. 2%，低于全国平均增速。

福建在资源环境和人力资源方面提升较快，年均增速分别达到了 5. 1% 和 6. 9%，均高于时序指数年均增速。资源环境方面，工业废物综合利用率大幅增长，年均增速为 65. 8%；工业主要污染物排放强度年均增长率达到了 51. 4%，对资源环境增长贡献明显。单位工业增加值能耗和工业污染治理投资强度年均增长缓慢，增长率分别为 0. 7% 和 0. 2%。

人力资源方面，第二产业全员劳动生产率快速增长，年均增速达到 14. 4%，促进了人力资源指数的增长；就业人员平均受教育年限也保持了较快增长，年均增速为 10. 0%。

福建两化融合方面发展速度尚可，年均增速达 4. 4%，高于时序指数年均增速。工业应用信息化水平和互联网普及率提升较快，增长速度分别达到了 76. 9% 和 69. 7%，是推动两化融合发展速度提升的主要因素。

速度效益和技术创新方面提升较慢，年均增速分别为 3. 2%、1. 2%，速度效益年均增速与时序指数年均增速持平，而技术创新则低于时序指数年均增速。速度效益方面资产负债率表现较好，年均增速为 52. 3%；技术创新方面工业企业单位 R&D 经费支出发明专利和工业企业 R&D 人员投入强度表现较好，年均增速分别达 23. 3% 和 9. 5%，工业企业新产品销售收入占比和工业企业 R&D 经费投入强度增长缓慢，年均增速分别仅为 0. 9% 和 2. 4%。

结构调整方面表现最差，年均增速为 - 0.3%，显著低于时序指数年均增速。结构调整方面高技术制造业主营业务收入占比和工业制成品出口占比表现相对较好，年均增速分别为 10.2 和 5.9%，而 500 强企业占比表现较差，年均增速仅为 0.6%，是拉低结构调整速度的主要影响因素。

（2）截面指数

表 6 - 30   2012—2016 年福建工业发展质量截面指数排名

	2012	2013	2014	2015	2016	2012—2016 年均值
速度效益	8	5	5	11	6	5
结构调整	10	10	10	9	12	10
技术创新	11	12	12	12	13	11
资源环境	5	7	6	8	11	8
两化融合	5	5	5	5	6	5
人力资源	15	19	19	18	14	20
截面指数	6	7	8	8	8	8

资料来源：赛迪智库整理计算，2018 年 1 月。

横向来看，福建工业发展质量截面指数连续多年处于全国上游水平，2016 年截面指数为 47.6，排在第 8 位。

速度效益方面，2016 年福建排在第 6 位，处于全国上游水平。其中资产负债率表现较好且比较稳定，2013 年以来排名一直稳定在第 7 名；工业增加值增速、工业成本费用利润率和工业主营业务收入利润率近年来上升明显，2016 年均排名第 9 位，均处于全国上游水平。

结构调整方面，2016 年福建排在第 10 位，处于全国上游水平。其中，工业制成品出口占比一直稳居全国上游水平，2012 年以来一直在全国排名第 6 位；高技术制造业主营业务收入占比全国排名近年来有所下降，2016 年排名第 12 位，居于全国中游水平；500 强企业占比和规模以上小型工业企业主营业务收入增速 2016 年在全面排名有所下降，分别排在第 24 位和第 20 位，居于全国中下游水平。

技术创新方面，近年来一直表现稳定，2016 年排在第 13 位，处于全国中游水平。其中，R&D 经费投入强度和 R&D 人员投入强度排名一直比较稳定，处于全国中上游水平，2016 年分别排在第 12 位和第 16 位。

资源环境方面，2016 年福建排在第 11 位，处于全国上游水平。其中，单位工业增加值能耗、主要污染物排放强度都处于上游水平，2016 年分别排在第 8 位和第 6 位；工业污染治理投资强度、工业废物综合利用率在 2016 年排名下降较明显，分别排在全国的第 20 位和第 12 位。

两化融合方面，2016 年福建排在第 6 位，处于全国上游水平。其中互联网普及率和电子信息产业占比分别排在第 4 位和第 6 位，处于上游水平，是推动两化融合指数排名提升的主要因素。工业应用信息化水平多年来一直处于上中游水平，2016 年排在第 10 位。

人力资源方面，2016 年福建排在第 14 位，处于全国中游水平。其中工业就业人员平均工资增速 2016 年进步明显，排在全国第 6 位，处于上游水平。就业人员平均受教育年限和第二产业全员劳动生产率近年来变化不大，排在全国中下游水平。

（3）原因分析

福建省近年来在两化融合方面表现较为突出，有力支撑其工业发展质量总体处于全国上游水平。

两化融合方面，福建省在 2016 年 5 月出台了《福建省"十三五"数字福建专项规划》，旨在不断加快数字福建建设，提升福建信息化发展水平的同时，大力发展网络经济，从而促进全省经济再上新台阶。2016 年 5 月，福建省经济和信息化委员会、福建省财政厅发出《关于印发〈福建省新一轮企业技术改造 2016 年专项资金省属项目申报指南〉的通知》，对于全省范围内通过两化融合管理体系体系贯标评定的企业，给予每家 50 万元的财政补助。2016 年 11 月，福建省参与主办了"2016 年福建省两化融合推进会暨制造业与互联网融合发展深度行（福建站）活动"，在会上宣布成立了福建省两化融合研究院，会议有力地推进了福建两化融合工作的宣传与开展。

3. 结论与展望

2012—2016 年期间，福建工业发展质量整体保持在全国上游水平，但结构调整和资源环境等方面尚处于全国中游水平，仍有可挖掘的潜力。

结构调整方面，今后应理顺工作机制，狠抓龙头企业，打造优势产业链条，重点发展产业集群，整合资源建设现代产业体系。一是着力提高核心产业竞争力，打造以石油化工、机械装备和电子信息三大产业为核心的产业集群，提升相关产品附加值；二是抓好产业提质增效工作，大力推进工业企业技术改造，重点发展智能制造；三是推进新兴产业快速发展，重点发展节能环保、生物医药、新能源汽车、高端装备、新材料、新一代信息技术等战略性新兴产业。

资源环境方面，以加快建设国家生态文明试验区为核心，全面提升福建资源环境整治和建设水平。一是创新体制机制，建立环保机构监测检查执法垂直管理制度，健全生态产品价值实现新机制，开展碳排放权、用能权、排污权交易，实行全流域生态补偿机制。二是促进资源节约循环高效使用，建立电力需求侧管理、节能发电调度等新机制，推广高效节能低碳技术，大力发展循环经济，推进绿色清洁生产。三是进一步加强生态修复和环境保护，特别是加强重点工业企业大气污染综合治理，推进火电燃煤机组抄底排放改造，淘汰黄标车等。

十四、江西

1. 总体情况

（1）宏观经济总体情况

2016年，江西省实现地区生产总值（GDP）18364.4亿元，比上年增长9.0%。分产业来看，第一、二、三产业增加值分别为1904.5亿元、9032.1亿元和7427.8亿元，分别增长4.1%、8.5%和11%。三次产业增加值占比分别为4.8%、47.4%和47.8%。人均GDP为40106元，比上年增长8.4%。

2016年，江西省全社会固定资产投资完成19694.2亿元，同比增长13.3%。分产业看，第一产业、第二产业和第三产业投资分别为436.2亿元、10322.0亿元和8620.5亿元，分别增长1.7%、14.2%和14.5%；其中工业投资10284.9亿元，同比增长15.3%。2016年社会消费品零售总额为6634.6亿元，同比增长12%。2016年进出口总值2643.9亿元，比上年增长0.6%；其中出口值为1966.9亿元，同比下降4.1%，进口值为677.0亿元，同比增长17.3%。2016年，江西省城镇居民和农村居民家庭人均可支配收入分别为28673元和12138元，同比分别增长8.2%和9.0%。

（2）工业经济运行情况

2016 年，江西省规模以上工业增加值 7803.6 亿元，同比增长 9.0%；分行业看，规模以上工业 38 个行业大类中共有 34 个保持增长，占比为 89.4%；装备制造业实现增加值 1925.6 亿元，同比增长 16.7%，高于全省平均水平 7.7 个百分点，贡献率达 24.7%。其中，电子、汽车、电气机械、农副食品、化工等五大重点行业表现突出，同比分别增长 26.0%、17.0%、13.2%、10.1% 和 9.3%，占规上工业的三成以上，对规模以上工业增长的贡献率达 47.3%。江西省六大高耗能产业增加值为 2812.5 亿元，占规上工业 36.0%，比上年下降 1.8 个百分点，同比增长 6.1%。分产品看，江西省 357 种主要工业产品中六成以上实现了不同程度的增长，其中有 114 种工业产品达到了两位数以上增长。其中，手机产量比上年增长 51.7%，汽车产量比上年增长 27.4%，铜材产量比上年增长 15.3%，家用电冰箱产量比上年增长 14.3%，变压器产量比上年增长 13.1%，化学原料产量比上增长 12.5%。

2. 指标分析

（1）时序指数

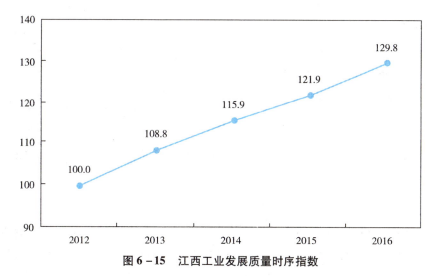

图 6−15　江西工业发展质量时序指数

资料来源：赛迪智库整理计算，2018 年 1 月。

表6-31　2012—2016年江西工业发展质量时序指数

	2012	2013	2014	2015	2016	2012—2016年 年均增速（%）
速度效益	100.0	104.0	109.6	111.3	118.4	4.3
结构调整	100.0	106.4	113.5	123.2	129.4	6.7
技术创新	100.0	109.4	112.8	114.7	135.7	7.9
资源环境	100.0	123.1	122.2	134.7	128.9	6.6
两化融合	100.0	104.6	127.0	133.7	141.2	9.0
人力资源	100.0	107.7	114.6	121.1	127.3	6.2
时序指数	100.0	108.8	115.9	121.9	129.8	6.7

资料来源：赛迪智库整理计算，2018年1月。

纵向对比来看，江西省工业发展质量时序指数自2012年的100.0上涨至2016年的129.8，年均增速达到6.7%，高出全国平均增速（5.3%）1.4个百分点。

江西工业发展质量时序指数增长较快，主要是在两化融合方面增速较快，年均增速达到9.0%，比时序指数增速高出2.3个百分点。究其原因，主要是江西省工业应用信息化水平增长较快，年均增速达到70.6%，此外，全省互联网普及率年均增速达到44.6%，电子信息产业占比年均增速为4.8%，这些数据表明江西省在工业应用信息化水平及互联网普及的引领下，传统企业的信息化改造升级较快。

江西在技术创新方面增速尚可，年均增速快于时序指数。在技术创新方面，主要是工业企业单位R&D经费支出发明专利增速一项增长较快，年均增速达到20.5%，工业企业R&D经费投入强度和工业企业R&D人员投入强度年均增速较低，分别为0.5%和1.3%。

江西在速度效益和人力资源方面提升较慢，年均增速低于时序指数水平，分别为4.3%和6.2%。速度效益方面，资产负债率年均增速表现相对较好，达到了48.4%，而工业成本费用利润率和工业主营业务收入利润率这两个方面年均增长相对缓慢，分别为7.4%和6.8%。人力资源方面，第二产业全员劳动生产率年均增速表现相对较好，达到了11.5%，而工业城镇单位就业人员平均工资增速和就业人员平均受教育年限这两个方面年均增长相对缓慢，分别为 5.2% 和 9.7%。

（2）截面指数

表 6 - 32　2012—2016 年江西工业发展质量截面指数排名

	2012	2013	2014	2015	2016	2012—2016 年均值
速度效益	12	8	3	2	3	3
结构调整	14	12	14	12	9	13
技术创新	28	27	27	28	27	27
资源环境	19	19	19	18	18	19
两化融合	23	27	13	15	17	18
人力资源	24	24	24	23	25	23
截面指数	24	23	16	15	15	17

资料来源：赛迪智库整理，2018 年 1 月。

横向对比来看，江西工业发展质量截面指数稳定在全国中游水平，2016 年截面指数为 38.6，排在全国第 15 位。

速度效益是江西表现较为突出的方面，2016 年江西该指标全国排名第 3 位，处于领先水平。其中，工业增加值增速和资产负债率从 2012 年开始位次不断前移，并稳定在全国第一方阵。工业成本费用利润率和工业主营业务收入利润率表现也相对不错，处于全国上游水平，2016 年全国排名分别为第 7 位和第 8 位。

资源环境和两化融合方面表现一般，2016 年排名处于中游水平，分别排在全国的第 18 位和第 17 位。资源环境方面，单位工业增加值能耗表现相对较好，2016 年排名第 6 位；工业废物综合利用率和工业污染治理投资强度排名相对靠后，2016 年分别排在全国的第 30 位和第 26 位，提升空间较大。两化融合方面，工业应用信息化水平和电子信息产业占比在全国均处于中游水平，2016 年在全国排名分别处于第 13 位和第 14 位；互联网普及率表现相对较差，2016 年排在第 23 位，排名相对靠后。

技术创新和人力资源方面江西表现较差，在全国处于下游水平。其中，技术创新方面，工业企业 R&D 经费投入强度、工业企业 R&D 人员投入强度和工业企业单位 R&D 经费支出发明专利 2016 年表现均较差，在全国处于下游水平；工业企业新产品销售收入占比则处于中游水平。人力资源方面，工业城镇单位就业人员平均工资增速、第二产业全员劳动生产率和就业人员平均受教育年限等表现不太理想，均处于全国中下游水平。

（3）原因分析

江西省工业经济规模和发展质量在全国均处于中等偏下水平，但工业发展质量较前些年有明显提升，主要是速度效益及结构调整等方面发展水平较高。

速度效益方面，面对近年来的经济下行压力，江西千方百计采取各项措施，全力促进经济稳定健康发展。一是积极促进实体经济发展，先后出台降低成本优化环境 80 条和 20 条政策措施，大力开展有针对性的企业帮扶，努力帮助企业减轻负担，提高企业效益。二是狠抓大项目建设，不断扩大投资，特别是抓好重大基础设施建设和支柱产业发展。

结构调整方面，为加快经济结构调整速度，优化产业结构，一是大力培育发展壮大战略性新兴产业，新一代信息技术产业、航空制造等产业主营业务收入实现了较快增长。二是积极利用信息技术等不断加大对传统产业的改造升级，进一步加大企业技术改造及设备更新力度，推动大众创业、万众创新，全面激发经济发展的新动能。三是进一步完善本地产品出口促进机制，优化出口结构。四是深入推进实施现代服务业提速发展三年行动计划，大幅提升服务业增加值增长速度。

3. 结论与展望

从时序指数的纵向对比来看，2016 年江西工业发展质量稳步上升，但从截面指数的横向对比来看，其在全国排名仍不理想。未来应从技术创新和资源环境等方面着重发力，显著提升工业发展质量。

技术创新方面，应大力强化创新引领作用，实施创新驱动战略，推进重点产业转型升级，努力在新材料、新能源、新一代信息技术、智能制造等产业领域形成突破。培育创新型领军企业，大力支持中小微企业的创新活动。推进军民融合发展，实施一批军民融合领域的重特大项目。加强知识产权保护，推进知识产权强省试点。此前，应加强创新要素保障能力建设，打造创新支撑平台。

资源环境方面，大力推进资源综合利用，加强绿色清洁生产，构建现代绿色产业体系。发展循环经济，打造绿色环保工业园区。推进对土地资源、水资源和能耗总量与强度的控制，推广节能行动，降低工业发展能耗。响应国家号召，出台绿色产业发展指导目录，大力发展节能环保产业。

十五、山东

1. 总体情况

（1）宏观经济总体情况

2016 年，山东省实现地区生产总值（GDP）67008.2 亿元，同比增长7.6%。从三次产业看，第一产业、第二产业和第三产业增加值分别为4929.1亿元、30410.0 亿元、31669.0 亿元，同比分别增长 3.9%、6.5% 和 9.3%。三次产业增加值占比分别为 7.3%、45.4% 和 47.3%。人均 GDP 达到 6770元，按年均汇率折算达到 10193 美元。

2016 年，山东省完成固定资产投资 52364.5 亿元，同比增长 10.5%。新开工项目 43760 个，同比增长 7.1%。其中，亿元以上新开工项目 5157 个，同比增长 10.2%。其中，制造业投资总额达到 23399.9 亿元，同比增长12.1%。2016 年社会消费品零售总额达到 30645.8 亿元，同比增长 10.4%。2016 年进出口总额为 15466.5 亿元，同比增长 3.5%；其中，出口额为9052.2 亿元，同比增长 1.2%；进口额为 6414.3 亿元，同比增长 6.8%。2016 年山东省居民人均可支配收入为 21495 元，同比增长 8.3%；其中城镇居民和农村居民家庭人均可支配收入分别为 34012 元和 13954 元，同比分别增长7.8% 和 8.8%。城镇、农村居民人均现住房建筑面积分别为 37.5 平方米和42.1 平方米。

（2）工业经济运行情况

2016 年，山东省全部工业增加值 26648.6 亿元，比上年增长 6.6%。规模以上工业增加值比上年增长 6.8%。其中，重工业、轻工业分别增长 7.5% 和5.5%；规模以上工业主营业务收入达到 150034.9 亿元，同比增长 3.7%；实现利润 8643.1 亿元，同比增长 1.2%；实现利税 13312.9 亿元，同比增长0.4%。2016 年，山东规模以上工业企业年主营业务收入过 10 亿元企业 1935家、超过 100 亿元企业 145 家、超过 1000 亿元的企业 2 家。

2．指标分析

（1）时序指数

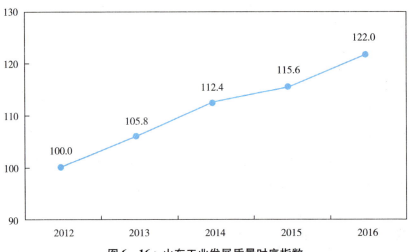

图6－16　山东工业发展质量时序指数

资料来源：赛迪智库整理计算，2018年1月。

表6－33　2012—2016年山东工业发展质量时序指数

	2012	2013	2014	2015	2016	2012—2016年年均增速（％）
速度效益	100.0	101.3	102.3	103.5	105.6	1.4
结构调整	100.0	103.2	109.0	116.3	118.5	4.3
技术创新	100.0	104.2	104.1	108.2	114.9	3.5
资源环境	100.0	111.3	136.5	130.9	145.1	9.8
两化融合	100.0	110.2	116.8	123.9	134.2	7.6
人力资源	100.0	108.1	114.4	118.8	124.7	5.7
时序指数	100.0	105.8	112.4	115.6	122.0	5.1

资料来源：赛迪智库整理计算，2018年1月。

纵向对比来看，山东工业发展质量时序指数由2012年的100.0上升至2016年的122.0，年均增速为5.1%，落后于全国平均水平（5.3%）。

从细分指标来看，山东在资源环境、人力资源以及两化融合等方面增长较快，年均增速分别达到9.8%、5.7%和7.6%。资源环境方面，工业废物综合利用率和工业主要污染物排放强度这两个指标增长较快，年均增速分别达到了76.3%和65%，是促进资源环境改善的主要因素；工业污染治理投资强度与单位工业增加值能耗两项指标增长缓慢，年均增速分别为0.5%和0.9%。

人力资源方面，第二产业全员劳动生产率和就业人员平均受教育年限这两个指标快速增长，年均增速分别达15.4%和10.2%，是促进全省人力资源水平提升的重要因素；工业城镇单位就业人员平均工资年均增速相对缓慢，为6.4%。

两化融合方面，工业应用信息化水平和互联网普及率等指标增长非常快，年均增速分别达到85.8%和52.9%，是促进全省两化融合水平提升的重要因素；电子信息产业占比发展水平比较慢，年均增速仅为5.4%。

山东在速度效益方面增速缓慢，年均增速仅为1.4%。该项指标的细分领域中，只有工业增加值增速一项表现尚可，年均增速为8.5%，另外三项细分指标：总资产贡献率、工业成本费用利润率、工业主营业务收入利润率年均增速均较低或为负增长（分别为0.5%、-4.2%、-3.6%），这对速度效益指数的增长起到了很大抑制作用。

山东在技术创新与结构调整两方面表现一般，年均增速分别为3.5%与4.3%。技术创新方面，大中型工业企业新产品销售收入占比与大中型工业企业单位R&D经费支出发明专利两项指标增速较快，年均增速分别为10.8%和17.7%，但大中型工业企业R&D经费投入强度和大中型工业企业R&D人员投入强度两项指标增速缓慢，年均增速仅为0.9%和2.7%。

结构调整方面，500强企业占比增长较快，年均增速达到13.8%，细分领域其他三项指标中，高技术制造业主营业务收入占比、工业制成品出口占比两项指标增长平稳，年均增速分别为8.6%、7.3%，规上小型工业企业主营业务收入年均增速缓慢，仅为2.5%。

（2）截面指数

表6-34　2012—2016年山东工业发展质量截面指数排名

	2012	2013	2014	2015	2016	2012—2016年均值
速度效益	16	12	11	12	14	13
结构调整	3	4	5	4	4	4
技术创新	12	13	13	11	12	13

续表

	2012	2013	2014	2015	2016	2012—2016 年均值
资源环境	9	9	9	9	9	9
两化融合	9	9	8	10	8	9
人力资源	17	16	20	20	16	21
截面指数	8	10	9	9	9	9

资料来源：赛迪智库整理，2018年1月。

横向对比来看，山东的工业发展质量截面指数一直处于全国上游水平，2016年截面指数为48.0，全国排名第9位。

结构调整、资源环境与两化融合等指标是山东表现较为突出的方面，在全国排名分别为第4位、第9位和第8位，处于上游水平。结构调整方面，500强企业占比与工业制成品出口占比两项细分指标全国排名遥遥领先，分别位列第2位与第4位，大型企业与出口增长迅速成为全省工业结构调整的重要助推力，但规上小型工业企业主营业务收入增速与高技术制造业主营业务收入占比两项指标则排名较靠后，分别为全国第25位与第18位，说明中小企业与科技型企业发展不足；资源环境方面，工业废物综合利用率、工业主要污染物排放强度工业污染治理投资强度等三项指标排名靠前，分别为全国第8位、第8位和第9位。单位工业增加值能耗排名处于全国中等水平，排在全国第14位；两化融合方面，工业应用信息化水平排名靠前，位列全国第3位。但电子信息产业占比、互联网普及率两项指标全国排名中游，分别为全国第12位与第13位。

除了结构调整、资源环境与两化融合等指标表现强劲之外，山东在其他指标方面表现一般，在技术创新、速度效益以及人力资源方面处于全国中等水平，全国排名分别为第12位、第14位和第16位。

技术创新方面，大中型工业企业R&D经费人员强度全面排名靠前，位列第10位，表明大中型企业人员研发投入较多。但工业企业新产品销售收入占比、大中型工业企业R&D经费投入强度以及大中型工业企业单位R&D经费支出发明专利，分别为第13位、第11位、第24位。

速度效益方面，总资产贡献率排名位列全国第10位，表明其对工业经济增长促进作用较大。工业增加值增速与工业成本费用利润率、工业主营业务收入利润率三项指标排名位居全国中游水平，分别位列全国 16 位与并列第 18 位，说明工业企业整体收入水平增速一般。

人力资源方面，各项细分指标均位列全国中游水平，就业人员平均受教育年限、第二产业全员劳动生产率、工业城镇单位就业人员平均工资增速三项指标排名分别为第 12 位、第 18 位和第 14 位。

（3）原因分析

山东省经济规模在全国排名较为领先，特别是近年来山东省采取措施加快结构调整步伐，促进两化深度融合，取得一定成效。

结构调整方面，一是加快传统产业改造升级步伐，利用"三去一降一补"工作契机，淘汰落后产能，提升传统产业发展层次和发展水平；二是坚持实施创新驱动发展战略，加快新旧动能转换步伐，大力发展新一代信息技术产业、生物医药产业、高端装备产业、新材料产业、现代海洋产业、绿色低碳产业、数字创意产业等战略性新兴产业，同时，注重发展金融服务业、信息服务业、研发设计等生产性服务业，全面打造现代工业体系。

两化融合方面，山东省积极贯彻"1＋22"实施方案和《〈中国制造2025〉山东省行动纲要》，推进工业和信息化深度融合。一是积极推进企业两化融合管理体系贯标工作，引导企业开展两化融合自评估、自诊断和自对标，实现以管理标准的落实来促进企业创新和转型升级。二是推进制造业和互联网深度融合，大力发展新业态和新模式，对形成的相关经验模式进行宣传推广。

3. 结论与展望

综合来看，山东省工业发展质量在全国处于领先地位，但技术创新、速度效益和人力资源方面等的发展空间仍然比较大，需加强相关工作。

技术创新方面，发挥山东省教育科技大省优势，强化创新驱动发展战略，推进"政产学研金服用"相结合，形成创新共同体。多措并举，建设一批创新型产业集群。深刻科技体制改革，实施知识产权战略，提升教育质量，弘扬工匠精神和劳模精神。

速度效益方面，一是要积极加大招商引资力度，重视重特大项目的建设，围绕重点发展的支柱产业和新兴产业，出台相应的扶持政策，依靠项目及产业发展的带动作用，实现经济的快速发展。坚持质量第一和效益优先的原则，加强质量和品牌建设，提升产品的附加值。

人力资源方面，按照工业和企业发展需求，重点加强对科学家、企业家和技术产业工业的培养、引进，构建完整的职业教育体系和高端人才培养体制，优化现有的人才引进政策并予以落实，为工业发展提供强大的人力资源保障。

十六、河南

1. 总体情况

（1）宏观经济总体情况

2017 年，河南省地区生产总值为 44988.16 亿元，比上年增长 7.8%。从三次产业结构来看，第一、二、三产业增加值分别为 4339.49 亿元、21449.99 亿元和 19198.68 元，与上年相比增长率分别为 4.3%、7.3% 和 9.2%。三次产业结构比例分别为 10.7%、47% 和 41.9%。

2017 年，全省完成全社会固定资产投资 43890.36 亿元，比上年增长 10.4%；第一产业、第二产业和第三产业投资分别为 2382.58 亿、19172.70 亿元和 22335.07 亿元，同比分别增长 23.3%、3.5% 和 15.7%。其中，工业投资 19190.97 亿元，同比增长 3.5%，占固定资产投资的 43.7%。全年地方财政收入达 4706.96 亿元，同比增长 5.6%。全年增加城镇就业人员达 145.1 万人。

（2）工业经济运行情况

2017 年，河南省实现工业增加值 16830.74 亿元，同比增长 7.5%。规上工业增加值同比增长 8.0%。其中，高技术产业同比增长 16.8%，占规上工业的 8.7%。高成长性制造业同比增长 10.6%，占规上工业的 48.4%。传统支柱产业同比增长 5.3%，占规上工业的 44.5%。六大高能耗产业同比增长 6.1%，占规上工业的 32.3%。2016 年，河南规上工业企业主营业务收入达到 79195.70 亿元，同比增长 7.9%；利润总额 5174.14 亿元，同比增长 6.4%。

2．指标分析

（1）时序指数

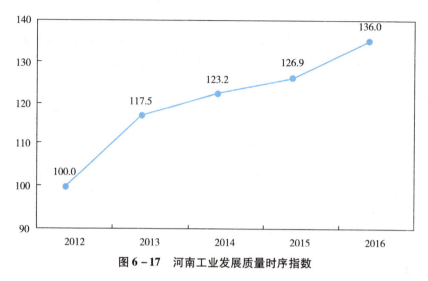

图 6 – 17　河南工业发展质量时序指数

资料来源：赛迪智库整理计算，2018 年 1 月。

表 6 – 35　2012—2016 年河南工业发展质量时序指数

	2012	2013	2014	2015	2016	2012—2016 年年均增速（%）
速度效益	100.0	103.4	105.5	104.8	106.8	1.7
结构调整	100.0	118.4	121.6	143.2	147.3	10.2
技术创新	100.0	122.6	121.5	121.1	122.0	5.1
资源环境	100.0	148.2	172.2	155.8	205.4	19.7
两化融合	100.0	114.5	117.7	129.9	131.7	7.1
人力资源	100.0	101.3	109.2	114.1	118.2	4.3
时序指数	100.0	117.5	123.2	126.9	136.0	8.0

资料来源：赛迪智库整理计算，2018 年 1 月。

纵向对比来看，河南工业发展质量时序指数自 2012 年的 100.0 上升至 2016 年的 136.0，年均增速达到 8.0%，高于全国 5.3% 的平均增速。

河南在资源环境、结构调整方面表现突出，年均增速分别为 19.7%、10.2%。其中，在资源环境方面，工业污染治理投资强度增长幅度很大，年均增速达到 40.3%，单位工业增加值能耗和工业主要污染物排放强度下降幅度较大，年均下降幅度分别达到 10.7% 和 19.8%。在结构调整方面，高技术制造业主营业务收入占比和工业制成品出口占比两项增速较快，成为促进本项指标提升的主要因素，其年均增速分别达到13.9%和13.7%。规上小型工业企业主营业务收入年均增速为9.4%。500强企业占比没有变化。

在两化融合方面，年均增速达到7.1%，其中电子信息产业占比和互联网普及率保持稳定增长，年均增速分别为9.7%和9.3%；工业应用信息化水平增长缓慢，其年均增速只有2.3%。

河南在技术创新、人力资源增长方面相对较慢，年均增速分别为5.1%和4.3%。其中，技术创新方面，大中型工业企业新产品占比增长较快，年均增速为11.7%。另外三项指标，大中型工业企业R&D经费投入强度、单位R&D人员投入强度和单位R&D经费支出的发明专利数增幅均不高，年均增速分别为1.9%、1.0%和2.5%。

人力资源方面，第二产业全员劳动生产率与工业城镇单位就业人员平均工资增速增长相对较快，年均增速分别为6.2%和4.3%，就业人员平均受教育年限增长缓慢，年均增速仅为1.6%。

河南在速度效益方面增速不高，年均增速只有1.7%。其中，除去工业增加值一项指标年均增速为8.5%外，工业成本费用利润率和工业主营业务收入利润率都是负增长，年均增速分别为-4.3%、-3.8%，成为拖累速度效益增长的主要原因。

（2）截面指数

表6-36　2012—2016年河南工业发展质量截面指数排名

	2012	2013	2014	2015	2016	2012—2016年均值
速度效益	6	7	2	1	4	2
结构调整	21	20	16	11	11	16
技术创新	25	22	24	24	26	25
资源环境	13	12	11	11	10	11
两化融合	16	17	18	22	22	20
人力资源	29	29	22	22	28	29
截面指数	20	20	14	14	14	14

资料来源：赛迪智库整理计算，2018年1月。

横向对比来看，河南工业发展质量截面指数始终处于全国中等水平，

2016 年截面指数为 38.7，全国排名为第 14 位。

速度效益方面，2016 年全国排名第 4 位，是河南工业发展质量截面指数各细分指标中排名最为领先的一项。速度效益指标中，工业增加值增速全国排名第 8 位，工业成本费用利润率、工业主营业务收入利润率两项指标全国排名均为第 12 位。

资源环境与结构调整两项指标也处于全国中上游水平，2016 年资源环境全国排名为第 10 位，结构调整全国排名为第 11 位。资源环境方面，各项指标在全国排名均处于中上等水平。工业废物综合利用率和工业污染治理投资强度 2016 年全国排名均为第 11 位，特别是工业污染治理投资强度从 2015 年全国排名第 23 位一跃提高的全国排名第 11 位，上升幅度最为明显。单位工业增加值能耗和工业主要污染物排放强度全国排名均为第 12 位，近年表现都比较稳定。

结构调整方面，工业制成品出口占比指标始终排名较为靠前，近两年排名均为全国第 7 位；高技术制造业主营业务收入占比排名由 2015 年的全国第 13 位提高到第 10 位，规上小型工业企业主营业务收入增速全国排名第 12 位。

技术创新、两化融合与人力资源三项指标河南省在全国排名均处于中下游水平，2016 年全国排名分别为第 26 位、第 22 位与第 28 位。技术创新方面，大中型工业企业单位 R&D 经费支出发明专利一项指标全国排名仅为第 27 位，成为拖累技术创新突破的主要原因；大中型工业企业 R&D 经费投入强度、大中型工业企业 R&D 人员投入强度、大中型工业企业新产品销售收入占比等指标排名亦处在中下游水平，分别位列全国第 23 位、第 21 位与第 18 位。

两化融合方面，互联网普及率一项在全国排名处于下游水平，2016 年全国排名第 27 位；工业应用信息化水平、电子信息产业占比两项指标排名也不甚理想，分别位列全国第 19 位与第 18 位。

人力资源方面，第二产业全员劳动生产率一项在全国排名处于下游水平，2016 年全国排名第 28 位；就业人员平均受教育年限、工业城镇单位就业人员平均工资增速两项指标排名也不甚理想，分别位列全国第 18 位与第 25 位。

（3）原因分析

河南省 GDP 居全国第一方阵，2016 年排名全国第 5 位，从截面指数排名看，居全国第 14 位。主要原因是河南工业增长速度虽然较快，但是在质量效益方面仍需进一步提高，特别是在技术创新、两化融合、人力资源等方面都有较大的提升空间。

近年来，河南在结构调整方面取得了明显成效。通过推进产业结构战略性调整，培育创新动力，工业发展水平得到提升。重点化解煤炭、钢铁行业过剩产能，新能源汽车、工业机器人等终端高端产品及传统产业中的高附加值产品产量增加较快。河南还努力打造高端开放平台，河南自贸区建设全面启动，郑州跨境电子商务综合试验区建设稳步推进。

河南重视生态环境保护，对重点领域污染防治力度不断加大，资源环境明显改善。通过整治"污染围城"和"小散乱差"企业，加强能源、水资源消耗总量和强度控制，加强重污染天气应对，加快园区循环化改造，建立空气质量生态补偿机制，河南生态环境有明显改善。

3. 结论与展望

综合来看，河南省工业发展应继续加快结构转型升级，提高供给体系质量和效率。要不断加强技术创新、两化融合与人力资源等方面工作。大力发展先进制造业，改造提升传统产业，培育新兴产业，推进产业结构战略性调整。

技术创新方面，围绕郑洛新国家自主创新示范区、国家大数据综合试验区、知识产权强省试点省建设，加大科技创新投入，注重引进创新型企业，不断提高创新供给能力。

人力资源方面，要持续加大对科技创新领军人才、创新团队的引进力度，推进人才发展体制改革，加强引才育才载体建设，营造人才创新创业的良好环境。

两化融合方面，要持续推进工业化与信息化融合管理体系标准，将制造业与互联网融合发展作为推动工业转型升级的主要举措之一。以智能制造试点为引领，不断提升工业企业的数字化、网络化、智能化和信息管理水平。

十七、湖北

1. 总体情况

（1）宏观经济总体情况

2017 年，湖北省全省地区生产总值达到 36522.95 亿元，同比增长 7.8%。

其中一、二、三产业增加值分别为 3759.69 亿元，16259.86 亿元和 16503.4
亿元，同比分别增长 3.6%、7.1% 和 9.5%；三次产业结构比例调整为 10.3：
44.5：44.2。从第三产业分类来看，营利性服务业增长最快，同比增幅高达
18.4%，其次是金融业，同比增幅为 12.4%，而批发和零售业、住宿和餐饮
业、房地产业、交通运输仓储和邮政业同比增幅较小，分别为 5.7%、6.9%、
7.7%、3.5%。

2017 年，湖北省完成固定资产投资总额达到 31872.51 亿元，同比增长
11.0%。按产业结构划分，第一、二、三次产业完成投资额分别达到 889.94
亿元、12224.54 亿元和 16389.40 亿元，同比增幅分别为 41.8%、
10.1%、14.2%。

（2）工业经济运行情况

2017 年，湖北省工业经济保持稳定增长。从主要运行指标来看，全省工业
增加值完成 12255.46 亿元，同比增幅为 7.8%；全省规模以上工业企业数量稳
步增长，总量达到 16464 家，比上年增加了 539 家，同比增长 3.4%。规模以上
工业增加值增长率达 7.4%，分类别来看，国有及国有控股企业效益较好，增加
值同比增长 2.6%；集体企业效益同比下降 1.5%；股份合作企业效益同比下降
3.6%；外商及港澳台企业效益同比增长 8.3%；其他类型企业效益同比增长
7.7%。轻工业增加值同比增长 6.0%；重工业增加值同比增长 9.2%。

2017 年全省制造业同比增长 8.4%，比规上工业增速快 0.4 个百分点。其
中，装备制造业增加值同比增长 12.2%，高于全部规模以上工业增速 4.8 个
百分点；高技术制造业同比增长 14.9%，比规上工业增速高 7.5 个百分点，
占规上工业增加值的比重为 8.3%，对规上工业增长值的贡献达到 10.8%。

2. 指标分析

（1）时序指数

纵向对比来看，湖北工业发展质量时序指数自 2012 年的 100.0 上涨至
2016 年的 130.5，年均增速达 6.9%，高出全国平均水平 1.5 个百分点。

湖北两化融合增速较快，是湖北工业发展质量时序指数增长的主要原因，
年均增速为 10.3%。其中，电子信息产业占比增速较快，年均增速达到
15.5%；工业应用信息化水平与互联网普及率两项指标增速一般，年均增速
分别为 7.5% 和 6.4%。

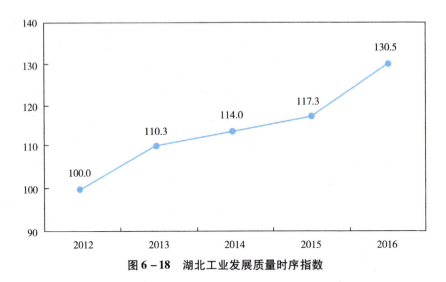

图 6 – 18   湖北工业发展质量时序指数

资料来源：赛迪智库整理计算，2018 年 1 月。

表 6 – 37   2012—2016 年湖北工业发展质量时序指数

	2012	2013	2014	2015	2016	2012—2016 年年均增速（%）
速度效益	100.0	105.5	104.6	106.9	112.3	2.9
结构调整	100.0	111.7	117.6	129.0	140.3	8.8
技术创新	100.0	104.0	105.4	109.1	120.7	4.8
资源环境	100.0	119.0	125.8	118.3	144.5	9.6
两化融合	100.0	118.9	124.2	125.1	148.0	10.3
人力资源	100.0	106.8	113.3	119.8	126.5	6.1
时序指数	100.0	110.3	114.0	117.3	130.5	6.9

资料来源：赛迪智库整理计算，2018 年 1 月。

结构调整和资源环境增速相对较快，年均增速分别为 8.8% 和 9.6%。结构调整方面，规上小型工业企业主营业务收入和高技术制造业主营业务收入占比增长较快，年均增速分别达到 13.4% 和 12.0%，成为带动结构调整的主要动力。工业制成品出口占比和 500 强企业占比增长较慢，年均增速只有5.5% 和 3.4%。资源环境方面，工业污染治理投资强度与工业主要污染物排放强度两项指标表现较好，工业污染治理投资强度年均增速为 17.8%，工业主要污染物排放强度年均下降 17.4%，成为资源环境改善的主要原因。工业废物综合利用率表现不佳，年均增速为 - 10.7%，成为阻碍资源环境改善的主要因素。

湖北在速度效益、技术创新以及人力资源等方面表现一般，年均增速分别为 2.9%、4.8%、6.1%。尤其是速度效益和技术创新增速均不超过 5%。速度效益方面，除了工业增加值增速一项外，工业成本费用利润率、工业主营业务收入利润率两项指标均为负增长，成为拖累湖北省工业总量增长的主要原因；技术创新方面，大工业企业 R&D 经费投入强度、工业企业 R&D 人员投入强度、工业企业单位 R&D 经费支出发明专利年均增速均未超过 5%，成为阻碍湖北省工业企业技术创新能力提升的主要原因；人力资源方面，就业人员平均受教育年限年均增速仅为 0.8%，成为阻碍人力资源提升的主要原因。

（2）截面指数

表 6 - 38   2012—2016 年湖北工业发展质量截面指数排名

	2012	2013	2014	2015	2016	2012—2016 年均值
速度效益	19	11	12	10	12	11
结构调整	9	13	13	13	15	12
技术创新	10	11	11	10	11	10
资源环境	12	13	14	19	17	14
两化融合	11	10	10	16	10	11
人力资源	19	20	9	14	11	14
截面指数	12	11	10	12	11	12

资料来源：赛迪智库整理，2018 年 1 月。

横向对比来看，2016 年湖北工业发展质量截面指数为 44.7，排名为全国第 11 位，近年来一直稳定在全国中游水平。

湖北在技术创新、速度效益、两化融合和人力资源等方面表现较好，2016 年全国排名分别为第 11 位、第 12 位、第 10 位和第 11 位。

技术创新方面，大中型工业企业 R&D 经费投入强度全国排名第 10 位，工业企业 R&D 人员投入强度由 2015 年全国排名第 13 位上升至第 8 位，成为促进湖北工业企业技术创新提升的重要原因。大中型工业企业单位 R&D 经费支出发明专利排名也有提升；速度效益方面，工业增加值增速全国排名第6位，处于全国领先水平，但是工业成本费用利润率和工业主营业务收入利润率全国排名均为第17位，始终处于中下游位置。

两化融合方面，工业应用信息化水平较2015年有较大幅度提升，从2015年的第15位提升到2016年的第6位，成为促进全省工业企业两化融合水平提升的主要动力。

湖北在结构调整、资源环境方面表现稳定，两个指标均处于全国中游水平，2016年排名分别为第15位和第17位。结构调整方面，500强企业占比在全国处于上游行列，2016年全国排名第9位。资源环境方面，工业主要污染物排放强度全国排名也是第9位。

（3）原因分析

湖北工业发展质量排名始终保持全国中上游水平，主要是在技术创新和两化融合方面具有较强的实力。湖北科教资源丰富，围绕产业核心关键技术不断加大研发投入，开展技术创新，产生了一批标志性成果，创新联盟建设不断加快，产业竞争力进一步提升。如武汉长芯盛公司研发的40GQSFP＋高速光通信控制芯片，达到国内领先水平，填补了国内空白。电子信息产业是湖北省的支柱产业，主营业务收入增速始终高于全国规模以上电子信息制造业的平均增幅。其中，光电子器件、手机、显示器、光纤光缆、集成电路是增长较快的产业，软件产业增长势头强劲。湖北省在结构调整方面力度不断加大，全面推进供给侧结构性改革。全面落实"三去一降一补"，压减钢铁、煤炭产能，一年超额完成国家下达的三年任务，降低规模以上工业企业资产负债率、企业综合成本。加快新旧动能转换，滚动实施"万企万亿技改工程"。此外，湖北的战略地位有新的提升，中国（湖北）自由贸易区获批，武汉市获批"中国制造2025"试点示范城市、智能网联汽车和智慧交通应用示范城市，这些对湖北省工业发展起到积极的促进作用。

3. 结论与展望

综合来看，湖北省的工业发展质量处于进入上游行列的关键时期，这主要表现在结构调整、资源环境等指标还有进一步改善的空间。需要借助科技、人力资源等方面的优势，加快推动产业结构的调整，持续推进长江流域生态治理。扎实推进"蓝天、碧水、净土"工程。

未来，湖北需更加突出创新驱动发展战略。加快推进科技创新和体制机制创新，发展新技术、新产业、新业态、新模式，打造经济增长新动能。要持续推进产业结构调整，加大先进制造业和战略性新兴产业投资，贯彻落实《中国制造 2025 湖北行动纲要》，全面推进产业转型升级十个行动计划，培育"互联网＋制造业"等新兴业态的发展，在集成电路、光通信、新能源汽车、高端数控装备、北斗等优势行业细分领域占据全国领先地位。用好湖北自贸区平台，开展先进制造业和现代服务业精准招商。要更加突出绿色发展导向。贯彻落实习近平总书记"共抓大保护，不搞大开发"的指示，修复长江生态环境，将生态环境保护与产业发展相结合，做到经济效益、社会效益和生态效益的协同统一。

十八、湖南

1. 总体情况

（1）宏观经济总体情况

2017 年，湖南省地区生产总值达到 34590.6 亿元，同比增长 8.0%。分产业来看，第一、二、三产业增加值分别达到 3578.4 亿元、13181.0 亿元和 14485.3 亿元，分别比上年增长 3.3%、6.7% 和 10.3%。按全省常住人口总量来计算，2016 年人均 GDP 达到 45931 元，同比增长 7.3%。从产业结构来看，全省第一、二、三次产业比例为 10.7∶40.9∶48.4，对经济增长的贡献率分别为 4.8%、37.0% 和 58.1%。其中工业增加值对经济增长贡献率最高，比例达到了 31.6%，而生产性服务业对经济增长贡献率相对较低，占比仅为 20.0%。

（2）工业经济运行情况

2017 年，湖南省实现工业增加值 11177.3 亿元，同比增长 6.6%。其中规模以上工业增加值同比增长 7.3%。高加工与高技术制造业增长较快，增加值分别同比增长 12.2% 和 15.9%；占规模以上工业增加值的比重分别为 38.0% 和 11.2%，分别比上年提高 0.8 个和 0.7 个百分点。六大高耗能行业增加值同比增长 5.1%，占规模以上工业的比重为 30.6%，比上年提高 0.3 个百分点。装备制造业增加值同比增长 14.2%，其中汽车制造业实现增加值同比增长 44.8%，计算机、通信和其他电子设备制造业同比增长 18.3%。

2017 年，湖南省规模以上工业企业实现利润达到 1620.5 亿元，同比增长 4.5%。其中国有企业实现利润 113.7 亿元，同比下降 12.6%；股份制企业实现利润达 1249.4 亿元，同比增长 6.0%；集体企业实现利润达 8.9 亿元，同比下降 12.8%；股份合作制企业实现利润达 1.7 亿元，同比增长 50.7%；外商及港澳台商企业实现利润 141.1 亿元，同比增长 12.8%；其他内资企业实现利润 105.7 亿元，同比增长 2.2%。

2. 指标分析

（1）时序指数

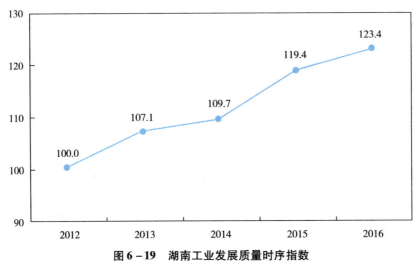

图 6 - 19　湖南工业发展质量时序指数

资料来源：赛迪智库整理计算，2018 年 1 月。

表 6 - 39　2012—2016 年湖南工业发展质量时序指数

	2012	2013	2014	2015	2016	2012—2016 年 年均增速（%）
速度效益	100.0	103.6	97.4	101.2	104.0	1.0
结构调整	100.0	108.9	112.3	124.9	137.0	8.2
技术创新	100.0	100.6	104.7	111.1	110.9	2.6
资源环境	100.0	116.1	117.2	138.4	136.1	8.0
两化融合	100.0	110.8	118.7	128.4	133.2	7.4
人力资源	100.0	106.6	114.9	121.8	128.6	6.5
时序指数	100.0	107.1	109.7	119.4	123.4	5.4

资料来源：赛迪智库整理计算，2018 年 1 月。

纵向对比来看，湖南工业发展质量时序指数由 2012 年的 100.0 增长到 2016 年的 123.4，年均增速为 5.4%，比全国 5.3% 的平均增速仅高出 0.1 个百分点。

湖南在结构调整和资源环境两方面表现相对较好，年均增速分别达到 8.2% 和 8.0%。结构调整方面，高技术制造业主营业务收入占比、500 强企业占比和规上小型工业企业主营业务收入都保持了相对较快的增长，年均增速分别为 9.5%、8.3% 和 9.2%。资源环境方面，单位工业增加值能耗和工业主要污染物排放强度下降幅度较大，年均分别下降了 13.7% 和 16.2%，成为带动资源环境改善的主要因素。

湖南在两化融合和人力资源方面均保持了稳定增长，年均增速分别为 7.4% 和 6.5%。从细分指标来看，两化融合中的各项指标增长都比较均衡，年均增速都在 7.5% 附近的水平；人力资源方面，就业人员平均受教育年限年均增速为 −0.4%，成为拖累人力资源指标增长的主要因素。

湖南在速度效益和技术创新方面增长不理想，年均增速分别只有 1.0% 和 2.6%。速度效益方面，工业成本费用利润率和工业主营业务收入利润率均出现负增长，年均增速分别为 −5.6% 和 −5.3%，是影响速度效益的主要因素；技术创新方面，工业企业单位 R&D 经费支出发明专利出现负增长，年均增速 −5.9%，成为阻碍技术创新指标增长的主要原因。

（2）截面指数

表 6-40　2012—2016 年湖南工业发展质量截面指数排名

	2012	2013	2014	2015	2016	2012—2016 年均值
速度效益	13	10	14	13	16	12
结构调整	24	23	21	19	14	18
技术创新	8	8	8	9	9	9
资源环境	17	14	15	12	12	13
两化融合	12	12	14	13	13	12
人力资源	13	22	13	17	22	19
截面指数	11	12	11	10	12	11

资料来源：赛迪智库整理计算，2018 年 1 月。

横向对比来看，湖南省工业发展质量截面指数2016年为43.9，全国排名为第12位，近年来一直稳定在全国中上游水平。

湖南在技术创新方面一直处于全国上游水平，2016年全国排第9位。其中，大中型工业企业新产品销售收入占比和大中型工业企业 R&D 经费投入强度两项指标是促使全省工业企业技术创新保持持久活力的主要原因，两项指标全国排名分别为第6位和第9位。

湖南在速度效益和人力资源方面表现较为落后，处于全国中下游水平，2016年全国排名分别为第16位和第22位。速度效益方面，工业成本费用利润率和工业主营业务收入利润率表现不佳，2016年分别排名全国第21位和第22位。人力资源方面，三项指标在全国排名都处于第20位附近。

湖南在结构调整、资源环境、两化融合方面表现相对稳定，且均处于全国中上游水平，2016年上述指标排名分别为全国第14位、第12位、第13位。结构调整方面，规上小型工业企业主营业务收入增速全国排名第4位，较前些年有较大幅度提高。其他三项指标在全国排名都处于中游位置。两化融合中的工业应用信息化水平表现最好，始终排在全国前列，2016年在全国排名第7位。

（3）原因分析

湖南省在创新方面发展取得显著成效。高新技术产业继续保持较快增速，湘江新区被评为国家级双创基地，有力推动了湖南制造业创新发展。另外，湖南省长株潭获批"中国制造2025"试点示范城市群，掀起了全省制造业迈向高端发展的新浪潮。结构调整方面，出台了供给侧结构性改革实施意见，完成钢铁、煤炭去产能年度目标。培育新动能方面，深入贯彻落实"中国制造2025"国家战略，制定了先进轨道交通装备、航空等产业支持政策，在电子信息、生物医药、新能源汽车等产业形成快速发展的良好态势。在资源环境方面，围绕长株潭两型社会试验区建设，实施第三阶段改革、洞庭湖水环境综合治理专项行动等，试点排污权交易促进第三方污染治理，政府两型采购等8项改革经验在全国推广。

3. 结论与展望

综合来看，近年来湖南省在结构调整、技术创新、资源环境方面取得了较为显著的成绩，持续推动工业发展质量稳步提高，但是在人力资源方面还需进一步加强。

未来，要围绕长株潭"中国制造 2025"试点示范城市群建设，加快各项具体政策措施的落实，努力争创国家级示范区。针对传统产业转型步伐较慢，新兴产业总体规模较小的问题，要以长株潭国家自主创新示范区为核心，着力培育长沙"创新谷"、株洲"动力谷"、湘潭"智造谷"。要持续培养引进科技领军人才、专业技术人才、高技能人才和具有国际影响力的创新团队。借助科技和人才两大力量，全面实施"建设制造强省五年行动计划"，大力发展高新技术、智能制造产业，重点发展先进轨道交通装备等 20 个新兴优势产业链。要继续抓好生态环境治理，深化两型社会建设，创建国家生态文明试验区。

十九、广东

1. 总体情况

（1）宏观经济总体情况

2017 年，广东省实现 GDP 总量为 8.99 万亿元，同比增长 7.5%，经济规模占全国的 10.5%，连续 29 年位居全国首位。广东省的经济结构调整取得标志性进展，一、二、三产业比重调整为 4.2:43.0:52.8，先进制造业增加值占规模以上工业比重为 53.2%，民营经济增加值占生产总值比重为 53.8%。主营业务收入超百亿、千亿元的企业分别达 260 家、25 家，进入世界 500 强的企业 11 家，上市公司总市值达 14 万亿元。

（2）工业经济运行情况

2017 年，广东省规模以上工业增加值达 3.5 万亿元，同比增长 7.2%；利润总额 9700 亿元，同比增长 16%，利润总额增速达到近年来新高。广东先进制造业发展亮点颇多，新增应用工业机器人 2 万台，保有量约占全国 1/5；扶持 60 家机器人重点企业发展，工业机器人产量同比增长 47.8%。伴随着制造业转型升级的深入，广东工业机器人消费大省、工业机器人产业大省的位置继续得到巩固。此外，广东一共新开工中兴智能汽车等 165 个亿元以上项目，新投产哈工大机器人等 137 个亿元以上项目。

从投入看，2017 年广东完成技术改造三年行动计划，一共推动超过 2 万家规上工业企业开展技术改造，累计完成工业技改投资 1.15 万亿元；2017 年工业投资 1.2 万亿元，同比增长 10%；工业技术改造投资 4900 亿元，同比增长 27%。

2. 指标分析

（1）时序指数

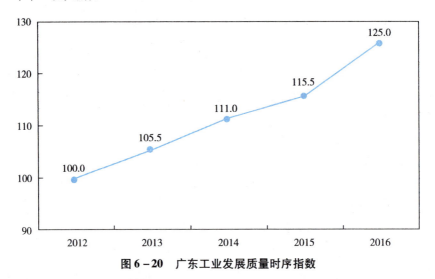

图 6 – 20　广东工业发展质量时序指数

资料来源：赛迪智库整理计算，2018 年 1 月。

表 6 – 41　2012—2016 年广东工业发展质量时序指数

	2012	2013	2014	2015	2016	2012—2016 年年均增速（%）
速度效益	100.0	105.0	106.9	112.9	116.0	3.8
结构调整	100.0	108.3	112.5	115.9	128.3	6.4
技术创新	100.0	100.3	103.5	104.5	115.6	3.7
资源环境	100.0	108.5	118.2	125.9	127.1	6.2
两化融合	100.0	106.5	114.9	116.5	140.1	8.8
人力资源	100.0	105.8	114.6	123.1	130.0	6.8
时序指数	100.0	105.5	111.0	115.5	125.0	5.7

资料来源：赛迪智库整理计算，2018 年 1 月。

从时间序列来看，广东工业发展质量时序指数由 2012 年的 100 上涨至 2016 年的 125，年均增速为 5.7%，高出全国平均水平 0.4 个百分点。

广东在两化融合方面提升速度明显，年均增速达8.8%，比时序指数的增速高出3.1个百分点。从细分指标来看，工业应用信息化水平年均增速达到16.6%，2016年广东省的工业应用信息化水平达到了82.4%，比2012年将近翻倍，成为推动广东在两化融合方面快速提升的主要动力。

在指标中，技术创新表现稍差，年均增速为3.7%，比时序指数的增速低了2.0个百分点。整体看，研发投入不足，带动技术创新改善缓慢，2016年广东省工业企业R&D经费投入强度为1.3%，工业企业R&D人员投入强度为3%，这一水平和2012年相差不多，表明近五年研发投入没有明显改善，成为技术创新指标表现不佳的主要因素。

另外，广东在人力资源和结构调整等方面的增速也相对较快，年均增速分别为6.8%和6.4%。分析原因，在人力资源指标中，工资增长较快，工业城镇单位就业人员平均工资增速10.2%；而结构调整方面，2016年高技术制造业主营业务收入占比28.3%，比2012年高出1.6个百分点；500强企业占比6.6%，比2012年高出2.6个百分点。

（2）截面指数

表6-42　2012—2016年广东工业发展质量截面指数排名

	2012	2013	2014	2015	2016	2012—2016 年均值
速度效益	27	26	19	14	13	21
结构调整	2	1	1	1	1	1
技术创新	2	4	5	5	5	5
资源环境	3	3	4	4	4	4
两化融合	4	4	3	3	1	3
人力资源	9	21	5	9	7	9
截面指数	2	3	3	3	3	3

资料来源：赛迪智库整理计算，2018年1月。

从横向对比来看，2016年广东工业发展质量截面指数为68.5，略低于北京、上海，排在全国第3位。

广东在结构调整、两化融合等方面表现优异，2016年全国排名均为第1位。例如，结构调整中的高技术制造业主营业务收入占比位于全国领先地位，2012年以来排名均列第一。两化融合方面的电子信息产业占比、互联网普及率排名均靠前。广东在资源环境、技术创新方面表现同样优异，排名分别为第 4 位和第 5 位，位于全国上游水平。

广东在人力资源、速度效益方面表现一般，全国排名分别为第 7 位和第 13 位，处于上中游水平。人力资源中的第二产业全员劳动生产率，排在第 23 位，表明整体制造业劳动生产率有待提升。同时，工业增加值增速排在全国第 19 位，表明工业增长速度明显放缓。

（3）原因分析

广东工业发展质量一直位居全国前列，产业结构调整表现优异，两化融合和战略性新兴产业蓬勃发展。分析其原因，一是将推动产业结构调整作为全省经济发展质量提高的重要突破点，重点推进"腾笼换鸟"计划，实现产业转型升级。二是形成新兴技术引领态势，通过 IAB（新一代信息技术、人工智能、生物医药）、NEM（新能源、新材料）等一批战略性新兴产业，为广东经济发展注入后劲，新技术、新产业、新业态、新模式层出不穷。三是落实绿色发展理念，扎实推进生态文明体制改革，不断巩固扩大生态环境优势，积极淘汰落后产能，提升环保、技术及质量标准。

3. 结论与展望

综合看，多年来广东省工业发展质量一直处于全国领先水平，但从细分指标看，广东在人力资源、速度效益等方面仍有较大提升空间。

首先，广东省既要保障工业增长速度，也要提高工业质量。随着我国东部地区制造业转型升级深入，2018 年广东提出着力建设制造强省、网络强省和数字经济强省，深入实施"珠西产业带聚焦攻坚行动计划（2018—2020年）"。其次，广东应在珠港澳大湾区建设的战略背景下，积极引进高端人才，培育本地专业人才，建立适应中高端产业发展的产业人才体系，构建高端人才与中低端人才协调发展的人力资源供需结构。

二十、广西

1. 总体情况

（1）宏观经济总体情况

2017 年，广西壮族自治区实现地区生产总值 20396.25 亿元，同比增长

7.3%。三次产业结构进一步优化，三次产业占 GDP 比重分别为 14.2%、45.6% 和 40.2%，对 GDP 增长的贡献率分别为 8.3%、41.9% 和 49.8%，第三产业贡献率超过第二产业 7.9 个百分点，成为拉动全区经济增长的第一动力。2017 年，全区固定资产投资 19908.27 亿元，同比增长 12.8%。其中，工业投资 6831.04 亿元，同比增长 6.7%。

（2）工业经济运行情况

2017 年，广西实现工业增加值 7663.71 亿元，同比增长 6.8%，规模以上工业增加值同比增长 7.1%，其中，轻工业增加值同比增长 6.5%，重工业同比增长 7.3%。分三大门类看，采矿业增加值同比增长 2.8%，制造业同比增长 6.9%，电力、热力、燃气及水的生产和供应业同比增长 11.5%。从产业看，电子信息制造业产业增加值同比增长 19.7%，造纸与木材加工产业同比增长 14.9%，有色产业同比增长 11.8%，电力产业同比增长 11.4%，医药产业同比增长 7.8%，机械产业同比增长 7.6%。江西制造业呈现加快向中高端迈进态势，高技术产业和装备制造业增加值分别同比增长 15.4% 和 9.2%，分别快于规模以上工业增加值 8.3 和 2.1 个百分点。规模以上工业企业产销率达到 95.8%。

2. 指标分析

（1）时序指数

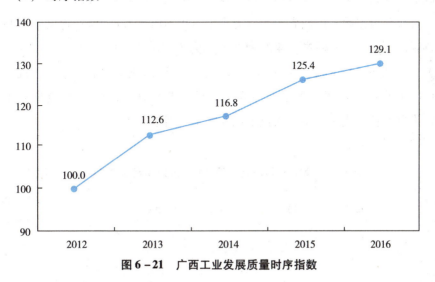

图 6 – 21　广西工业发展质量时序指数

资料来源：赛迪智库整理计算，2018 年 1 月。

表 6 - 43   2012—2016 年广西工业发展质量时序指数

	2012	2013	2014	2015	2016	2012—2016 年年均增速（%）
速度效益	100.0	100.4	102.8	109.6	112.9	3.1
结构调整	100.0	116.6	124.0	134.6	139.1	8.6
技术创新	100.0	111.5	105.4	97.6	107.5	1.8
资源环境	100.0	127.4	128.5	150.9	136.5	8.1
两化融合	100.0	114.7	131.1	145.8	153.4	11.3
人力资源	100.0	109.6	118.2	129.7	138.3	8.4
时序指数	100.0	112.6	116.8	125.4	129.1	6.6

资料来源：赛迪智库整理计算，2018 年 1 月。

从时间序列看，广西工业发展质量时序指数自 2012 年的 100.0 上涨至 2016 年的 129.1，年均增速 6.6%，比全国平均水平高出 1.3 个百分点。

从细分指标看，两化融合、结构调整与人力资源三个方面年均增速分别为 11.3%、8.6% 与 8.4%。在构成两化融合的各项指标中，电子信息产业占比提升较快，成为促进该指标提升的主要因素，年均增速高达 17.2%；在结构调整各指标，高技术制造业主营业务收入占比年均增速高达 11%；在人力资源的各项指标中，工业城镇单位就业人员平均工资增速达到 11.5%。

资源环境方面，广西表现则较为平稳，年均增速为 8.2%；速度效益和技术创新两项指标增长较慢，年均增速分别为 3.1% 和 1.8%。其中，工业主营业务收入利润率负增长，仅为 -0.3%，制约了广西速度效益的增长；技术创新中，工业企业 R&D 经费投入强度、工业企业 R&D 人员投入强度这两个指标均为负增长，成为拖累广西技术创新的主要因素。

（2）截面指数

表 6 - 44   2012—2016 年广西工业发展质量截面指数排名

	2012	2013	2014	2015	2016	2012—2016 年均值
速度效益	20	22	18	16	19	20
结构调整	23	24	20	16	20	19
技术创新	20	19	22	26	25	21
资源环境	18	17	20	17	19	18

续表

	2012	2013	2014	2015	2016	2012—2016 年均值
两化融合	15	14	12	12	14	13
人力资源	26	13	14	13	17	16
截面指数	23	21	18	16	17	18

资料来源：赛迪智库整理计算，2018年1月。

从横向对比来看，从 2012 年至 2016 年，广西工业发展质量排名一直位于全国中下游，2016 年全国第 17 位，截面指数为 36.2。

从细分指标看，广西在两化融合方面表现相对较好，全国排名为第 14 位，工业应用信息化水平排在全国第 11 位。

速度效益、技术创新方面的全国排名相对靠后，广西分别排在第 19 位和第 25 位。速度效益中的资产负债率排在全国第 20 位；技术创新投入不够，工业企业 R&D 经费投入强度排在全国第 29 位。

广西在结构调整、资源环境、人力资源等方面排名位于全国中游水平，分别排在全国的第 20 位、第 19 位和第 17 位。

（3）原因分析

近年来，广西工业发展质量有了明显的进步，从 2012 年的全国第 23 位爬升到全国第 17 位。一是工业园区支持骨干企业持续壮大。2012 年底至 2015 年底，广西规模以上工业企业由 5190 家增至 5421 家，主营业务收入亿元以上工业企业由 2407 家增至 3082 家，100 亿元以上工业企业由 12 家增至 27 家。二是战略性新兴产业取得重要进展，战略性新兴产业企业超过 500 家，7N01 铝合金大规模铸锭产业化，轨道交通、纯电动汽车、全铝车身新能源汽车、光电集成、锂离子动力电池等一批新兴产业迅速崛起。三是推进工业和信息化的深度融合，扶持电子信息产业跨越式发展，努力促进数字城市和数字广西建设进度，不断提升信息化水平。

3. 结论与展望

综合来看，广西工业发展质量在全国整体处于中游水平，特别是技术创新方面发展较慢，未来有较大的发展空间。首先，要推动工业转型升级，做大工业规模。广西的工业企业数量少、规模小，大中型企业增长乏力；六大高耗能行业增加值占全区的比重仍高达 37.3%，高技术产业占比不到全区的五分之一。其次，打造现代工业体系。重点对标"中国制造 2025"和"互联网＋"行动计划，选择一批有较好基础、较大市场前景的产业加大扶持力度，战略性新兴产业考虑重点发展新一代信息技术、智能装备制造、节能环保、石墨烯等新材料以及节能与新能源汽车等新兴产业，构建具有竞争力的现代工业产业体系。

二十一、海南

1. 总体情况

（1）宏观经济总体情况

2017 年，海南省实现地区生产总值 4462.54 亿元，同比增长 7%。其中，第一产业增加值 979.33 亿元，同比增长 3.6%；第二产业增加值 997.14 亿元，同比增长 2.7%；第三产业增加值 2486.07 亿元，同比增长 10.2%。

（2）工业经济运行情况

2017 年，全部工业增加值 528.28 亿元，同比增长 0.6%。其中，规模以上工业增加值 487.08 亿元，同比增长 0.5%。按轻重工业分，轻工业增加值 161.15 亿元，同比增长 7.9%；重工业增加值 325.93 亿元，同比下降 2.3%。按经济类型分，国有企业增加值同比增长 4.3%，股份制企业同比增长 3.9%，外商及港澳台投资企业同比下降 5.4%，其他经济类型同比增长 14.2%。2017 年，全省固定资产投资 4125.40 亿元，同比增长 10.1%。其中，第二产业投资 283.21 亿元，同比下降 2.1%。

2. 指标分析

（1）时序指数

纵向来看，海南工业发展质量时序指数自 2012 年的 100 上涨至 2016 年的 118.1，年均增速为 4.2%，低于全国平均增速。

海南在结构调整方面提升较快，年均增速高达 13.7%，在结构调整各指标中，500 强企业占比提升至 0.6%，比 2012 年提高了 0.4 个百分点，是促进结构调整快速发展的主要因素。

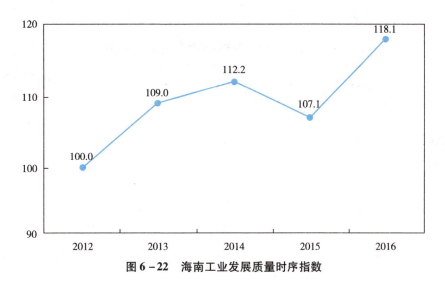

图 6-22　海南工业发展质量时序指数

资料来源：赛迪智库整理计算，2018 年 1 月。

表 6-45　2012—2016 年海南工业发展质量时序指数

	2012	2013	2014	2015	2016	2012—2016 年 年均增速（%）
速度效益	100.0	100.7	95.9	96.1	96.2	−1.0
结构调整	100.0	106.8	136.3	111.4	167.1	13.7
技术创新	100.0	121.5	126.0	115.8	108.3	2.0
资源环境	100.0	102.1	109.4	101.0	109.3	2.3
两化融合	100.0	116.2	87.9	96.9	99.8	0.0
人力资源	100.0	105.3	112.1	120.9	127.4	6.2
时序指数	100.0	109.0	112.2	107.1	118.1	4.2

资料来源：赛迪智库整理计算，2018 年 1 月。

海南在速度效益和两化融合等方面发展缓慢，其中，速度效益年均增速为−1%，两化融合零增长。速度效益中的资产负债率、工业成本费用利润率、工业主营业务收入利润率这三个指标均为负增长，拖累海南的速度效益形成负增长；两化融合中的电子信息产业占比逐年下降，从 2012 年的 2.2%下降到 2016 年的 1.7%。

（2）截面指数

表 6 – 46　2012—2016 年海南工业发展质量截面指数排名

	2012	2013	2014	2015	2016	2012—2016 年均值
速度效益	9	19	4	15	21	15
结构调整	30	27	22	22	17	25
技术创新	13	10	10	13	14	12
资源环境	11	20	21	26	23	20
两化融合	21	23	27	27	26	25
人力资源	14	11	10	5	19	11
截面指数	16	16	15	18	21	15

资料来源：赛迪智库整理计算，2018 年 1 月。

横向来看，海南的工业发展质量排名处于全国中下游水平，但 2012 年以后有所上升，2016 年其截面指数为 35.3，排名全国第 21 位。

海南 2016 年在技术创新、结构调整方面表现尚可，分别排在全国第 14 位和第 17 位。技术创新中的工业企业单位 R&D 经费支出发明专利排在全国第 2 位，表现较为突出，是提升海南技术创新水平的主要因素。在结构调整中的高技术制造业主营业务收入占比排在全国第 9 位。但海南在两化融合方面表现最差，排在全国的第 26 位，两化融合中的工业应用信息化水平排在全国第 28 位。

（3）原因分析

从截面指数看，海南在技术创新方面表现较为突出。海南加快建设区域科技创新体系，企业技术创新主体地位明显增强，科技创新和成果转化应用能力显著提高，科技基础条件明显加强。

一是加快与国内发达地区开展科技合作。建立粤琼知识产权合作与交流机制，在泛珠三角区域知识产权联席会议制度的框架下，充分吸收广东省科技成果。二是积极培育高新技术企业。加大科技型企业培育力度，引导高新技术企业加强技术创新能力建设，2016 年新增培育与认定 25 家高新技术企业，高新技术企业总数达到 146 家，146 家高新技术企业中 25 家设有国家和省级技术研发机构，逐步形成以生物与新医药、电子信息、新能源和新材料为重点的高新技术和战略性新兴产业集群。

3. 结论与展望

整体看，海南工业化进程落后于全国。从截面指数看，海南在人力资源方面表现优秀，在结构调整和两化融合方面表现相对较差，亟待提升。

展望未来，海南应重点做好以下几个方面的工作：一是加大信息化改造力度。推进两化融合，使信息技术更快更好地融入制造、研发、设计的每个环节，实现设备互联、工厂互联，实现高度的自动化和智能化的生产线，利用信息技术提高制造企业管理水平，这也是海南制造业两化融合的主要方向。二是支持发展特色制造业。重点支持战略性新兴产业，依托文昌航天发射场，谋划推进新一代航天火箭及卫星制造和应用等产业，积极发展船舶及海洋工程、海洋信息、空间信息应用、深海资源开发等。

二十二、重庆

1. 总体情况

（1）宏观经济总体情况

2017 年，重庆地区生产总值为 19500.27 亿元，比 2016 年增长 9.30%。一、二、三产业增加值分别为 1339.62 亿元、8596.61 亿元和 9564.04 亿元，同比分别增长 4.0%、9.5% 和 9.9%。三次产业结构的比例为 6.9∶44.1∶49.0。

2017 年，重庆固定资产投资总额为 17440.57 亿元，同比增长 9.5%。分产业来看，第一产业投资额为 492.78 亿元，同比增长 12.9%；第二产业投资额为 5887.32 亿元，同比增长 8.9%；第三产业投资额为 11060.47 亿元，增长 9.6%。2017 年全市实现社会消费品零售总额 8067.67 亿元，同比增长 11.0%。

（2）工业经济运行情况

2017 年 1—12 月，重庆实现规模以上工业增加值 6587.1 亿元，同比增速为 9.4%。

从主要行业来看，全市规模以上工业 39 个行业大类中 31 个保持增长。在"6+1"支柱行业中，汽车制造业增加值同比增速为 6.2%、电子制造业为 27.7%、装备制造业为 9.3%、化医行业为 12.6%、材料行业为 7.6%、消费品行业为 9.3%，能源工业同比下降 5.9%。规模以上工业企业产销率达到

97.5%。从企业效益看，1—11月，全市规模以上工业主营业务收入同比增长14.3%；利润总额同比增长21.5%。每百元资产实现的主营业务收入为101.01元，较上年增加6.63元；每百元主营业务收入实现利润为6.70元，较上年增加0.40元。

2. 指标分析

（1）时序指数

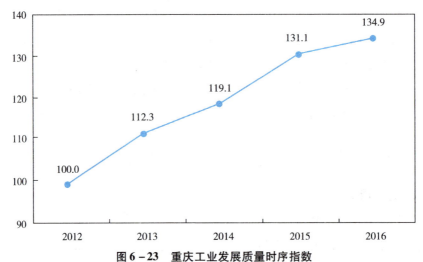

图6-23　重庆工业发展质量时序指数

资料来源：赛迪智库整理计算，2018年1月。

表6-47　2012—2016年重庆工业发展质量时序指数

	2012	2013	2014	2015	2016	2012—2016年年均增速（%）
速度效益	100.0	111.2	122.7	128.5	135.5	7.9
结构调整	100.0	118.0	132.4	137.9	155.4	11.7
技术创新	100.0	95.6	105.3	122.1	113.4	3.2
资源环境	100.0	134.3	122.3	140.5	144.2	9.6
两化融合	100.0	113.2	115.6	134.1	129.2	6.6
人力资源	100.0	107.8	116.8	126.8	135.0	7.8
时序指数	100.0	112.3	119.1	131.1	134.9	7.8

资料来源：赛迪智库整理计算，2018年1月。

纵向来看，重庆工业发展质量时序指数自 2012 年的 100.0 上涨至 2016 年的 134.9，年均增速为 7.8%，排在全国第 3 位。

重庆在速度效益方面提升较快，年均增速达 7.9%，位列全国首位。构成速度效益的各指标中，工业增加值年均增速达 10.2%，工业成本费用利润率达 7.6%，资产负债率平均增速较低，为 0.7%，共同构成重庆速度效益快速发展的主要因素。

重庆在结构调整方面年均增速达 11.66%，位列全国第三，较上年排名首位略有下滑。高技术制造业主营业务收入占比和规上小型工业企业主营业务收入增速仍是促进重庆结构调整的重要因素，但 2016 年规模以上小型工业企业主营业务收入增速为 16.9%，较 2015 年的 19.4% 小幅下降。

重庆在技术创新方面提升较慢，年均增速为 3.2%，低于重庆工业发展质量指数 4.6 个百分点，位于全国中后水平。构成技术创新的四项指标中，工业企业 R&D 人员投入强度、工业企业新产品销售收入占比增长缓慢，工业企业单位 R&D 经费支出发明专利波动幅度较大，成为制约技术创新增长的关键指标。

此外，重庆在两化融合方面年均增速低于平均增速，资源环境中工业废物综合利用率、工业污染治理投资强度两项指标增速为负，均有待进一步提高。

（2）截面指数

表 6-48　2012—2016 年重庆工业发展质量截面指数排名

	2012	2013	2014	2015	2016	2012—2016 年均值
速度效益	22	13	7	7	10	10
结构调整	12	8	4	5	6	6
资源环境	8	8	8	7	6	7
两化融合	8	7	11	7	9	8
人力资源	22	10	7	8	12	12
截面指数	9	8	7	7	7	7

资料来源：赛迪智库整理计算，2018 年 1 月。

横向来看，重庆工业发展质量截面指数连续多年处于全国上游水平，2016年截面指数为52.5，排在全国第7位。

2016年，重庆在速度效益和结构调整方面都表现较为突出，处于全国上游水平。速度效益位列全国第十，工业增加值增速已连续三年全国排名第1位，处于全国领先水平。结构调整位列全国第六，规上小型工业企业主营业务收入增速表现突出，排名全国第2位，高技术制造业主营业务收入占比表现较好，排名全国第4位。

2016年，重庆在技术创新方面处在上游水平，排名全国第8位，工业企业新产品销售收入占比和工业企业R&D经费投入强度排名较靠前，分别为第5位和第8位。工业企业R&D人员投入强度和工业企业单位R&D经费支出发明专利处于中游水平，尚有较大的提升空间。

2016年，重庆在资源环境、两化融合、人力资源等方面表现较为稳定，处于全国中上游水平。

（3）原因分析

2012—2016年间，重庆在结构调整方面的表现较为突出。

近年来，重庆市政府采取多项举措，推进结构调整取得突出成就，三次产业结构从8.2∶45.6∶46.2调整为6.9∶44.1∶49。一是努力推进产业结构优化，实现三次产业的协调发展。重点发展战略性新兴产业，形成汽车、电子信息等千亿级产业集群，同时不断加快现代服务业的发展速度。二是着力促改革，落实供给侧结构性转型。超额完成钢铁、煤炭、船舶、水泥等去产能目标。三是推进"三驾马车"共同前进，不断优化投资结构，促进消费升级，强化出口结构，取得不俗成绩。

3. 结论与展望

综合时序指数和截面指数来看，重庆在结构调整和速度效益方面表现均较为突出，但是作为直辖市的重庆技术创新方面还有一定的发展空间。

未来，提升重庆市技术创新水平，应从以下几个方面做出努力：一是发挥政府在创新体系中的引导和服务作用，全面打造良好的创新生态系统。二是发挥企业的创新主体作用，重点培育一批拥有自主知识产权的创新型企业，构建以企业为主体的创新体系。三是深化各类科技体制改革，加大工业企业R&D经费投入，加快建立和完善各项科技激励制度，不断激发创新活力。四是重点发挥重点领域和重点区域的引领带动作用，提升重庆市整体技术创新水平，加大人才引培力度。

二十三、四川

1. 总体情况

（1）宏观经济总体情况

2017 年，四川实现地区生产总值比上年增长 8.1%，达到 36980.2 亿元。一、二、三产业增加值分别为 4282.8 亿元、14294 亿元和 18403.4 亿元，同比分别增长 3.8%、7.5% 和 9.8%。四川三次产业结构比例调整为 11.6：38.7：49.8。

2017 年，四川全社会固定资产投资达 32097.3 亿元，同比增速为 10.2%。第一产业同比增长 20.7%，投资额达 1345.9 亿元；第二产业投资同比增速为 12.9%，投资额达 9286.7 亿元，其中工业投资同比增长 12.5%；第三产业投资同比增速为 8.5%，投资额达 21464.7 亿元。

（2）工业经济运行情况

2017 年，四川省全部工业增加值达 11517.3 亿元，同比增速为 8.3%。增速比上年提高 0.6 个百分点，比全国平均水平高 1.9 个百分点。其中，重工业和轻工业的工业增加值同比分别增长 8.0% 和 9.3%。

2017 年，分行业看，计算机、通信和其他电子设备制造业，汽车制造业，医药制造业实现了较快增长，增加值分别较上年增长 19.2%、12.1%、13%。1—12 月，规模以上工业企业实现主营业务收入 42423.4 亿元，同比增长 14.2%；实现利润总额 2610.6 亿元，同比增长 29.0%，比上年提高 22.9 个百分点。

2. 指标分析

（1）时序指数

纵向来看，四川工业发展质量时序指数自 2012 的 100.0 上涨至 2016 的 120.8，年均增速为 4.8%，平均增速排名全国中下游。

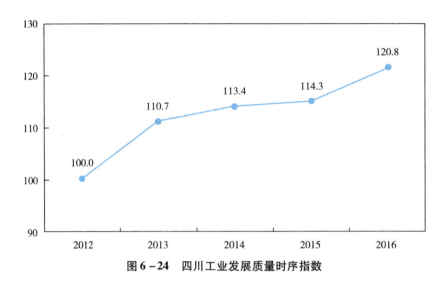

图6-24　四川工业发展质量时序指数

资料来源：赛迪智库整理计算，2018年1月。

表6-49　2012—2016年四川工业发展质量时序指数

	2012	2013	2014	2015	2016	2012—2016年年均增速（%）
速度效益	100.0	97.3	96.8	98.2	102.0	0.5
结构调整	100.0	119.2	102.5	96.8	107.9	1.9
技术创新	100.0	108.4	118.7	121.2	124.1	5.6
资源环境	100.0	118.9	132.4	128.8	136.6	8.1
两化融合	100.0	113.8	119.0	125.5	133.6	7.5
人力资源	100.0	110.8	118.9	124.2	130.6	6.9
时序指数	100.0	110.7	113.4	114.3	120.8	4.8

资料来源：赛迪智库整理计算，2018年1月。

　　四川在人力资源和技术创新方面提升较快，年均增速分别为6.9%和5.6%，分别排名全国第9位和第10位。在人力资源方面，工业城镇单位就业人员平均工资增速和第二产业全员劳动生产率年均增速较高，分别为11%和7.4%，共同构成促进人力资源指标增速快速发展的主要原因。技术创新方面，工业企业R&D经费投入强度和工业企业R&D人员投入强度年均增速较快，年均增速分别为8.2%和8.3%，共同拉高技术创新整体速度。

　　四川在资源环境和两化融合方面年均增速分别达8.1%和7.5%，均位于全国中游水平。比时序指数增速分别高出 3.3 个百分点和 2.7 个百分点。资源环境方面，工业主要污染物排放强度年均增速高达 18%，但是其工业废物综合利用率的年均增速为 -6.4%。构成两化融合的各指标中，工业应用信息化水平和互联网普及率年均增速均维持在 8% 以上，共同构成促进该方面快速发展的主要因素。

速度效益和结构调整方面的增速放缓，分别位于全国第 20 位和第 22 位，远低于时序指数增速。速度效益方面，工业成本费用利润率、工业主营业务收入利润率年均增速分别为 -7.2% 和 -6.7%，是导致速度效益发展缓慢的主要原因。结构调整方面，规上小型工业企业主营业务收入年均增速较快，达到 9.6%，但高技术制造业主营业务收入占比和工业制成品出口占比增速为负，拉低增速平均水平。

（2）截面指数

表 6 - 50　2012—2016 年四川工业发展质量截面指数排名

	2012	2013	2014	2015	2016	2012—2016 年均值
速度效益	11	16	21	19	22	19
结构调整	8	11	8	10	10	9
技术创新	18	18	15	16	18	19
资源环境	24	25	22	25	25	24
两化融合	19	18	17	17	15	17
人力资源	23	14	17	25	24	22
截面指数	18	17	17	17	16	16

资料来源：赛迪智库整理计算，2018 年 1 月。

横向来看，四川工业发展质量截面指数连续多年处于全国中等水平。2016 年截面指数为 36.6，排在全国第 16 位。

2016 年，四川在结构调整方面表现相对较好，排名全国第 10 位，属于上游水平。其中，高技术制造业主营业务收入占比和 500 强企业占比在全国的排名分别为第 7 位和第 9 位，处于上游水平。

2016 年，四川在人力资源和资源环境方面均表现相对较差，排名分别位列全国的第 24、25 位。其中，人力资源方面的第二产业全员劳动生产率和就业人员平均受教育年限分别排在全国的第 24、26 位，是拉低此项排名的主要因素。资源环境方面的工业废物综合利用率和工业污染治理投资强度均位列全国第 28 位，尚有很大的提升空间。

（3）原因分析

2012—2016 年，四川在结构调整方面表现较好，处于全国上游水平。

近年来，为了加快结构调整步伐，四川省采取的措施如下：一是加大创新发展力度，努力培育发展新动能，不断优化产业结构；二是积极化解重点行业的过剩产能，淘汰落后产能工作取得积极进展，不断提升产业转型升级水平；三是开放合作全方位推进，积极对接"一带一路"，主动融入长江经济带发展，精准招商取得成效。

3. 结论与展望

综合时序指数和截面指数来看，四川在速度效益和资源环境方面尚有很大发展空间。

为提升四川速度效益方面发展水平，一是科学制定工业发展规划，促进工业发展的速度、质量和效益的协调发展；二是加快培育发展战略性新兴产业，重点培育发展能够带动引领经济发展的新的经济增长点和新的动能；三是加快扶持地方龙头企业做大做强的同时，引进培育一批具有较高知名度和具有国际竞争力的大企业，特别是引进一批大项目，以大企业和大项目来带动地方经济的快速发展，实现经济发展速度、质量和效益的提升；四是坚持绿色发展、协调发展，加强生态文明建设，在提高经济发展质量的同时，紧抓生态环境质量发展。

二十四、贵州

1. 总体情况

（1）宏观经济总体情况

2017 年，贵州实现地区生产总值 13540.83 亿元，同比增速为 10.2%。一、二、三产业增加值分别为 2020.78 亿元、5439.63 亿元和 6080.42 亿元，同比分别增长 6.7%、10.1% 和 11.5%。

2017 年，贵州全社会的固定资产投资 1.5 万亿元，同比增速为 20.1%，增速高于全国水平 12.9 个百分点。其中，第一产业投资比上年增长 29.9%；第二产业投资同比增长 5.8%；第三产业投资同比增长 23.3%。

2017 年，贵州全省社会消费品零售总额 4154.00 亿元，比上年增长 12.0%。

（2）工业经济运行情况

2017 年底，规上工业企业共计 5637 户，新建成投产的规模以上工业企业 514 家，对规模以上工业增长的贡献率为 31.8%。贵州规模以上工业增加值 4304.80 亿元，同比增速为 9.5%。其中，传统支柱行业仍稳定增长，酒、饮料和精制茶制造业，电力、热力生产和供应业，烟草制品业，煤炭开采和洗选业四大行业增加值占规模以上工业增加值的比重为 56.3%。贵州省高技术制造业增加值 348.86 亿元，比上年增长 39.9%，增速高于规模以上工业增加值 30.4 个百分点。2017 年，贵州全省规模以上工业企业主营业务收入 11300.95 亿元，比上年增长 18.7%，增速高于上年 5.8 个百分点；实现利润总额 886.32 亿元，同比增长 46.4%，增速比上年加快 40.8 个百分点，是近五年来的最快增长水平。

2. 指标分析

（1）时序指数

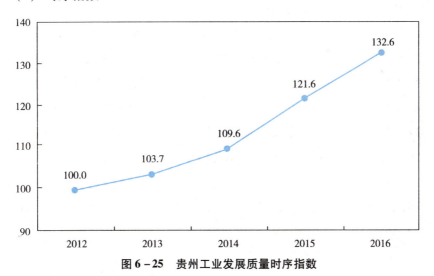

图 6 - 25　贵州工业发展质量时序指数

资料来源：赛迪智库整理计算，2018 年 1 月。

表 6 – 51　2012—2016 年贵州工业发展质量时序指数

	2012	2013	2014	2015	2016	2012—2016 年 年均增速（%）
速度效益	100.0	96.2	93.9	98.3	103.1	0.8
结构调整	100.0	102.6	124.0	145.2	153.0	11.2
技术创新	100.0	95.3	92.9	86.0	91.2	− 2.3
资源环境	100.0	115.1	125.2	135.9	152.1	11.1
两化融合	100.0	111.5	118.2	170.5	204.5	19.6
人力资源	100.0	108.5	113.5	112.2	116.0	3.8
时序指数	100.0	103.7	109.6	121.6	132.6	7.3

资料来源：赛迪智库整理计算，2018 年 1 月。

纵向来看，贵州工业发展质量时序指数自 2012 年的 100.0 上涨至 2016 年的 132.6，年均增速为 7.3%，位列全国第 5 位。

贵州在两化融合、结构调整、资源环境方面发展较好，年均增速分别为19.6%、11.2% 和 11.1%，分别位列全国第 1 位、第 6 位和第 9 位。构成两化融合的各指标中，工业应用信息化水平年均增速高达 20.7%，电子信息产业占比年均增速高达 24.4%，是促进该方面快速发展的主要因素。结构调整方面，规上小型工业企业主营业务收入年均增速高达 28.5%，但 500 强企业占比年均增速为 − 15.9%，具有极大的提高空间。资源环境方面，单位工业增加值能耗和工业主要污染物排放强度年均增速均超过 20%，但是工业废物综合利用率和工业污染治理投资强度表现较差，增速均为负，有待调整。

贵州在技术创新和人力资源方面表现不太理想，年均增速分别为− 2.29% 和 3.78%，技术创新年均增速居全国末尾。技术创新方面，工业企业新产品销售收入占比、工业企业单位 R&D 经费支出发明专利和工业企业 R&D 经费投入强度年均增速均为负，是导致贵州技术创新年均增速垫底的主要原因；人力资源方面，工业城镇单位就业人员平均工资增速较快，年均增速为 11.3%，但第二产业全员劳动生产率和就业人员平均受教育年限增长缓慢，从而拉低了人力资源指标平均增速。

速度效益方面表现一般，年均增速 0.8%，位列全国第 19 位。其中工业增加值增速提高较快，年均增速为 10.9%，但工业成本费用利润率年均和工业主营业务收入利润率年均增速为负，有较大的提升空间。

（2）截面指数

表 6–52　2012—2016 年贵州工业发展质量截面指数排名

	2012	2013	2014	2015	2016	2012—2016 年均值
速度效益	4	4	9	6	9	4
结构调整	11	9	9	14	18	11
技术创新	14	15	17	20	21	18
资源环境	26	28	29	27	28	28
两化融合	30	30	29	26	21	28
人力资源	30	17	23	29	21	27
截面指数	22	18	19	20	18	22

资料来源：赛迪智库整理计算，2018 年 1 月。

横向来看，贵州的质量截面指数自 2012 年起开始提升，从全国第 22 位提高到 2016 年的第 18 位。2016 年截面指数为 35.5，已进入全国中游水平。

2016 年，贵州在速度效益方面表现突出，排在全国第 9 位。其中，工业增加值增速方面表现最好，排名全国第 2 位；工业成本费用利润率和工业主营业务收入利润率也表现较好，均排名全国第 4 位。

2016 年，贵州在资源环境、两化融合和人力资源方面，仍有较大提升空间。资源环境方面，贵州在工业废物综合利用率方面表现较好，排名全国第 16 位；但是单位工业增加值能耗、主要污染物排放强度、工业污染治理投资强度表现不佳，造成资源环境的整体排名落后。两化融合方面，电子信息产业占比和互联网普及率均属于偏低水平，未来有较大提升空间。人力资源方面，工业城镇单位就业人员平均工资增速位列全国第一，但是第二产业全员劳动生产率和就业人员平均受教育年限均位于全国末尾，亟待提高。

（3）原因分析

2012—2016 年，贵州在两化融合方面增长迅速，年均增速位列全国第一。

近年来，贵州省政府瞄准新兴的大数据产业，走出了一条落后的内陆地区发展信息技术服务业的创新之路。贵州省政府以数据开放为切入点，于 2014 年 7 月启动"云上贵州"系统平台建设。以阿里巴巴、中国软件、浪潮等为代表的信息技术服务企业纷纷来贵州建设大数据基础设施，中国移动、中国联通、中国电信三大运营商等企业来贵州建设数据中心。2016 年，贵州省政府乘势启动"双千工程"，实施"千企改造"和"千企引进"，全面推动工业转型升级。据统计，2016 年贵州省共推动了"千企改造"企业 875 个，其中"智能制造与两化融合"专项共有项目 218 个，总投资 854 亿元，引进世界 500 强、中国 500 强、民营 500 强企业数十家。此外，贵州省积极开展"大数据＋产业深度融合行动计划"，推动了传统产业数字化、智能化转型。2017 年，全省争取到 1 个智能制造专项和 1 个服务型制造示范项目，"工业云"平台注册企业突破 8 万家。贵州结合自身资源和环境特点，发挥后发优势，通过大数据快速发展，带动了互联网金融、网络新媒体、卫星导航、电子商务、呼叫中心等一批新兴业态发展，这些新兴产业的发展又进一步促进了大数据的应用，形成了良性互动。

3. 结论与展望

综合时序指数和截面指数来看，贵州已经找到了一条适合自身特点的发展道路，工业发展增速已居全国前列。其中，地区生产总值、固定资产投资、进出口总额和规模以上工业增加值等主要经济指标增速均排名全国前五。贵州这个我国西部地区经济不发达的省份守正出奇，在各地争相发展的大数据产业中，为自己争取到一席之地。不过，贵州在工业发展的效益、技术创新和人力资源等方面仍有较大的发展空间。

未来，应主要在以下方面采取措施：一是有力推进国家生态文明实验区建设，发展绿色经济，推动工业绿色制造，大力发展循环经济，完善绿色制度、筑牢绿色屏障、培育绿色文化；二是继续加大金融对实体经济的支持力度，提高资金使用效率，加大科技创新投入，提升工业发展质量和效益；三是大力引进高层次科技领军人才及其创新团队，加强高技能人才培养体系建设，着力培养一批具有创新精神和现代经营管理经验，能够引领企业参与国内外竞争的优秀企业家。

二十五、云南

1. 总体情况

（1）宏观经济总体情况

2017 年，云南省实现地区生产总值 16531.34 亿元，同比增长 9.5%，增速高于全国水平2.6个百分点。其中，第一产业增加值2310.73亿元，同比增长6.0%；第二产业增加值6387.53亿元，同比增长10.7%；第三产业增加值7833.08亿元，同比增长9.5%。云南省围绕补短板、调结构、优供给，全力扩大有效投资，全省滚动实施"十、百、千"项目投资计划和"四个一百"重点项目，一大批重大项目开工建设、建成投产，发展基础不断夯实。2017年，全省固定资产投资同比增长18%，增速居全国前列，投资继续发挥拉动经济增长的关键作用。

（2）工业经济运行情况

2017年，云南省规模以上工业增加值同比增速达到10.6%，扭转了连续3年多的低速徘徊态势，高于全国4个百分点，排在全国第2位，非烟工业增长尤为强劲，同比增长16.2%。石油行业异军突起，石油加工、炼焦和核燃料加工业增加值同比增长534.3%，对全省规模以上工业增速贡献率达15.3%，拉动全省工业增长1.6个百分点，是仅次于电力的第二大拉动力；烟草制品业增加值同比增长0.5%，增速"扭负为正"，充分发挥了"稳定器"的作用。

2. 指标分析

（1）时序指数

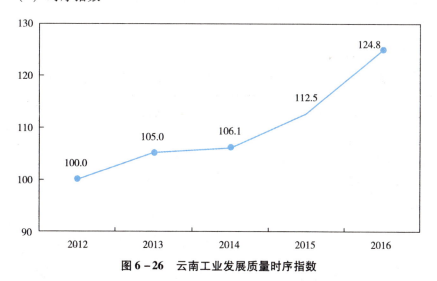

图6-26 云南工业发展质量时序指数

资料来源：赛迪智库整理计算，2018年1月。

表6－53　2012—2016年云南工业发展质量时序指数

	2012	2013	2014	2015	2016	2012—2016年 年均增速（％）
速度效益	100.0	100.6	94.5	94.5	87.6	－3.3
结构调整	100.0	107.9	109.7	121.0	135.4	7.9
技术创新	100.0	95.8	104.8	121.8	138.6	8.5
资源环境	100.0	112.8	117.6	126.9	128.7	6.5
两化融合	100.0	107.9	99.2	88.8	133.3	7.4
人力资源	100.0	110.1	115.6	123.4	132.5	7.3
时序指数	100.0	105.0	106.1	112.5	124.8	5.7

资料来源：赛迪智库整理计算，2018年1月。

纵向看，云南工业发展质量自2012年的100.0上涨至2016年的124.8，年均增速为5.7％，略高于全国5.3％的平均增速。

云南在技术创新方面表现相对较好，工业企业R&D经费投入强度的年均增速达到14.2％，工业企业R&D人员投入强度的年均增速达到11.8％，但工业企业单位R&D经费支出发明专利呈现负增长，年均下降1％。

云南在速度效益方面表现较差，且呈现下降趋势。其中，工业成本费用利润率、工业主营业务收入利润率的年均增速分别下降16.2％和15.8％，是导致该指标发展落后的主要原因。此外，云南在资源环境、两化融合、结构调整、人力资源等方面尚有较大的发展和提升空间。

（2）截面指数

表6－54　2012—2016年云南工业发展质量截面指数排名

	2012	2013	2014	2015	2016	2012—2016 年均值
速度效益	17	21	25	23	25	25
结构调整	18	17	25	25	23	21
技术创新	24	24	25	19	19	22
资源环境	25	26	26	22	26	25
两化融合	28	28	30	30	30	30
人力资源	28	26	28	24	23	26
截面指数	25	27	28	27	26	27

资料来源：赛迪智库整理计算，2018年1月。

横向来看，云南工业发展质量截面指数一直处于全国下游水平，整体实力相对薄弱。2016 年截面指数为 26.8，排在全国第 26 位。

2016 年，云南在技术创新方面相对较好，排在全国第 19 位。其中，工业企业单位 R&D 经费支出发明专利、工业企业 R&D 经费投入强度排名处于全国中等水平，分别排在第 11 位和第 16 位。

2016 年，云南两化融合方面表现最差，全国排名第 30 位。其中，互联网普及率排在全国第 30 位，工业应用信息化水平、电子信息产业占比均排在第 29 位，直接导致云南该指标发展严重落后。

速度效益、结构调整、人力资源和资源环境方面，云南也都均处于全国偏下水平，排在第 20 位以后，表明云南在这四个方面均存在较大的提升空间。

（3）原因分析

云南省工业发展水平处于全国下游水平，整体效益不佳，主要面临以下问题：一是工业发展不足。作为经济欠发达省份，全省工业经济总量规模仍较小，工业增加值占全国的比重近年来一直保持在 1.7%左右。全省工业增加值占生产总值比重仅为 28.6%，远低于全国 33.8%的平均水平。多年来，全省工业经济主要依靠烟草、冶金、电力等行业支撑，先进装备、新材料、生物医药、信息等产业发展严重不足，重化工业产业链条短、高端产品不多。二是产能过剩与供给不足并存。近年来，全省钢铁、水泥、煤炭等行业产能扩张较快，新建项目多为低水平重复投资，产品处于价值链末端，部分行业产能过剩矛盾凸显，日化等消费类轻工业发展严重不足，60%以上的工业品、日用百货靠省外调入。

3. 结论与展望

云南省"重工靠资源、轻工靠烟草"的产业格局明显，高端制造业、高科技产业和生产性服务业等高附加值、低碳型产业发展滞后，创新能力弱。总体看，云南工业发展质量处于全国下游水平，在速度效益、结构调整、技术创新等方面变化不明显，处于全国靠后位置，特别是两化融合水平，制约了新型工业化的发展。

2018 年，云南省着力构建现代化工业经济新体系，重要任务在于深入推动工业化与信息化两化融合。以全面落实《云南省两化融合专项行动计划（2014—2020 年）》为主要抓手，全面推动两化融合水平评估评价体系建设，加快传统产业改造升级，全面提升企业竞争能力。推动互联网与工业全流程、多领域的融合发展。实施重点行业工业云平台创新工程，鼓励重点行业龙头企业通过建设行业工业云平台，推动行业产业链延伸整合。推动企业提升应用电子商务的能力和水平，支持大企业建设一批面向行业、领域的专业化电子商务平台，提高行业物流信息化和供应链协同水平。打造制造企业互联网双创平台，以推动移动互联网、云计算、大数据、物联网与制造业结合为重点，全面提升企业研发、生产、管理和服务的智能化水平。

二十六、陕西

1. 总体情况

（1）宏观经济总体情况

2017年，陕西实现地区生产总值21898.81亿元，比上年增长8.0%。一、二、三产业增加值分别为1739.45亿元、10895.38亿元和9263.98亿元，同比分别增长4.6%、7.9%和8.7%。2017年，陕西全社会固定资产投资23468.21亿元，比上年增长14.6%。在固定资产投资中，第一产业投资1552.99亿元，比上年增长35.1%；第二产业投资5697.93亿元，同比增长1.8%，其中工业投资5688.36亿元，同比增长1.8%；第三产业投资16217.29亿元，同比增长18.1%。民间投资9683.16亿元，比上年增长10.8%，占固定资产投资的41.3%。进出口额为2714.93亿元，同比增速为37.4%。其中，出口额为1659.80亿元，进口1055.13亿元，分别同比增长58.8%和13.3%。出口增速位居全国第二位，西部第一位。

（2）工业经济运行情况

2017年，陕西省规模以上工业总产值为24854.43亿元，比上年增长18.8%，规模以上工业增加值比上年增长8.2%。规模以上工业中，重工业同比增长7.4%，轻工业同比增长达11.5%；分工业门类看，非能源工业继续保持快速增长，非能源工业增加值同比增长10.2%，能源工业增加值同比增长5.5%。汽车制造业增长最为显著，同比增长45.6%，较上年加快26.3个百分点；其次是医药制造业，同比增长13.7%；电子信息产品制造业同比增长13.6%。2017年1—11月，陕西省规上工业实现主营业务收入20316.6元，比上年同期增长 17.3%；实现利润 1956.7 亿元，同比增长 59.8%。

2. 指标分析

（1）时序指数

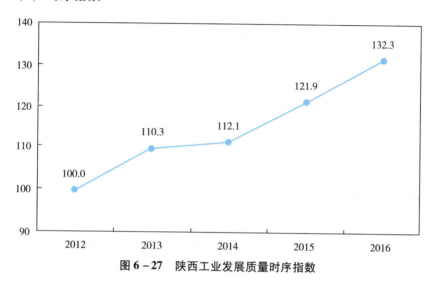

图 6-27　陕西工业发展质量时序指数

资料来源：赛迪智库整理计算，2018 年 1 月。

表 6-55　2012—2016 年陕西工业发展质量时序指数

	2012	2013	2014	2015	2016	2012—2016 年年均增速（%）
速度效益	100.0	101.2	96.3	90.4	93.9	-1.6
结构调整	100.0	103.8	115.8	131.8	153.5	11.3
技术创新	100.0	112.7	113.1	108.8	113.3	3.2
资源环境	100.0	116.8	116.9	123.7	132.3	7.2
两化融合	100.0	122.5	119.5	134.1	152.1	11.1
人力资源	100.0	109.5	116.4	159.0	167.4	13.7
时序指数	100.0	110.3	112.1	121.9	132.3	7.2

资料来源：赛迪智库整理计算，2018 年 1 月。

纵向来看，陕西工业发展质量自 2012 年的 100.0 上涨至 2016 年的 132.3，年均增速为 7.2%，高于全国平均增速。

陕西在结构调整、两化融合和人力资源方面增长较快，年均增速分别为 11.3%、11.1% 和 13.7%，高于全国平均增速。结构调整方面，工业制成品出口占比和规上小型工业企业主营业务收入实现快速增长，年均增速分别为18.9%和17.2%，是推动结构调整的主要因素。两化融合方面，电子信息产业占比增速较高，年均增速达到17.0%，带动两化融合水平不断提高。人力资源方面，第二产业全员劳动生产率年均增速达到26.1%，大大超过全国8%的平均水平。

陕西在技术创新方面表现一般，年均增速为3.2%，不及全国平均水平。其中，工业企业单位R&D经费支出发明专利和工业企业新产品销售收入占比两项指标表现不佳，年均增速只有1.1%和2.4%。

陕西在速度效益方面出现小幅下滑趋势，年均增速为 - 1.6%。其中，工业成本费用利润率和工业主营业务收入利润率两项指标年均增速下降幅度较大，年均增速分别为 - 13.4%和 - 12.0%。

（2）截面指数

表6 - 56　2012—2016年陕西工业发展质量截面指数排名

	2012	2013	2014	2015	2016	2012—2016年均值
速度效益	1	1	1	9	5	1
结构调整	13	14	15	17	16	14
技术创新	15	14	14	14	15	14
资源环境	15	16	16	15	14	15
两化融合	22	13	22	19	19	19
人力资源	18	8	18	6	5	10
截面指数	10	9	12	13	13	10

资料来源：赛迪智库整理计算，2018年1月。

横向来看，陕西工业发展质量截面指数基本处于全国中上游水平，2016年截面指数为43.4，排在全国第13位，与2015年持平。

2016年，陕西在速度效益和人力资源方面表现最好，处于全国上游，均排名全国第5位，但是较2015年均有提高。构成速度效益的四项指标中，工业成本费用利润率和工业主营业务收入利润率表现较好，均居全国第5位。工业增加值增速和资产负债率则位居全国中游水平，分别位居全国第15位和第16位。人力资源方面，第二产业全员劳动生产率处于全国领先水平，居全国第 3 位。就业人员平均受教育年限全国排名第 10 位。工业城镇单位就业人员平均工资增速排名第 19 位，处于全国中等偏下水平。

陕西在结构调整、技术创新和资源环境方面处于全国中游位置。结构调整方面，全国排名第 16 位，其中规上小型工业企业主营业务收入表现最好，排名全国第 3 位；高技术产业占比表现较好，排名全国第 11 位；但是 500 强企业占比和工业制成品出口占比都属于中下游水平，提升空间较大。技术创新方面，全国排名第 15 位。其中 R&D 经费投入强度和 R&D 人员投入强度表现中等，全国排名第 14 位和第 11 位，但是单位 R&D 经费支出的发明专利数和工业企业新产品销售收入占比表现不佳，全国排名第 21 位和第 23 位，拉低了技术创新的整体水平。资源环境方面，排名全国第 14 位。其中，工业废物综合利用率表现相对较好，排名全国第 10 位，单位工业增加值能耗、工业主要污染物排放强度、工业污染治理投资强度在全国排名处于中下游水平，未来有提升空间。

陕西在两化融合方面处于全国中游偏下位置，全国排名第 19 位。其中电子信息产业占比和互联网普及率表现相对较好，全国排名第 11 位和第 14 位，工业应用信息化水平均处于全国下游水平，需要大力推动信息技术在工业领域的应用。

（3）原因分析

2012—2016 年，陕西工业的增长势头虽然有所放缓，但是仍然保持了全国中上水平的位置，在结构调整方面取得一定进展，在两化融合、技术创新等方面仍需要继续改善提高。

陕西是能源大省，受能源价格下降的影响，经济下行压力较大。陕西及时出台"工业稳增长促投资 21 条"，制定了扩投资考核奖惩办法以及降成本行动计划等保持工业稳定增长的政策措施，有力促进工业持续稳定增长。为推动非能源工业的发展，陕西大力推动产业结构调整，设立了总规模 360 亿元的集成电路、高端装备制造等六只产业基金。陕煤化蒲城大型煤制烯烃、宝鸡吉利 20 万台整车、新舟系列飞机等项目相继投产，中电咸阳 8.6 代液晶面板、西安乐叶光伏等重大项目加快建设。陕西在对外开放方面取得了显著成效，西安至布拉格等 14 条客运航线、至芝加哥等 3 条货运航线、至布达佩斯和科沃拉中欧班列开通运营。陕西自贸区挂牌成立后，全力打造内陆型改革开放新高地、"一带一路"经济合作重要支点，相继出台了一系列促进投资、贸易便利化措施，有效带动陕西进出口规模的增长。陕西有丰富的教育和科技资源，人力资源始终在全国排名中上游位置，但是受缺乏有效的科技管理机制、科技成果转化途径不畅、科技投入不足等因素的影响，陕西的科技和人力资源优势没有转化为产业优势和经济优势。

3. 结论与展望

综合时序指数和截面指数来看，陕西省工业发展质量继续保持全国中等偏上位置，围绕"追赶超越"战略的实施，充分发挥煤油气资源优势，延伸产业链条，大力培育新兴产业，坚持"稳能源、促化工、兴电子、强制造、扩新兴、优传统"的思路，加快产业转型升级。

结构调整方面，要深化供给侧结构性改革，继续落实煤炭去产能任务，加快淘汰不达标煤矿，推动钢铁企业重组。围绕新一代信息技术、新能源、新材料、汽车、航天航空及高端装备制造、现代化工、生物医药等新支柱产业，打造一批先进制造业产业集群。强化煤油气化工关键技术攻关和应用，打造国家高端能源化工基地。大力发展汽车产业，加快建设全国重要汽车产业基地和出口基地。大力促进军民融合，建设一批国家军民融合创新示范区。

技术创新方面，大力推动科研机构体制机制改革，逐步由事业法人向企业法人转变，建立自负盈亏的经营机制，优胜劣汰的用人机制，行之有效的激励机制和内部监督机制。把科研机构推向市场，促进科研成果商品化、产业化。

资源环境方面，持续推进"1+9"专项行动，重点抓好陕南国家生态文明综合改革示范区建设、黄河沿线环境治理。加快"气化陕西"步伐。壮大节能环保产业，大力推动地热能、风电、光伏发电等清洁能源的建设和使用。大力发展循环经济和清洁生产。

二十七、甘肃

1. 总体情况

（1）宏观经济总体情况

2017年，甘肃实现地区生产总值7677.0亿元，同比增长3.6%。其中，一产增加值1063.6亿元，同比增长5.4%；二产增加值2562.7亿元，同比下降 1%；三产增加值 4050.8 亿元，同比增长 6.5%。

2017 年，甘肃完成固定资产投资 5696.3 亿元，较上年下降明显，降幅 40.3%。其中，第一产业投资 382.0 亿元，同比下降 43.7%；第二产业投资 1188.3 亿元，同比下降 63.1%；第三产业投资 4126.1 亿元，同比下降 26.8%。全省实现社会消费品零售总额 3426.6 亿元，比上年增长 7.6%。

（2）工业经济运行情况

2017 年，甘肃规模以上工业企业完成工业增加值 1603.7 亿元，同比下降 1.7%。1—11 月，全省规模以上工业企业实现利润总额 234.3 亿元，比上年增加 129.9 亿元，同比增长 1.2 倍。

2. 指标分析

（1）时序指数

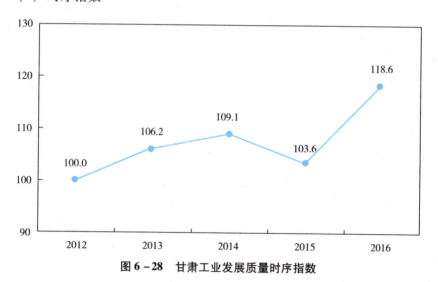

图 6-28 甘肃工业发展质量时序指数

资料来源：赛迪智库整理计算，2018 年 1 月。

表 6-57 2012—2016 年甘肃工业发展质量时序指数

	2012	2013	2014	2015	2016	2012—2016 年 年均增速（%）
速度效益	100.0	99.9	92.8	50.1	76.3	-6.5
结构调整	100.0	109.9	118.5	128.1	147.5	10.2

续表

	2012	2013	2014	2015	2016	2012—2016 年 年均增速（％）
技术创新	100.0	102.3	109.7	104.8	103.8	0.9
资源环境	100.0	104.1	106.5	110.3	128.8	6.5
两化融合	100.0	117.2	117.5	126.2	148.7	10.4
人力资源	100.0	107.4	113.7	117.6	122.9	5.3
时序指数	100.0	106.2	109.1	103.6	118.6	4.4

资料来源：赛迪智库整理计算，2018 年 1 月。

纵向来看，甘肃工业发展质量时序指数自 2012 年的 100.0 上涨至 2016 年的 118.6，年均增速为 4.4%，大大低于全国平均增速。

甘肃在结构调整、两化融合方面表现相对较好，年均增速分别为 10.2% 和 10.42%，均位列全国第 8 位。结构调整方面，高技术制造业主营业务收入占比年均增速高达 12.6%，工业制成品出口占比年均增速达 12.1%，两方面因素成为结构调整增长的关键。两化融合方面，电子信息产业占比年均增速高达 16.7%，表现良好，但工业应用信息化水平年均增速仅为 5%，仍有较大提升空间。

甘肃在资源环境、人力资源方面表现一般，年均增速排名全国中等水平，分别排名第 24、21 位。资源环境方面，单位工业增加值能耗和工业主要污染物排放强度增速较快；工业废物综合利用率年均增速为 −1.9%，大大低于全国平均水平；工业污染治理投资强度呈现下降趋势，年均增速为 −11.5%。人力资源方面，工业城镇单位就业人员平均工资增速、第二产业全员劳动生产率和就业人员平均受教育年限均低于全国平均增速，亟待提升。

甘肃在速度效益、技术创新方面提升比较缓慢，特别是速度效益下降幅度较大，年均增速分别为 −6.5% 和 0.9%。速度效益方面，工业增加值年均增速为 8.4%，保持较快增长，但其余三项指标表现不佳，均呈现负增长。特别是工业成本费用利润率和工业主营业务收入利润率下降幅度分别达到 −29.7% 和 −29.1%；技术创新方面，只有单位 R&D 经费投入强度年均增速 10.6%，高于全国平均增速，其余各项指标均低于全国平均水平，工业企业新产品销售收入占比年均增速为 −15.7%，表现欠佳。

（2）截面指数

表 6-58　2012—2016 年甘肃工业发展质量截面指数排名

	2012	2013	2014	2015	2016	2012—2016 年均值
速度效益	26	29	28	28	28	28
结构调整	17	21	28	29	29	27
技术创新	21	23	21	22	23	23
资源环境	16	24	27	24	20	21
两化融合	29	29	28	29	29	29
人力资源	20	25	25	27	27	24
截面指数	27	28	29	29	30	29

资料来源：赛迪智库整理计算，2018 年 1 月。

横向来看，甘肃工业发展质量截面指数多年来都处于全国下游，2016 年截面指数为 21.6，排在全国第 30 位。

2016 年，甘肃各项指标均处于全国下游水平，结构调整和两化融合均排名全国第 29 位。速度效益排名全国第 28 位，人力资源排名全国第 27 位。结构调整方面，高技术制造业主营业务收入占比和工业制成品出口占比均处于全国下游水平，只有 500 强企业占比和规上小型工业企业主管业务收入增速略好，位列全国中游水平。两化融合方面，各项指标均处于全国偏下水平，工业应用信息化水平排名第 26 位，电子信息产业占比和互联网普及率分别排名全国第 28 位和第 29 位。速度效益方面，2016 年工业增加值增速位于全国中等水平，排名第 19 位，但资产负债率、工业成本费用利润率和工业主营业务收入利润率分别排名第 27 位、第 30 位和第 30 位。人力资源方面，各项指标均位列全国中下游水平，工业城镇单位就业人员平均工资增速、第二产业全员劳动生产率和就业人员平均受教育年限分别排名第 24、19 和 25 位。

技术创新方面，排名全国第 23 位，其中，工业企业 R&D 人员投入强度排名第 19 位，工业企业 R&D 经费投入强度排名第 20 位，表现较好。工业企业单位 R&D 经费支出发明专利和工业企业新产品销售收入占比分别排名第 25 位和第 29 位，有较大的提升空间。

资源环境方面，处于全国第 20 位。工业污染治理投资强度表现较好，排名全国第五，但工业污染治理投资强度单位工业增加值能耗、工业主要污染物排放强度、工业废物综合利用率排名均处于全国下游水平。

(3) 原因分析

2012—2016 年，甘肃技术创新和资源环境发展较好，但是速度效益、结构调整、两化融合、人力资源等方面不理想，需要加快发展。

资源环境方面，甘肃地处黄土高原，生态环境非常脆弱。铝冶炼、煤化工等高能耗、高排污强度行业在工业中所占比重较大，主要污染减排治理难度大，保护环境的任务艰巨。近年来，甘肃省先后出台了矿业权分类退出、水电站关停退出整治、旅游设施项目差别化整治和补偿等办法，全面推行河长制，建立省市县乡四级河长体系，同时实施重大生态工程，加强环境污染综合治理，取得了较好的成效。在国家首次发布的绿色发展指数排名中甘肃省位列全国第 16 位、西北第 1 位。

技术创新方面，全省科技实力继续提升，创新驱动发展成效显著。近年来，甘肃省先后实施了新能源、新材料、先进装备制造、节能及清洁生产关键技术等 10 个涉及国计民生的科学研究、技术开发重大专项。实施工业强省战略，推动传统产业智能化发展，新技术、新产业、新业态发展势头良好，高技术产业工业增加值同比增长 8.7%，占规上工业增加值的比重达到 4.7%。在 2017 年度国家科学技术奖励大会上，甘肃省科技人员首次荣获科技进步"创新团队奖"，并获得 3 项二等奖。

3. 结论与展望

综合时序指数和截面指数来看，甘肃工业发展质量较为落后。在速度效益、结构调整、人力资源、两化融合等方面需要采取有力措施，扭转在全国排名落后的局面。

一是继续推动产业结构调整。围绕绿色发展要求，重点发展先进装备制造、新材料、节能环保、生物医药和信息技术等重点领域，继续组织陇商回家乡、民企陇上行等招商引资活动，引进一大批高精尖龙头企业。二是继续依托国家循环经济示范区，大力发展循环经济产业。推进产业转型升级，提升矿渣、冶金渣、煤矸石、选矿废石等资源回收分选回用和综合利用水平，构建良性循环耦合的产业布局。三是重点引进高层次科技领军人才及其创新团队，加强高技能人才培养体系建设，实施制造业创新中心建设工程，支持行业龙头企业联合科研院所和高等院校共建产业技术创新战略联盟，建设一批促进制造业协同创新的公共服务平台。

二十八、青海

1. 总体情况

（1）宏观经济总体情况

2017 年，青海实现地区生产总值 2642.8 亿元，比上年增长 7.3%。一、二和三产业增加值分别为 238.41 亿元、1180.38 亿元和 1224.01 亿元，分别增长 4.9%、7.2% 和 7.9%。

2017 年全社会固定资产投资 3897.14 亿元，同比增速为 10.3%。其中，第一产业投资 137.57 亿元，同比增长 4.8%；第二产业投资 1308.71 亿元，同比增长 0.5%，其中工业投资完成 1204.79 亿元，同比增长 1.0%；第三产业投资 2450.86 亿元，同比增长 16.8%。全年全省社会消费品零售总额 839.03 亿元，同比增速为 9.3%。2017 年进出口总额为 44.4 亿元，其中，进口 15.7 亿元，出口 28.7 亿元。

（2）工业经济运行情况

2017 年，青海省规模以上工业增加值同比增长 7.0%。分行业看，36 个大类行业中有 24 个行业增加值保持同比增长。

2. 指标分析

（1）时序指数

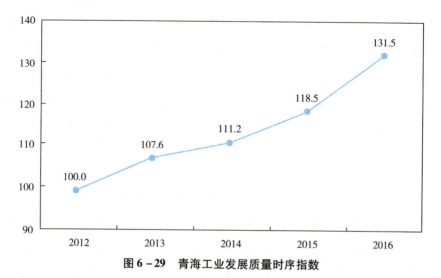

图 6-29 青海工业发展质量时序指数

资料来源：赛迪智库整理计算，2018 年 1 月。

表6-59 2012—2016年青海工业发展质量时序指数

	2012	2013	2014	2015	2016	2012—2016年年均增速（%）
速度效益	100.0	92.8	82.5	76.9	82.1	-4.8
结构调整	100.0	116.7	110.5	119.0	124.2	5.6
技术创新	100.0	107.0	89.3	131.4	166.7	13.6
资源环境	100.0	109.1	153.2	135.9	153.6	11.3
两化融合	100.0	113.2	133.6	137.3	140.6	8.9
人力资源	100.0	111.0	119.8	122.9	130.2	6.8
时序指数	100.0	107.6	111.2	118.5	131.5	7.1

资料来源：赛迪智库整理计算，2018年1月。

纵向来看，青海工业发展质量时序指数从2012年的100.0上涨至2016年的131.5，年均增速为7.1%，高出全国平均增速1.8个百分点。

青海在技术创新方面表现突出，年均增速为13.6%，高于全国平均水平，工业企业单位R&D经费支出发明专利指标和工业企业新产品销售收入占比高速增长，年均增速分别为27.8%和25.2%，大大超过全国2.6%和6.1%的平均水平。

青海在资源环境、两化融合和人力资源方面整体表现好于全国平均水平。资源环境方面主要得益于工业污染治理投资强度的显著上升，年均增速达30.1%。工业主要污染物排放强度年均增速也高于全国平均水平。两化融合方面，电子信息产业占比呈现高速增长，年均增速为16.4%，大大高于全国4.8%的平均水平。人力资源方面，工业城镇单位就业人员平均工资和第二产业全员劳动生产率两项指标发展相对均衡，年均增速分别为8.6%和9.9%，高于全面平均增速0.3和2.0个百分点，就业人员平均受教育年限增速出现了下滑。

青海在速度效益和结构调整方面表现不理想。速度效益方面，除工业增加值增速为7.9%，高于全国6.7%的平均水平之外，其余三项指标均呈现负增长，其中工业成本费用利润率和工业主营业务收入利润率年均下降幅度分别为21.8%和20.5%。结构调整方面，尽管高技术制造业主营业务收入占比、500强企业占比和规上小型工业企业主营业务收入增速方面表现良好，但是工业制成品出口占比下降显著，年均增速为 -21.2%，使得结构调整方面的平均增速被大大拉低。

（2）截面指数

表6-60　2012—2016年青海工业发展质量截面指数排名

	2012	2013	2014	2015	2016	2012—2016年均值
速度效益	14	27	26	26	26	26
结构调整	27	18	17	26	22	22
技术创新	30	30	30	30	30	30
资源环境	29	30	30	30	27	30
两化融合	27	26	24	24	28	27
人力资源	5	12	11	26	18	13
截面指数	26	29	27	28	28	28

资料来源：赛迪智库整理计算，2018年1月。

横向来看，青海工业发展质量截面指数多年来都处于全国落后位置，2016年截面指数为24.7，排在全国第28位，与上一年持平。

青海在人力资源方面表现尚可，排名第18位。工业职工平均工资增速在全国排名第9位，第二产业全员劳动生产率排名第11位，就业人员平均受教育年限指标表现不佳，排在全国第27位。

青海在速度效益、结构调整、资源环境和两化融合方面都处于全国落后水平。速度效益方面，工业增加值增速处于上游水平。总资产贡献率、工业成本费用利润率、工业主营业务收入利润率都处于全国下游水平，大大拉低了速度效益方面的整体排名。结构调整方面，只有规上小型工业企业主营业务收入增速表现较好，排在全国第8位，处于全国上游水平；其他指标均处于全国下游水平，其中高技术产业占比和工业制成品出口占比分别排名第24位和第30位。资源环境方面，工业污染治理投资强度表现最好，排名全国第3位，属于上游水平，但是单位工业增加值能耗、主要污染物排放强度和工业废物综合利用率排名均位居全国下游。两化融合方面，互联网普及率表现较好，全国排名第11位；但是工业应用信息化水平和电子信息产业占比则比较落后，排在第30位和第25位，基础相对薄弱。

青海在技术创新方面表现较差，处于全国末位。除了工业企业单位 R&D 经费支出发明专利，其他各项指标都处于全国最后一位，需要大力提高。

（3）原因分析

2012—2016 年，青海工业人力资源方面总体表现较好，技术创新方面增速较快，但仍然较弱，速度效益方面有所下滑，结构调整和资源环境方面仍需要改进。

两化融合方面，青海先后出台了《关于建设宽带青海促进信息消费的指导意见》《关于信息化推进工业经济转型升级和提质增效的实施方案（2014—2018 年）》《青海省工业十大特色优势产业两化融合实施方案》《关于加快推进物联网发展的实施意见》《青海省信息产业园总体规划（2014—2020 年）》等政策文件，实施产业两化融合工程、产业集群两化融合工程等十大工程，建设了青海中关村高新技术产业基地暨海东科技园，加快培育电子信息产业，努力使信息产业成为推动青海产业结构调整的重要抓手。

速度效益方面，青海工业经济增长主要依赖投资增长，重点加大各项基础设施投资，同时积极招商引资，推动投资规模快速增加。2016 年第二产业投资 1302.7 亿元，同比下降 10.9%，使得经济增速有所下滑。

结构调整方面，青海积极发展战略性新兴产业，加大传统工业改造升级力度，产业结构不断优化，工业向规模化、集群化发展，2016 年新能源稳步发展，新材料、装备制造业同比分别增长 14.8%、35.1%，园区集聚效应明显增强。

技术创新方面，青海加快建设各类工程技术研究中心，搭建科技服务平台，为企业自主创新提供支撑；成立青海省华控科技创业投资基金、青海欧瑞创投投资中心等用于解决科技中小企业资金需求问题等，但是全省创新能力弱的问题仍然比较明显。

资源环境方面，青海提出"坚持生态保护第一"的理念，高度重视对水资源的保护，水源涵养功能稳步提高，同时先后发布了《全国生态文明先行区行动方案》《生态文明制度建设总体方案》，实施一系列生态环境保护工程。三江源国家公园体制试点进展顺利，祁连山国家公园体制试点方案获批。可可西里列入世界自然遗产名录，祁连山山水林田湖草生态保护修复国家试点项目开工建设，河长制全面建立，5622 名五级河长正式履职。

3. 结论与展望

综合时序指数和截面指数来看，青海工业发展质量仍处于全国下游水平。未来，应加大产业结构调整的力度，努力提升企业技术创新能力，加快对传统产业的改造升级，改变过度依赖资源发展的模式，努力培育新的经济增长点。

结构调整方面，重点推动西宁经济技术开发区、海东工业园区、柴达木循环经济试验区三个重点工业园区的转型升级和创新发展，打造锂电、新材料、光伏制造、盐湖化工4个千亿产业，发展高端装备、新材料、新能源、电子信息、节能环保5个新兴产业，使新兴产业成为带动全省工业转型升级和创新发展的重要支撑。

技术创新方面，鼓励企业间加强共性关键技术的联合攻关，激发企业追求技术进步、实现内涵式发展的内生动力，推动新兴产业向高端化、规模化、集群化方向发展。加快建设科技服务平台，注重科技协同创新，支持企业加强技术改造。

两化融合领域，着力实施"互联网＋"制造业、互联网创新发展、大数据发展等"三大行动计划"，促进互联网、大数据在企业研发设计、生产制造、经营管理、销售服务中的综合集成应用，促进工业结构整体优化升级。

资源环境方面，推进三江源二期、环青海湖二期、天然林保护、水土保持等重点生态工程，继续实施退耕还林还草，抓好祁连山山水林田湖草生态保护修复试点，启动祁连山生态搬迁试点，抓好国家湟水规模化林场建设试点和西宁生态森林公园建设，强化湿地保护与恢复，加大黑土滩科学治理力度。

二十九、宁夏

1. 总体情况

（1）宏观经济总体情况

2017年，宁夏实现地区生产总值3453.9亿元，同比增长7.8%。其中，第一产业增加值261.1亿元，第二产业增加值1580.5亿元，第三产业增加值1612.3亿元，同比增速分别为4.3%、7.0%和9.2%。

2017 年，宁夏固定资产投资为 3813.4 亿元，同比增长 4.2%。第二产业完成投资 1372.5 亿元，同比下降 8.4%；实现社会消费品零售总额 930.5 亿元，同比增速为 9.5%。全年实现进出口总额 341.3 亿元，同比增长 58.9%。其中，出口总额 247.7 亿元，同比增长 50.5%；进口总额 93.6 亿元，同比增长 86.7%。全区城镇常住居民人均可支配收入 29472 元，同比名义增长 8.5%；农村常住居民人均可支配收入 10738 元，同比名义增长 9.0%。

（2）工业经济运行情况

2017 年，宁夏实现规模以上工业同比增长 8.6%。分轻重工业看，重工业增加值同比增长 9.9%，轻工业增加值同比增长 1.8%。分产业看，化工行业增加值同比增长 13.6%、电力行业同比增长 12.2%、冶金行业同比增长 9.7%、医药行业同比增长 9.0%、其他行业同比增长 8.0%、机械行业同比增长 7.3%、有色行业同比增长 6.7%、煤炭行业同比增长 2.8%、轻纺行业同比增长 0.4%、建材行业同比下降 0.1%。2017 年 1—11 月，全区规模以上工业企业实现利润总额 151.74 亿元，同比增长 40.9%。

2. 指标分析

（1）时序指数

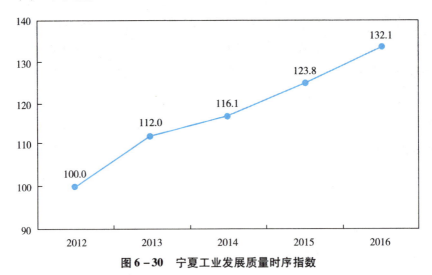

图 6-30　宁夏工业发展质量时序指数

资料来源：赛迪智库整理计算，2018 年 1 月。

表 6 – 61　2012—2016 年宁夏工业发展质量时序指数

	2012	2013	2014	2015	2016	2012—2016 年年均增速（%）
速度效益	100.0	112.3	95.5	88.5	106.9	1.7
结构调整	100.0	130.7	144.4	162.2	164.8	13.3
技术创新	100.0	105.1	104.7	123.1	118.2	4.3
资源环境	100.0	121.9	138.1	123.8	128.5	6.5
两化融合	100.0	96.2	111.5	137.3	161.1	12.7
人力资源	100.0	102.9	108.1	112.6	120.2	4.7
时序指数	100.0	112.0	116.1	123.8	132.1	7.2

资料来源：赛迪智库整理计算，2018 年 1 月。

纵向来看，宁夏工业发展质量时序指数自 2012 年的 100.0 上涨至 2016 年的 132.1，年均增速为 7.2%，高于全国平均增速。

宁夏在结构调整和两化融合方面表现较好。结构调整方面，全部指标均高于全国平均水平，其中 500 强企业占比和规上小型工业企业主营业务收入增长较快，年均增速为 18.9% 和 16.8%。两化融合方面，电子信息产业占比增速为 23.3%，高出全国平均水平 18.5 个百分点。

宁夏在速度效益方面表现一般。工业增加值年均增速为 8.7%，略高于全国平均水平；资产负债率、工业成本费用利润率和工业主营业务收入利润率均出现负增长，拉低速度效益指标。

宁夏在技术创新、资源环境和人力资源方面表现不佳。技术创新方面，工业企业 R&D 经费投入强度、工业企业 R&D 人员投入强度和工业企业单位 R&D 经费支出发明专利指标高于全国平均水平，而工业企业新产品销售收入占比显著低于全国平均水平。资源环境方面，单位工业增加值能耗略高于全国平均水平，其余指标均低于全国水平，其中工业废物综合利用率出现负增长，年均增速为 – 7.5%。人力资源方面，工业城镇单位就业人员平均工资增速和第二产业全员劳动生产率指标均低于全国水平，年均增速分别为 5.3% 和 6.6%。

（2）截面指数

表6-62　2012—2016年宁夏工业发展质量截面指数排名

	2012	2013	2014	2015	2016	2012—2016 年均值
速度效益	28	24	29	27	24	27
结构调整	28	28	18	21	25	24
技术创新	17	16	19	15	17	17
资源环境	20	15	13	14	15	16
两化融合	24	24	26	25	25	24
人力资源	16	23	12	21	9	17
截面指数	28	25	25	24	24	26

资料来源：赛迪智库整理计算，2018年1月。

横向来看，宁夏工业发展质量截面指数多年来都处于全国落后位置，2016年截面指数为32.4，排在全国第24位，比2012年提高4个位次。

2016年，宁夏技术创新、资源环境和人力资源处于全国中游水平，分别排在第17、15和9位。技术创新方面，工业企业单位R&D经费支出发明专利表现突出，排在全国第4位。资源环境方面，其中，工业污染治理投资强度表现突出，排名全国第1位；单位工业增加值能耗和工业主要污染物排放强度表现不佳，位居全国末位。人力资源方面，第二产业全员劳动生产率表现较好，排在全国第6位，而就业人员平均受教育年限均排名落后，需要加大提升力度。

宁夏在速度效益、结构调整、两化融合方面均处于全国下游水平。速度效益方面，工业增加值增速排名第11位，处于上游偏下水平；总资产贡献率、工业成本费用利润率和工业主营业务收入利润率均居全国下游靠后位置，尚需大力提升。结构调整方面，规上小型工业企业主营业务收入排名全国5位，表现较好；但是高技术产业占比、500强企业占比和工业制成品出口占比排名都比较落后。两化融合方面，工业应用信息化水平、电子信息产业占比和互联网普及率分别排名第23位、第23位和第20位，属于下游水平，尚需大力提升。

（3）原因分析

2012—2016年，宁夏在资源环境方面成绩显著，技术创新取得较大进步，抓住国家实施"一带一路"建设机遇，扩大对外开放，产业结构优化取得积极进展，但是在速度效益、结构调整、两化融合等方面在全国仍处于落后位置。

资源环境方面，启动"蓝天碧水·绿色城乡"专项行动，积极整改中央环保督察组反馈问题。银川、石嘴山、吴忠等市积极改变本地居住环境，努力提高森林覆盖率，先后获得国际、国内环境方面多项奖励荣誉，着手编制空间发展战略规划，使得城市发展与环境相匹配。2016年实施污染治理项目386个，对1005万千瓦火电机组进行超低排放改造，取缔非法采矿点135个，淘汰燃煤锅炉511台、黄标车老旧车3.6万辆，城乡居住环境大为改观。

速度效益方面，2014年出台了"稳定工业增长17条"政策，拉动经济企稳回升。现已形成了十大优势产业。2016年出台了狠抓重大项目建设的工作方案和"工业10条""财政支农26条""双创19条"等政策措施，力促经济企稳回升、逐月向好。开展园区低成本化改造和电力体制综合改革试点，全面实施"营改增"，清理规范涉企收费，减免税费90亿元，帮助实体经济渡过难关，规上工业企业利润同比增长47.9%。但由于宁夏工业增长主要靠投资拉动，2016年宁夏第二产业投资1641.40亿元，同比下降1.3%，导致速度效益指标表现不佳。

结构调整方面，大力推进供给侧结构性改革，新旧动能加快转换。制定《中国制造2025宁夏行动纲要》，实施智能制造示范工程，吴忠市成为全国"中国制造2025"试点示范城市之一，力成电气数字化工厂等3个项目列入国家智能制造专项，共享装备跻身国家首批双创示范基地和智能铸造产业创新中心。

技术创新方面，开展了首个创新方法工作专项"宁夏创新方法应用推广与平台建设"，并通过科技部验收。引导企业改进创新方法，开展六西格玛管理、精益生产等创新方法培训，搭建创新方法交流平台，加强创新方法的应用推广，有效提升企业技术创新能力。宁夏实施企业科技创新事前备案，事后补助政策，引导企业开展技术创新。但是宁夏仍有70%的大型工业企业尚未建立研发机构，60%以上的大中型工业企业很少开展研发活动，技术创新基础仍然薄弱。

两化融合方面，积极开展两化融合评估活动和"工业云创新行动"，以神华宁煤集团为代表的一批重点企业信息化建设成效显著。智能制造加快推进，巨能机器人、小巨人机床等一批行业领军企业快速发展，带动全区制造业智能化水平不断提升。

3. 结论与展望

综合时序指数和截面指数来看，宁夏工业发展质量长期在全国处于下游水平。当前，在经济增长动力减弱，科技创新能力薄弱的背景下，要继续在结构调整、技术创新、两化融合和资源环境等方面实现突破发展。

结构调整方面，全面实施《中国制造 2025 宁夏行动纲要》，开展创新发展、节能降耗、降本增效等专项行动，在高端铸造、仪器仪表等领域培育一批领军企业，打造智能制造示范引领区，带动新材料、装备制造、节能环保等新兴产业做强做大。继续改造提升煤炭、电力、冶金、化工和建材五大传统产业，打造高端装备、电子信息、新能源、新材料、新型煤化工等新的支柱产业。

技术创新方面，应大力实施创新驱动发展战略，进一步深化供给侧结构性改革。把"创新驱动 30 条"落到实处，大力发展实体经济，推动结构优化、动力转换、方式转变，走高质量发展新路。落实"科技支宁"计划，加快沿黄科技创新改革试验区建设。完善人才评价、激励和服务保障体系，积极引进高端人才、急需紧缺人才，培养用好本土人才、实用技术人才。

两化融合方面，针对重点行业，分类制定两化融合实施方案，培育一批工业云、工业大数据等试点示范服务平台，推进重点企业开展两化融合管理体系贯标。在煤化工、石油化工、纺织、食品、金属铸造等流程制造领域，选择有条件的企业，开展智能工厂和数字车间试点示范项目建设。

资源环境方面，加大大气污染、水污染、固体废物污染的防治力度，以工业园区的煤炭、电力、化工、冶金企业为重点，严控污染物的排放，积极开展重点领域技术研究，提高污染物的综合治理水平。

三十、新疆

1. 总体情况

（1）宏观经济总体情况

2017 年，新疆实现地区生产总值首次突破万亿，达到 10920.09 亿元，比上年增长 7.6%。一、二、三产业增加值分别为 1691.63 亿元、4291.95 亿元和 4936.51 亿元，同比增速分别为 5.6%、5.9% 和 9.8%。

2017 年，新疆全社会固定资产投资 11795.64 亿元，比上年增长 20.0%。其中，第一产业投资 552.33 亿元，同比增长 13.3%；第二产业投资 3237.73 亿元，同比下降 15.1%，其中，制造业投资 1691.36 亿元，同比下降 8.2%；第三产业投资 8005.57 亿元，同比增长 44.9%。基础设施投资 5313.90 亿元，同比增长 42.4%。2017 年新疆货物进出口总额 1398.43 亿元，同比增长 19.9%。出口 1200.43 亿元，同比增长 16.5%；进口 198 亿元，同比增长 45.8%。

（2）工业经济运行情况

2017 年，新疆实现规上工业增加值 3059.57 亿元，同比增速为 6.4%。新疆工业战略性新兴产业完成增加值 156.87 亿元，同比增长 9.2%；高技术制造业完成增加值 46.71 亿元，同比增长 38.8%。2017 年，新疆规模以上工业企业实现利润 736.92 亿元，比上年增长 100%。实现主营业务收入 9769.63 亿元，同比增长 17.3%。年末亏损企业 870 家，亏损面 28.7%，比上年降低 2.3 个百分点。

2. 指标分析

（1）时序指数

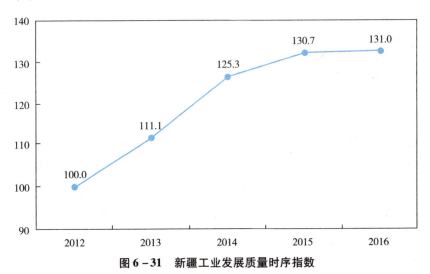

图 6-31　新疆工业发展质量时序指数

资料来源：赛迪智库整理计算，2018 年 1 月。

表 6-63　2012—2016 年新疆工业发展质量时序指数

	2012	2013	2014	2015	2016	2012—2016 年 年均增速（%）
速度效益	100.0	94.1	89.0	76.6	80.1	-5.4
结构调整	100.0	122.8	124.8	147.8	149.9	10.6
技术创新	100.0	109.1	126.8	139.5	137.2	8.2
资源环境	100.0	137.5	162.6	140.5	136.1	8.0
两化融合	100.0	105.3	154.3	178.5	177.5	15.4
人力资源	100.0	103.0	109.6	115.8	119.2	4.5
工业发展 质量指数	100.0	111.1	125.3	130.7	131.0	7.0

资料来源：赛迪智库整理计算，2018 年 1 月。

纵向来看，新疆工业发展质量时序指数自 2012 年的 100.0 上升至 2016 年的 131.0，年均增速为 7.0%，高于全国平均增速 1.7 个百分点。

新疆在结构调整、技术创新和两化融合方面表现相对较好，年均增速分别为 10.6%、8.2% 和 15.4%。结构调整方面，除了 500 强企业占比低于全国平均水平，其余三项指标均高于全国平均水平。技术创新方面，工业企业单位 R&D 经费支出发明专利和工业企业新产品销售收入占比表现较好，年均增速分别达 10.5% 和 11.7%，大大高于全国平均水平，是拉动该指标的主要因素；工业企业单位 R&D 经费支出发明专利也高于全国平均水平，但是 R&D 人员投入强度增长缓慢，年均增速只有 2.3%。两化融合方面，电子信息占比年均增速达到 27.2%，超过全国平均水平 22.5 个百分点，工业应用信息化水平和互联网普及率增速与全国平均水平基本持平。

新疆在速度效益、资源环境和人力资源方面表现不佳。速度效益方面呈现负增长，仅有工业增加值增速为正增长，增速为 7.9%，高于全国平均水平；总资产贡献率、工业成本费用利润率和工业主营业务收入利润率三项指标都有所下降，年均增速分别为 -2.8%、-22.4% 和 -20.8%。资源环境方面，表现最好的是工业污染治理投资强度，年均增速为 18.5%，高出全国平均增速 10.1 个百分点；单位工业增加值能耗、工业废物综合利用率和工业污染治理投资强度均出现了不同程度的下滑。

（2）截面指数

表 6 – 64　2012—2016 年新疆工业发展质量截面指数排名

	2012	2013	2014	2015	2016	2012—2016 年均值
速度效益	2	2	8	24	23	9
结构调整	25	26	24	24	27	26
技术创新	29	28	29	27	29	29
资源环境	30	29	28	28	30	29
两化融合	26	22	19	21	24	23
人力资源	3	9	8	11	20	6
截面指数	19	24	20	25	27	25

资料来源：赛迪智库整理计算，2018 年 1 月。

横向来看，新疆工业发展质量截面指数多年来都处于全国偏下水平，2016 年截面指数为 26.4，排在全国第 27 位，比上一年低了两个次位。

新疆在速度效益、结构调整、两化融合和人力资源表现不理想，处于全国下游水平。速度效益方面，工业增加值增速、资产负债率、工业成本费用利润率和工业主营业务收入利润率均排在全国下游，高技术制造业主营业务收入占比处于全国末位。结构调整方面，规上小型工业企业主营业务收入增速表现良好，排在第 10 位，处于上游水平；但是高技术产业占比、500 强企业占比和工业制成品出口占比均处于下游水平，其中高技术产业占比排名第 30 位，基础较差，尚需大力提升。两化融合方面，互联网普及率表现较好，排在第 10 位，但工业应用信息化水平和电子信息产业占比分别排在第 24 位和第 26 位，处于全国下游水平。人力资源方面，第二产业全员劳动生产率和就业人员平均受教育年限表现优秀，分别排在全国第 4 位和第 9 位，但工业城镇单位就业人员平均工资增速表现较差，排在第 28 位，拉低了人力资源整体排名。

新疆在资源环境和技术创新方面表现较差，分别处于全国末位和第 29 位。资源环境方面，工业污染治理投资强度表现较好，排在第 7 位，而单位工业增加值能耗、工业主要污染物排放强度和工业废物综合利用率均处于全国下游水平，分别排在第 29 位、第 29 位和第 26 位，基础较差。技术创新方面，四项指标均处于下游水平，未来需要大力提升。

（3）原因分析

2012—2016年，新疆工业投资增速持续回落，尽管两化融合水平有所提高，但是经济结构仍需优化、技术创新能力不强、资源环境需要进一步改善。

结构调整方面，钢铁、水泥、能源等重点行业深度调整，非石油工业、非公有制经济、中小微企业比重稳步提高，其中，2016年非石油工业占比达到69%。国家继续加大新疆能源基地建设，石油石化、风力光伏发电基地建设力度不减。同时，装备制造业、电子信息、新材料等新兴产业发展速度不断加快。

技术创新方面，2015年，自治区联合科技部、深圳市和中科院，选择创新基础和条件相对较好的乌鲁木齐、昌吉、石河子、克拉玛依和哈密等五地及七个园区，启动建设丝绸之路经济带创新驱动发展试验区（简称新疆创新试验区），率先开展创新驱动发展改革试验，旨在在"一带一路"建设中发挥核心引领示范作用，把新疆建设成为欧亚大陆经济合作的核心节点。新疆正在建设中国—中亚科技合作中心，使其成为国家国际科技合作基地。同时，积极构建科技创新服务平台，推动大型科学仪器设备、基础资源数据库、大型仪器共用协作网等科技资源向社会开放，帮助企业降低研发成本。

资源环境方面，严格环境执法监管，整治违法排污企业，清理整顿环保违法违规建设项目。加强重点污染企业环保信用评价和信息公开。深入落实"大气十条"和"水十条"措施，积极推进乌鲁木齐—昌吉—石河子区域环境同治整治。

3. 结论与展望

综合时序指数和截面指数来看，新疆工业发展质量处于全国下游水平。新疆工业增加值增速由2012—2013年均排名第2位回落至2016年的23位，加之目前全国经济处于转型换挡的调整期，未来经济发展的困难将逐渐增大，应抓住《中国制造2025》和"一带一路"建设机遇，在结构调整、技术创新和两化融合等方面加快改进。

速度效益方面，继续加强国家重要能源基地建设，将新疆建设成为国家大型油气生产加工基地、大型煤炭煤电煤化工基地、大型风电基地和国家能源资源陆上大通道，保持经济稳定增长。

结构调整方面，积极化解过剩产能，坚决淘汰落后产能，促进有效产能优化升级。实施《中国制造 2025 新疆行动方案》，支持传统产业技术创新和改造，推动制造业与互联网融合发展，促进传统动能焕发生机。巩固提升传统优势资源产业，重点抓好石油和化工、电力工业等行业改造升级；大力培育新的经济增长点，重点抓好轻工业、纺织服装业、新材料、先进装备制造、新兴能源、生物医药、电子信息、节能环保等产业。

技术创新方面，推进丝绸之路经济带创新驱动发展试验区建设，发挥在全面创新中的突破引领作用。加强与中亚国家的科技创新合作，建设科技合作基地和国际科技合作园区，充分利用丝绸之路经济带建设机遇，与中亚各国共建实验平台，共享科学仪器和科学数据，联合培养人才，构建国际科技合作新体系。

资源环境方面，根据新疆环境承载力，严格执行国家环境保护政策，实行最严厉水资源管理制度，切实加强污染纺织，减少工业发展对环境的破坏。严格落实环保"党政同责""一岗双责"制度。

专题篇

第七章　全国工业经济运行走势专题分析

2017 年，随着欧美主要发达国家经济逐步回暖，特别是我国经济仍保持中高速增长，对全球经济复苏贡献度接近 1/3，全球经济出现恢复增长态势。但随着"逆全球化"和贸易保护主义抬头，全球经济仍面临单边主义和贸易战的风险，我国工业出口贸易仍不乐观。新时代下，我国经济已由高速增长阶段向高质量发展阶段转变，工业高质量发展成为工业经济增长的主题。在过去的 2017 年，我国工业经济在不同阶段和时期，面临着来自不同领域的挑战和风险。

第一节　我国工业经济高位企稳背后的隐忧

一、工业经济运行特点

新兴产业和传统产业"双引擎"共同发力，驱动工业增速高位企稳。2017 年 1—4 月，我国规模以上工业增加值同比增长 6.7%，增速较一季度小幅回落 0.1 个百分点，较上年全年加快 0.7 个百分点，仍是 2015 年以来的高点，其中制造业同比增长 7.3%，电力、燃气及水的生产和供应业同比增长 8.6%，较上年全年分别加快 0.5 和 3.1 个百分点，为工业增速保持高位奠定坚实基础。从新旧动能转换角度看，有两个特点：一是新兴产业发展加快，高技术产业和装备制造业相对规模以上工业增加值增速的领先幅度在 5 个百分点左右，其中，汽车、计算机通信和其他电子设备、专用设备、通用设备制造业等，其增速均在 10% 以上。二是传统产业改造提升效应初现，载货汽车、民用船舶以及采矿、冶金、建筑、建材等专用设备制造等继续呈恢复性增长，钢铁等上游原材料行业企业效益明显改善。

制造业投资增速在小幅波动中企稳，房地产投资增速继续加快，基建投资增速高位趋稳，带动工业投资增速企稳。2017年1—4月，工业投资同比增长3.8%，增速较一季度回落1.1个百分点，较上年全年加快0.2个百分点。从三大投资领域看，具体情况如下：一是制造业投资增速波动企稳，自上年四季度以来，PPI持续上行和工业企业效益向好，企业投资意愿增强，制造业投资增速整体延续回升态势，1—4月同比增长4.9%，增速较一季度回落0.9个百分点，但较上年全年加快0.7个百分点。二是房地产投资增长超预期，受上年商品房热销以及2017年新开工进度加快的联合带动，1—4月房地产开发投资同比增长9.3%，增速较一季度加快0.2个百分点，较上年全年加快2.4个百分点。三是基建投资增速高位企稳，基础设施是补短板的重要领域之一，1—4月基建投资同比增长23.3%，增速较一季度回落0.2个百分点，但仍处于2015年以来的高位。

外需回暖、贸易结构优化、出口信心增强，拉动出口增速创近五年最高点。2017年1—4月，工业企业出口交货值同比增长10.3%，增速与一季度持平，较上年全年加快9.9个百分点，是2012年以来的最高点。先进制造业为出口增长主要驱动力。其中，计算机、通信和其他电子设备制造业对出口交货值增长的贡献率高达40%。出口交货值增速显著回升的主要原因有三：一是外需强劲回暖，美国经济趋于改善，欧洲、日本制造业景气状况创阶段性新高，主要新兴经济体逐渐复苏。我国对美国、欧盟、东盟、日本货物出口额对出口总额增长的贡献率超过50%。二是我国一般贸易出口水平明显提高，人民币贬值对出口有较大促进作用。三是企业出口信心增强，4月份出口信心指数为50.5，继续保持在50以上。此外，上年的低基数效应也在一定程度上推升了出口增速。

汽车和房地产热销带动消费品工业平稳增长。2017年1—4月，社会消费品零售总额同比增长10.2%，其中4月份同比增长10.7%，是上年以来的高点。从主要消费品看，有三个影响因素：一是汽车消费带动，由于车辆购置税优惠政策延长，且多家车企新产品集中上市激发新消费需求，1—4月汽车、石油及制品类消费对限额以上单位商品零售额增长的贡献率分别为28.4%和12.6%。二是房地产热销带动家具家电、装修相关消费需求逐步释放，家用电器和音像器材类、家具类、建筑及装潢材料类贡献率达 10.8%。三是季节性因素。1—2 月份春节、4 月份清明节以及提前到来的"五一"劳动节，节假日密集，带动吃穿用商品全面旺销，粮油食品、饮料烟酒类和服装鞋帽针纺织品类对限额以上单位商品零售额增长的贡献率接近 25%。

二、存在的主要问题

去产能进入攻坚阶段。一是 2016 年涉及去产能的部分煤矿已处于停产或半停产状态，但 2017 年去产能将全部涉及目前还在正常生产的煤矿，关停难度加大。二是价格回升和效益好转削弱了去产能的市场倒逼力量，2017 年一季度钢铁行业利润是上年同期的 3.6 倍，违规新建钢铁产能和已封停设备复产风险增加。三是 2017 年央企去产能将扩围至有色金属、船舶制造、炼化、建材和电力等产能过剩行业，职工安置难度加大。四是财政部鼓励去产能专项奖补资金实行早退多奖，客观上对去产能企业的激励效应逐步减弱。

工业投资企稳回升基础不稳。一是制造业投资受价格和企业效益等影响较大，当前 PPI 环比涨幅已连续四个月回落，随着翘尾因素的减弱，PPI 涨幅将继续放缓，企业效益增速将趋缓，制造业投资增速能否企稳回升还需密切关注。二是货币供应速度放缓，资金面明显收紧，房地产开发资金来源受限。同时，楼市调控从限购限贷升级到限售，商品房销售面积增速将进一步回落，并逐步传导到新开工面积、施工面积、竣工面积，房地产企业对投资将会更加谨慎。三是基建投资增速在年初有阶段性抬升的季节规律，当前增速已是 2015 年以来高位，未来将会逐步趋缓。

脱实向虚削弱了产业竞争力。一是资金等生产要素脱实向虚，2017 年一季度末，我国本外币工业中长期贷款余额为 7.94 万亿元，同比增长 4.9%，增速明显低于 2014 年和 2015 年的增长水平；本外币工业中长期贷款余额占本外币各项贷款余额的比重自 2011 年以来逐季下降，一季度末已降至 6.8%。生产要素脱实向虚，影响了实体经济的创新动力，也影响了供给侧结构性改革的顺利推进。二是经济结构脱实向虚，一季度金融业增加值占 GDP 的比重达 9.5%，远远超过英、美、日、德等经济体；而制造业增加值占 GDP 的比重降至 29.5%，已低于 30% 的预警监测标准。长此以往，将导致过度金融化和产业空心化，进而影响我国产业竞争力。

新旧动能转换任重道远。一是新兴产业发展速度较快，但其规模仍很难与传统产业等量齐观。2017年1—4月，高技术产业增加值同比增长13.1%，增速比规模以上工业高6.4个百分点；但占规模以上工业增加值的比重仍不足1/5。二是运用新技术、新业态改造提升传统产业所带来的经济增长多是替代性增长，对稳增长贡献有限，其效应主要体现在降成本、提效率、优结构方面。三是新动能的培育既需要人才、技术、资金等创新要素的足够投入，也需要体制机制等领域的深层次改革，新动能的培育必将是一个循序渐进的过程，新旧动能接续转换也将是一个长期过程。

三、对策建议

多措并举，打好去产能攻坚战。一是加快建立市场化退出机制，在煤、钢等产能过剩严重的行业，建立优胜劣汰市场化退出机制试点，并推广到有色、建材等行业。对不符合国家能耗、环保、质量、安全等标准要求和长期亏损的产能过剩企业，进行关停并转或剥离重组。二是减少无效和低效投资，从源头控制落后产能，重点落实煤、电等行业"消一批、缓建一批、缓核一批"的政策，减轻后期去产能工作难度。三是积极开展有色、船舶等行业的去产能工作，深入探索资产债务规范处置的方式方法，鼓励有条件的企业开展债转股。四是去产能政策应与宏观政策相配合，与需求侧的稳增长有机结合，与技术升级和产业布局调整紧密联系，在抑制产能过剩的同时推进行业转型升级。

狠抓落实，激发投资活力。一是增强制造业对投资的吸引力，深入结合传统产业改造升级的具体任务，寻找国家产业政策和传统制造业变革的契合点，设立产业投资基金，鼓励以先进技术改造和提升传统产业，改善企业投资预期，增强投资信心。二是充分激发民间投资积极性，鼓励民营企业通过发行债券进行融资，加大对优质民营企业上市支持力度，缓解民营企业融资难题。三是继续降低民间投资准入门槛，引导民间资本流向高新技术产业、装备制造业等新兴行业。四是通过PPP等方式为基建投资提供持续稳定的融资，提升基础设施建设对工业行业发展的拉动力，充分发挥基建投资的经济稳定器作用。

深度融合，促进虚实共舞。一是加快推进供给侧结构性改革，降低企业生产经营成本，改善企业生存环境，促进人才、技术、资金等创新要素向实体经济聚集，增强企业技术创新能力，提高实体经济回报率，提升实体经济质量效益和竞争力。二是积极推动金融体制改革，鼓励金融机构创新金融服务；多渠道推动股权融资，提高直接融资比重，增强金融对实体经济服务的能力。三是继续做好产融合作试点城市示范工作，积极探索产融合作的新模式和新路径，强化金融对产业的支撑作用，营造产业与金融良性互动、互利共赢的生态环境，促进实体经济提质增效。

步步为营，推进新旧动能转换。一是加快制造业创新中心建设，在智能识别、纳米级芯片、基因工程、新材料等前沿技术领域积极寻求突破，抢占战略制高点，引领新兴产业发展。二是加强对共享经济、数字经济等新兴领域的监管，引导龙头企业做大做强，快速形成有效供给，并构建上下游一体化的产业链条，充分释放新兴市场的需求。三是大力推动传统制造业与大数据、物联网、工业设计等领域的深度融合，加强制造业智能化改造，打造智能制造产业生态系统，利用新技术、新模式加速改造提升传统产业，让传统产业焕发出新动能。

第二节　影响工业经济走势的四大不确定性因素

一、四大不确定性因素

新动能对工业经济的支撑性不足。一是新动能仍保持快速增长，但相对规上工业的领先幅度有所收窄。2017 年上半年，装备制造业和高技术产业增加值分别同比增长 11.5% 和 13.1%，增速较一季度分别回落 0.5 和 0.3 个百分点；领先规上工业增加值增速的幅度分别由一季度的 5.2、6.6 个百分点收窄至 4.6 和 6.2 个百分点。二是新动能对工业的支撑力度有所减弱。上半年，装备制造业和高技术产业增加值占规上工业比重分别为 32.2% 和 12.2%，比重较 2016 年分别下降 0.7 和 0.2 个百分点。综合看,上半年工业增加值增速的超预期回升由新动能快速增长带动,但更大程度上是由传统动能的恢复性增长所推动。

金融对实体经济的支持力度不够。一是主要金融机构投向工业的中长期贷款增速较低。2017 年上半年末,我国本外币工业中长期贷款余额为 8.04 万亿元,同比增长 5.9%,增速较 2016 年有所提高,但仍低于 2014 年 7% 的平均增长水平。二是现有的融资方式远远不能满足中小企业的资金需求。上半年,全国中小企业股份转让系统挂牌公司 11314 家,同比增加 47.22%;拟通过股票发行募集资金 985.95 亿元,同比增加 53.80%;而通过股票发行实际募集资金 626.75 亿元,同比下降 3.97%。由此看出,当前金融资本没有有效地服务实体经济,仍存在经济脱实向虚倾向。

工业投资增速企稳回升基础不稳。一是制造业投资受去产能力度加大和企业效益增速回落影响,未能显著回升。2017 年上半年,制造业投资同比增长 5.5%,增速较上年同期加快 2.2 个百分点,但较一季度回落 0.3 个百分点。二是基建投资受制于政府财力、PPP 项目落地实效等,难以维持高增长态势。上半年,基建投资同比增长 21.1%,增速较上年同期加快 0.2 个百分点,较一季度回落 2.4 个百分点。三是房地产投资受限购限贷限售等政策影响,增速逐渐放缓。上半年,房地产开发投资同比增长 8.5%,增速较一季度回落 0.6 个百分点;占固定资产投资比重也由一季度的 20.6% 降至 18%。此外,工业民间投资受预期回报率偏低、资金脱实向虚等影响,增速仍然偏低。上半年,工业民间投资同比增长 5.1%,增速持续低于固定资产投资增速。

工业出口高速增长依然面临挑战。一是全球贸易保护主义趋势加剧。上半年,轻工产品成为继钢铁之后的贸易救济调查重灾区,将对我国出口造成冲击。二是全球主要央行货币政策趋紧。上半年美联储加息两次,并维持 2017 年再加息一次的预测;欧洲、日本、澳大利亚等国也出现货币政策趋紧迹象;我国同样也面临流动性紧缩局面,企业融资难度加大,融资成本提高,不利于扩大出口。三是我国企业出口综合成本居高不下。上半年,在海关总署定期调查的近 3000 家外贸企业中,有 60% 左右的企业认为出口综合成本同比增加,这将削弱出口竞争力。

二、对策建议

切实做好首台（套）重大技术装备的推广应用，推进装备工业发展，加快培育壮大工业新动能。首先，做好首台（套）相关财税支持政策的宣贯工作。调研发现，部分地方政府对扶持首台（套）相关政策掌握得尚不全面，宣贯也不到位，导致部分达到条件的装备企业错失享受政策的机会。因此，各级政府应加强解读和宣贯，更好地服务企业。同时，做好首台（套）示范应用。当前，还有一些垄断企业为规避风险逃避责任，不敢用、不愿用首台（套）设备，在招标时技术性地将国内装备企业排除在外，导致国内重大技术装备得不到公平竞争机会。因此，通过大力推广首台（套）重大技术装备保险补偿机制试点等为首台（套）设备的示范应用扫除障碍，在运用中不断提升我国装备制造企业的自主创新能力和产品竞争力。

创新产业投资基金模式，为企业智能化改造提供资金支持，助推工业转型升级。调研发现，有一种新的产业投资基金模式——IPP 模式（工业资产合作伙伴）正在兴起。IPP 模式通过产业投资基金嫁接 PPP 来破解制造企业智能化改造过程中的资金困局。如明匠智能作为一家专注于为制造企业提供定制化智能工厂整体解决方案的系统集成商，采用 IPP 模式与多个地市合作设立共享产业基金，扶持各地"工业4.0"项目建设。基金资金主要来源于地方政府和银行，明匠智能出资仅占10%—15%；项目建成后，资金使用方通过生产线增效提成的方式回馈基金。在 IPP 模式中，共享产业基金启动后，地方政府主导的基金作为买方，向明匠智能购买智能生产线，从而解决了原商业模式的回款问题。这种基金模式不仅将制造企业的智能化改造需求与解决方案无缝对接，而且解决了制造企业特别是中小微企业生产线升级改造的融资问题，建议在有条件的地方试点推广。

实施技术改造示范项目和示范工程，加快推进企业技术改造项目落地，优化投资结构提高投资效益。定期编制重点项目投资导向计划，主要围绕工业行业的关键领域、薄弱环节、共性问题，引导资金等投向重大技术改造项目。另外，鼓励企业实施两化融合技改示范工程，支持新一代信息技术在研发设计、生产制造、回收利用等产品全生命周期各环节的应用，提升制造业数字化、网络化、智能化水平。

积极对接"一带一路"推进国际产能合作，拓展外贸发展新空间，培育出口竞争新优势。依托"一带一路"，积极推进高端装备制造、能源、通信、港口等领域的国际产能合作，推动装备、技术、品牌、标准"走出去"。支持企业通过自建、合资、合作、并购等多种方式建立国际化生产基地、研发设计基地、海外孵化器等，加大对企业参与国际投资并购的资金支持，提高境外投资质量和效益，打造具有国际竞争力的本土跨国公司。此外，积极构建"一带一路"技术转移机制和平台，推动共建技术研发中心、技术转移中心、国际产能合作服务平台，为产品、技术"走出去"和"引进来"搭建双向平台，促进技术、资金、市场相结合。

第三节　警惕 2018 年工业投资的四大潜在风险点

一、工业投资的四大潜在风险点

警惕装备制造业投资规模过快引发新的过剩。工业投资增速持续分化。2017 年 1—10 月，装备制造业投资同比增长 8%，高出工业投资 4.7 个百分点；六大高耗能行业投资同比增长 1.6%，低于工业投资 1.7 个百分点，装备制造业投资增速领先高耗能产业投资增速的幅度达到 6.4 个百分点，较 2016 年扩大 5.0 个百分点，二者增速的分化愈加明显。综合看，装备制造业投资占比逐年提高且增速高于工业平均水平，仍需加强引导避免出现新的过剩。装备制造业投资规模过快扩张将加快推进产业结构优化调整，但需警惕各地装备制造业同质化低水平重复投资，导致高端产业低端化甚至引发新的过剩。

警惕工业民间投资增速持续放缓导致发展后劲不足。一是工业领域民间投资吸引力和活力都远不及其他领域。从占比看，2013 年以来工业民间投资占民间投资总额比重逐年下降（2016 年除外），且下降幅度有扩大趋势。2017 年 1—10 月，工业民间投资占民间投资总额比重降至 48.5%，较 2016 年下降 1 个百分点，较 2012 年累计下降 2.8 个百分点。从增速看，2013 年以来工

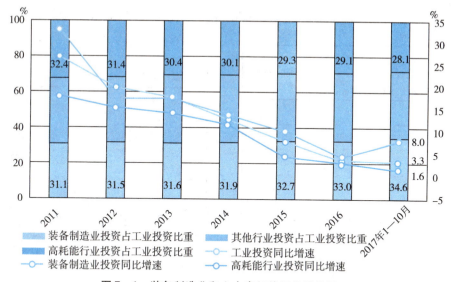

图 7-1 装备制造业和六大高耗能行业投资情况

资料来源：赛迪智库整理，2018年1月。

业民间投资增速持续低于民间投资总额增速（2016年除外），且增速差距明显扩大。2017年1—10月，工业民间投资同比增长3.5%，与民间投资总额增速的差距扩大到2.3个百分点。可见，在本轮民间投资增速回落的过程中，工业领域民间投资增速和占比回落更为明显，投资吸引力和活力都远不及其他领域。二是民间投资依然是工业投资的重要支撑，但领先程度有所减弱。从占比看，2012年以来民间投资占工业投资比重逐年提高（2016年除外），但提高幅度有所放缓。2017年1—10月，民间投资占工业投资比重达到79.8%，较2016年提高0.4个百分点，较2012年累计提高5.3个百分点。从增速看，2012年以来工业民间投资增速持续高于工业投资增速（2016年除外），但领先幅度明显收窄。2017年1—10月，工业民间投资同比增长3.5%，领先工业投资增速0.2个百分点，领先幅度较2012年大幅收窄6.3个百分点。综合看，如果工业民间投资增速持续放缓，工业投资增速很难实现企稳回升，工业经济发展后劲堪忧，对此必须保持高度关注。

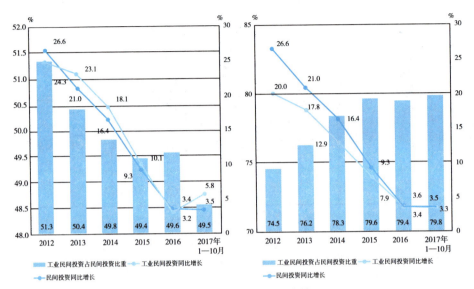

图7-2　我国工业民间投资情况

资料来源：赛迪智库整理，2018年1月。

　　警惕工业投资地区投向不平衡拉大区域发展差距。一是工业投资的地区投向不平衡且有所加剧。2016年我国31个省（区、市）的工业投资离散系数为89.5%，较2010年的历史低点提高了16.8个百分点，表明工业投资的地区投向更加不平衡。具体来看，2016年全国有75%以上的工业投资都投向了山东（11.6%）、江苏（10.8%）、河南（8.1%）、河北（6.9%）等13个省份（第一、四象限），这些省份多位于东中部地区；而投向西部12个省份的只有20.4%。二是区域间工业经济发展不平衡程度加剧。2016年我国31个省（区、市）的工业增加值离散系数为89.8%，较2013年的历史低点提高了8.4个百分点，表明近几年各地工业经济发展更加不平衡。具体来看，东部地区占53.8%，中部地区占21.9%，占比分别较上年提高1.7和0.5个百分点；而西部地区占18.6%，东北地区占5.8%，占比分别较上年下降0.2和2.0个百分点；特别是广东（11.5%）、江苏（10.7%）、山东（9.7%）三省工业增加值占全国比重已超30%，区域间工业经济发展差距越来越大。综合看，需警惕日益加剧的工业投资地区投向不平衡进一步拉大地区间工业经济发展差距。

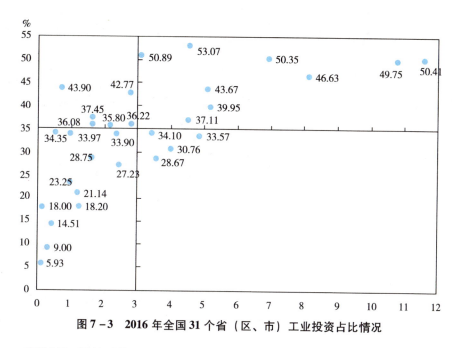

图 7 - 3 2016 年全国 31 个省（区、市）工业投资占比情况

资料来源：赛迪智库整理，2018 年 1 月。

警惕工业投资占比过快下降引发工业占比下降。从各地投向工业的固定资产投资占比看，东部地区普遍较高，西部地区普遍较低，差别非常明显。2016 年，全国工业投资占固定资产投资总额的 38.2%；其中，江西（53.1%）、吉林（50.9%）、山东（50.4%）、河北（50.4%）、江苏（49.8%）等 15 个省份工业投资占比在 35% 以上（第一、二象限），而云南、西藏、海南等省（区、市）则在 20% 以下（第三象限）。从各地工业投资占比变动幅度看，西部地区下降最为明显，东部地区下降相对平缓。2016 年，西部 12 个省（区、市）中有 10 个工业投资占比较上年回落，其中新疆、青海、云南分别下降 9.6、7.0、5.4 个百分点，只有贵州、重庆分别提高 2.8、0.8 个百分点；东部的山东、江苏工业投资占比都在 50% 以上，且分别提高 1.3、0.1 个百分点，天津下降 5.2 个百分点，回落幅度较大，其他省份下降幅度较小。综合看，工业投资占比过快下降会对工业增加值占比下降起到推波助澜的作用。目前，我国大多数省份仍处于工业化中期或后期，工业化进程还远远没有结束，2016 年我国工业增加值占比已降至 33.3%，如果工业投资占比过快下降势必会引发工业占比继续下降，产业空心化风险凸显。

二、对策建议

党的十九大提出，要把发展经济的着力点放在实体经济上，把提高供给体系质量作为主攻方向，同时还强调要发挥投资对优化供给结构的关键性作用，所以必须多措并举，积极化解工业投资的潜在风险，稳定工业投资，实现工业经济稳中有进。一是充分发挥产业投资引导基金的导向作用。一方面，引导资金流向新兴产业的高端环节，推动在重点领域关键环节率先突破，带动产业迈向中高端；另一方面，引导资金支持传统产业进行技术改造，促进全产业链整体跃升。二是有效激活工业领域民间投资。一方面，解决"不能投"的问题，继续深化"放管服"改革，进一步降低准入门槛，增加市场透明度，增加民营企业自主决策权；另一方面，解决"往哪儿投"的问题，引导民间投资投向产业链长的、增长前景好的领域，提高企业投资回报率，增强对资金吸引力。三是优化工业投资布局，增强区域发展协调性。全面贯彻落实党的十九大提出的区域协调发展战略，引导资金在西部大开发、东北振兴、中部崛起、东部优化发展等区域战略中合理布局，寻找机遇，通过优化投资布局助推优化产业布局。四是引导资金向工业聚力发力，加快建设制造强国。一方面，客观认识我国仍处于工业化中后期，还没有实现工业化，还必须坚定不移地走新型工业化道路，推进制造强国建设；另一方面，充分发挥现代金融对以制造业为主战场的实体经济的服务作用，推动产业优化升级，塑造制造业国际竞争新优势。

第四节　2018年中国工业经济发展形势的分析与判断

一、2018年形势判断

工业新旧动能转换将加速向纵深推进。党的十九大报告明确要求，必须把发展经济的着力点放在实体经济上，社会各界对实体经济的重视程度明显提高，将有助于改善工业新旧动能转换的外部环境。新技术新产业新业态新模式新市场主体不断涌现，特别是互联网、大数据、人工智能等新一代信息技术风起云涌，将形成一批新兴产业集群和龙头企业，促进我国产业迈向全球价值链中高端。然后，新技术新业态正加速向传统产业各个领域渗透融合，将推动工业领域的质量变革、效率变革和动力变革，提高工业全要素生产率。

工业发展质量效益将稳步提升。一方面，宏观经济将保持稳中有进，市场需求回暖对工业生产形成稳定的带动作用。另一方面，"放管服"改革、降成本政策将继续推进落实，新旧动能转换将加速推进等都有助于增强企业活力和创新动力、提高企业生产效率。此外，随着去产能的深入推进，产品供需将达到新的均衡，工业品价格涨幅将回落调整，企业利润增速也会小幅调整。综合看，工业企业利润涨幅可能会放缓，但发展质量会继续稳步提升。

工业投资增速有望企稳回升。一是促投资政策密集出台，将进一步优化投资环境，引导社会资本向工业聚集，带动民间投资增长。二是新兴产业投资快速扩张和传统产业技术改造将带动制造业投资企稳回升。此外，美国等发达国家正积极推进税制改革吸引制造业回流，增加我国工业投资不确定性。综合看，2018 年我国工业投资增速有望企稳回升，预计增长 3.5%—4.5%。

工业品消费继续稳中向好。受小排量汽车购置税优惠取消、传统燃油车退出时间表和"双积分"政策、房地产限售限购限贷政策等影响，汽车、石油及制品、家具家电、建筑及装潢材料等传统消费将稳中趋缓。但信息消费、绿色消费、时尚消费、品质消费等加速兴起，不断释放新的消费潜力。预计 2018 年我国工业品消费将继续稳中向好，社会消费品零售总额增长 10% 左右。

工业企业出口将继续回暖。全球经济复苏、"一带一路"和自贸区战略深入推进都将带动我国工业出口，但全球货币紧缩、贸易摩擦频发等一定程度会抑制我国出口。综合看，2018 年我国工业企业出口交货值将增长 7%—8%。

工业经济将在合理区间稳定运行。从供给侧看，互联网、大数据、人工智能等新技术和实体经济的融合将更加深入，新技术对传统产业的改造提升效应将加速释放，工业供给体系质量持续提升；从需求侧看，工业投资增速有望企稳回升、消费将稳中向好、出口将继续回暖，都将带动工业经济稳定增长。整体看，2018 年我国规上工业增加值增速将在 6%—7% 区间稳定运行。

二、需重点关注的问题

供给体系质量与消费升级需求不匹配，加剧结构性供需失衡。一是高质量、高附加值产品的供给能力不足。2010年以来，我国稳居全球制造业产出第一大国，有100多种消费品产量居全球首位；但我国却是高端消费品进口大国，2016年我国消费者奢侈品消费有77%发生在境外，"弱品质"成为我国高端购买力严重外流的主要因素。二是自主品牌建设明显滞后。在2017年"全球机械500强"榜单中，我国大陆共有89家机械企业入选，低于美国的140家和日本的105家，我国机械领域品牌与世界级品牌仍有较大差距。我国品质品牌建设明显滞后于经济发展，有效供给难以满足消费升级需要，长此以往，将导致高端消费外流，制约产业转型升级，加剧结构性供需失衡矛盾。

新技术对传统产业的渗透融合不深入，拖累工业新旧动能转换进程。一是工业互联网基础设施薄弱导致新产业新技术对传统工业企业的改造提升效应不能充分释放。2015年以来，互联网技术在出行、旅游、餐饮、金融等领域释放巨大新动能，但与工业经济的融合程度还亟待提升。这主要是由于我国工业企业设备数字化率、数字化设备联网率等偏低，制约了互联网、大数据、人工智能等新一代信息技术以及共享经济、网络化协同、个性化定制等新业态新模式在工业领域的创新应用。二是工业企业智能制造理念没有落地生根导致智能化设备利用率不高、效果不明显。在智能改造提升过程中，工业企业或者简单地用机器把人换掉，未能结合行业特点进行智能化方案设计；或者脱离实际需求、盲目追求智能化设备一步到位，缺乏相应专业技术人员培训，没有很好地运用智能化技术来优化生产流程和提升生产效率。

工业领域民间投资意愿不强烈，影响工业经济发展后劲。一是工业领域民间投资吸引力和活力都远不及其他领域。2013年以来（2016年除外），工业民间投资占民间投资总额比重逐年下降且下降幅度有扩大趋势，增速持续低于民间投资总额且差距明显扩大。这表明工业民间投资回落更为明显，吸引力和活力都远不及其他领域。二是民间投资依然是工业投资的重要支撑。2013年以来（2016年除外），工业民间投资占工业投资比重逐年提高，但提高幅度有所放缓；增速持续高于工业投资增速，但领先幅度明显收窄。表明民间投资仍然是支撑工业投资增长的最重要来源。综合看，如果工业民间投资增速不能企稳回升，工业投资增速也很难企稳，工业发展后劲堪忧。

三、对策建议

从质量创新、品牌提升、智能制造等方面入手切实提高供给体系质量。一是强化质量创新意识。鼓励企业快速适应和引导消费升级新趋势，支持提升生产技术、工艺装备、能效环保、质量安全等水平。二是支持开展质量品牌提升行动。加强质量政策引导和质量环境建设，支持企业培育自主品牌，努力提升品种的多样性、品质的可靠性、品牌的高端性。三是推广实施智能制造模式。鼓励制造企业提升制造过程、制造装备和终端产品的智能化水平，不断满足用户个性化、定制化需求。

通过智能化改造、打造智能制造产业生态系统等切实提升企业生产效率，提高传统产业竞争力。一是鼓励地方政府通过咨询服务、交流合作、技术培训等方式加强对企业信息化、智能化、自动化改造的指导和引导，切实提升生产效率，探索产业发展新模式。二是加快培育一批既掌握核心技术，又具备丰富行业经验和实战能力的第三方系统解决方案商，为传统制造企业提供战略咨询、实施方案、关键装备、核心软件、数据集成等一站式服务，打造智能制造产业生态系统，提高传统产业与新兴产业融合度。

从深化产融合作、聚焦中小企业、加强国际合作等方面着手，激发企业投资活力。一是推进产融合作。发挥工业转型升级（中国制造 2025）资金和各类产业发展基金作用，合理引导社会资本向制造业关键领域的产业倾斜，深入推进落实投融资体制改革，创新金融支持产业发展模式，助推实体经济与金融业良性互动。二是聚焦中小企业发展需求。通过多元化的金融产品和服务，为企业提供较低成本的信贷支持，鼓励中小企业通过股权交易中心融资。三是加强国际合作。借全面推广市场准入负面清单制度之机，进一步创新外商投资管理体制，加强工业领域国际合作，吸引外商来华进行制造业投资。

通过深入落实区域协调发展战略、抓住国际国内产业转移机遇、构建区域产业创新体系等实现错位布局，推进区域协同发展。一是贯彻落实区域协调发展战略，充分释放"一带一路""京津冀协同发展""长江经济带发展"三大战略的政策红利，稳步推动区域协同发展。二是抓住国际国内产业转移机遇，重点推进中西部地区制造业转型升级，错位发展新兴产业的配套产业链环节，逐步形成全产业链的聚集，提高制造业整体水平。三是构建区域产业创新体系，培育世界级先进制造业集群。通过政府、企业、大学、科研院所和创新中介服务机构的配合，建立产业创新生态系统，促进资源在区域内、区域间的有效流动，实现发达地区带动欠发达地区、先进制造业带动传统制造业、大型龙头企业带动中小企业协同发展。

第八章　全国工业发展新动能新业态专题分析

培育壮大工业发展新动能新业态是贯彻落实新发展理念、全面建成小康社会的战略选择，也是推进供给侧结构性改革、加快产业转型升级的现实需要。当前，全国各省市在发展培育工业新动能新业态方面热情高涨，如大力发展共享经济业态，以"互联网＋"形式，推动在工业领域的应用，再如各地争先上马新能源汽车项目，但仍需冷静思考、合理布局、科学发展，避免可能出现的过剩产能，加快新业态与传统产业深度融合，加快工业新动能领域的培育，推动工业新业态健康发展。

第一节　部分省市培育发展工业新动能的做法与启示

一、主要做法

创新驱动，通过实施智能制造应用示范项目、建设科创中心、升级创业创新服务来加快产业创新的速度。部分省市聚焦产业创新提升经济竞争力的关键环节，重点推进智能制造应用示范项目、打造制造业科创中心，同时提高政府服务的能力和水平。如北京市组织实施数字化车间、智能工厂、京津冀联网等智能制造应用示范项目，打造智能制造标杆企业。上海市以打造智能网联汽车制造业创新中心为龙头加快建设全球科创中心。浙江省分领域培育发展新兴产业，对于基础好的信息、环保、高端装备等产业，主要以集群形式加以培育；对于有前景的集成电路、柔性电子、增材制造等产业，在科技、金融、人才等方面全力扶持。江苏省组建以研发型企业为主体的产学研协同创新共同体，打通科教资源优势向创新优势转化的"最后一公里"。安徽省正在围绕构建技术和产业、平台和企业、金融和资本、制度和政策四大创新发展支撑体系，面向新材料、电子信息、工业机器人等新兴产业，加快组织一批产业技术创新联盟，培育创建制造业创新中心。河北省在钢铁、汽车、光伏、机器人、电子信息、尾矿等领域组建一批产业创新联盟。

融合驱动，通过推动技术、产业、产城、军民融合等发展来加深产业融合深度。不少省市明确融合发展是制造业新旧动能接续转换的方向和趋势，重点从技术融合、产业融合、产城融合、军民融合等方面推动新型制造模式加快发展。如天津市开展制造业与互联网融合发展试点示范，建立一批工业电子商务平台助力工业转型升级，并启动了京津冀大数据协同处理中心建设。河北省推进与中关村、滨海新区合作园区建设，打造产学研结合的跨京津冀科技创新园区链，构建"京津研发＋河北转化"的模式。山东省从产服融合、产网融合、产城融合、产融融合、军民融合五个方面着力推动产业跨界融合，挖掘新的经济增长点，催生一批新产业、新业态、新模式。广东省则注重从制造业与互联网融合方面，创建国家级珠三角制造业与互联网融合发展示范城市带，打造20个左右的工业互联网应用创新标准示范项目并大力推广。

开放驱动，通过推进数据资源开放共享、区域经济统筹协同、企业"走出去"来拓宽产业开放的广度。开放是新制造业发展的必由之路，现代制造业发展需要相关行业的技术融合、工艺融合以及材料改进等措施，只有实施全行业、全产业链开放融合，共享人才、数据、技术以及生产工艺、材料等数据资源，才能找到产品的升级方向与目标，才能增强全社会制造业的转换动力。各地在区域范围内都进行了相应的改革，好多省份建议从国家层面实施统筹协调。如北京市深入落实京津冀协同发展规划纲要，推进城市副中心、"4＋N"共建产业园区建设。上海市加强产业规划和空间布局统筹，建立重大科技成果跨区域转化的市级协调机制，并依托产业园区、功能性载体搭建产业项目及资源的信息集成和供需对接平台。江苏省则依托省信息中心建立省大数据资源管理中心，整合构建横向互联、纵向贯通、安全可靠的统一数据共享交换平台。贵州省面向全球优强企业点对点"走出去"，并通过举办数博会、民博会、酒博会等展会介绍本省发展成果。

聚集驱动，通过培育发展优势产业链、打造产业集聚区、建设集群发展产业体系来提高产业聚集的精度。不少省市积极规划，将工业园区打造成特色产业聚集区，以发挥聚集效应，加快构建原材料工业上下游聚集发展、集群发展的产业体系，提高资源精深加工的比重。如山东省以齐鲁软件园和青岛软件园这两个国家级软件园为载体，培育全省大数据产业集聚区。海南省围绕"海澄文一体化经济圈"和"大三亚旅游经济圈"布局新型工业和信息产业园区。福建省突出规划定位实施工业园区改造提升工程，推动工业园区产业链建链、强链、补链，促进产业聚集发展，全省已形成 9 个千亿级产业聚集群。贵州省逐一梳理重点产业链图，结合产业指导目录，编制强基补链、招商引资工作方案。京津冀和长三角、珠三角也都积极推进产业聚集的园区建设，使制造业的聚集效应初步发挥了作用。

绿色驱动，通过改造提升传统产业、培育壮大新兴产业来加大产业绿色制造力度。发展绿色制造已在全国范围内形成了高度的共识，以绿色制造为导向的转型升级已进入了大规模的实施阶段。如云南省积极推进钢铁、有色、化工、建材等传统产业生产工艺绿色化升级和能源消费系统节能低碳改造。江西省积极培育绿色园区、绿色工厂、节能环保产业基地、清洁化园区、清洁生产企业，加快建设区市、规上企业全覆盖工业能耗在线监测平台。河北省从企业、园区、行业、区域间链接共生和协同利用入手，提高资源利用效率，促使钢铁、建材、化工等行业链式发展。河南省强化产品全生命周期绿色管理，加快推进高污染企业循环发展和综合利用。全国各地都在下大力气去除落后产能，努力为新制造业发展腾出空间。

二、启示建议

出台国家战略层面的总体指导意见，防止出现新的重复建设和产能过剩现象。完成我国制造业的转型升级，必须有全国一盘棋的总规划，有必要加强对全国各工业聚集区的统筹协调，在全国范围内根据各地产业园区和科创中心的建设情况，进行区域指导性规划，并在资金、政策上予以扶持。建议从产业共建角度，支持在高端装备制造具备一定基础的落后地区与发达地区、央企等加强产业共建；完善区域合作与协同发展机制，支持省（区）毗邻地区探索合作新模式，规划共建产业合作园区；以制造业创新中心为抓手和平台，进一步加强对政产学研用协同创新的统筹谋划推进，以产业统筹规划引领经济转型升级。

建设全国企业信息服务平台，打造为企业提供一站式服务的场所。在探索建立企业服务平台方面，国家可充分发挥职能作用和资源优势，增加信息的收集渠道，为企业提供一个信息获取与交换、技术交流与交易的平台。建议由政府主导建设一个宽领域、多功能的企业信息服务平台，使企业能及时了解包括产品准入和退出制度、同行业生产技术和工艺水平、产品的市场价格走向以及行业人才信息、科研动态等信息，同时，平台还可进行一些企业所需的其他服务功能。

开通高校、科研院所、企业之间的人才直通渠道，充分发挥现有科技人才的潜力作用。

培育新动能需要加快相关领域的改革，促进新生产要素的合理流动。要营造一个有利于人才发展的良好环境，充分发挥其放大社会生产力的乘数效应。国家可尝试在政策上允许科技人才在高校、科研院所、企业间共享共用，允许科技人才在多地兼职工作，激发其创新创造的活力，让他们的专业才能充分为经济建设、科技进步和人才培养作出贡献。

建立产品的市场准入和淘汰制度，促使企业技术改造常态化。在"更加包容和鼓励创新"的治理理念指导下，应放宽对新兴经济领域的政策限制，对新技术、新产业、新业态、新模式，不急于纳入负面清单管理，将优惠政策由备案管理和事前审批逐渐向加强事中事后监管转变，探索建立包容审慎的管理制度。一方面，对于新产品的研发与投放市场给予政策上的支持；另一方面，对于落后的产品要及时制定淘汰计划和退出时间，让落后产品为新产品让出市场空间和生产资源。

完善产品用户评价制度，使用户更好地参与到产品制造过程之中。在大规模制造向个性化定制转型的背景下，未来将是一个"人人制造"的时代。自动化生产与用户个性化定制结合，不是简单的自动化改造，而是自动化需求与用户数据相连。建议在企业信息服务平台上开辟用户评价栏，让用户对产品的质量做出动态评价，对产品的使用功能提出改进意见，设立用户评价奖，以鼓励社会大众对新型制造业的参与热情，实现用户更好地参与产品的制造过程。

注重对小微企业的管理与服务，促进小商品的升级换代。从各地的发展态势来看，大部分地方把注意力放在了对重大项目的扶持与帮助上，而对大部分分散式的小微企业仍缺乏关注。小微企业生产的绝大多数产品是市场上十分需求的，也是较适合小规模生产的产品，这些产品也需要不断地升级提高。建议各级政府也可以开辟一些适合小微企业发展的工业园区，从人才、资金、技术等方面对它们实施帮助，推动小商品制造业的升级换代。

第二节　加快解决我国工业新动能培育面临的五大瓶颈

一、五大突出瓶颈

内涵认识理解不足，难以有效指导地方实践。目前地方对新动能存在三个认识误区：一是错误理解新动能，将培育新动能等同于发展服务业，脱离当地经济发展阶段，过度发展服务业、过早"去工业化"，造成经济"脱实向虚"现象凸显。二是片面理解新动能，将新兴产业都视同为新动能，有时候一哄而上、大力扶持的其实是新兴产业的低端环节，忽视了在高端环节和核心技术上的攻关突破。三是狭隘理解新动能，将新兴产业与传统产业完全割裂，忽略了用新技术新业态改造提升传统产业的巨大潜能。

前沿技术储备不足，难以形成新的动力源。一是我国在新一代信息技术、智能制造、新能源、新材料等领域，与发达国家仍存在技术"代差"。例如在被誉为"新材料之王"的石墨烯领域，自 2011 年起我国的论文发表与专利申请数量已居全球第一，但在关键基础性技术方面尚未获得实质性突破，难以形成产业化的有力支撑。二是"产学研用"体制不通畅导致前沿产品研发与市场需求脱节。类似 3D 打印、人工智能等一些新技术虽得到资本追捧，但与下游应用脱节，产业化、市场化过程被拉长，导致"虚火过旺"，难以在短期内成为助推经济发展新的动力源。

新兴市场培育不足，难以形成新的增长空间。一是对新兴市场的重视、培育以及引导不足，未能及时有效地挖掘潜在市场规模以支撑新动能增长，忽视了新兴技术成熟及创新型商业模式大规模推广必然带来相关市场的巨量需求。如近年来我国电商及快递业快速增长，2016年电商交易额达20万亿元、产生约300亿个快递包裹，高效快捷的货物运输必然带动货运大飞机巨大需求。但我国在全力推进客运国产大飞机，忽略了技术难度较低的货运大飞机研发生产，导致该市场仍被国外厂商占据。二是受制于传统发展思维及相关资源管制约束，我国在新兴市场培育方面还存在一定体制机制障碍。如在通用航空及无人机领域，领空管制及军转民技术转化等限制了这些新兴市场容量的进一步扩大。

新旧产业融合不足，难以有效释放发展动能。一是新兴产业对传统制造企业的改造提升效应不能充分释放。我国制造企业信息化基础较差、智能装备系统集成能力薄弱、数据开发应用能力不足等制约了以互联网为代表的新一代信息技术在生产流程、商业模式等方面的应用。二是制造企业没有充分整合利用智能化设备和技术。在智能改造提升过程中，制造企业或者简单地用机器把人换掉，或者脱离实际需求、盲目追求智能化设备一步到位，都没有很好地运用智能化技术来优化生产流程和提升生产效率。

创新要素流通不足，难以激发新的增长活力。一是创新发展所急需的跨界复合人才和应用型人才由于受户籍、编制等制约，不能在科研机构和企业之间自由流动，制约"产学研用"一体化进程。二是政府部门采集的居民和企业等数据准确度和含金量较高，但出于信息安全等考虑，对大数据公司等新经济的市场化开放程度有限，不能充分释放市场潜能。三是资金"脱实向虚"，支持新动能发展的投资资金严重不足，难以激发市场活力。

二、对策建议

规范认识，提高指导各地新动能发展政策的可操作性。一是积极落实《国务院办公厅关于创新管理优化服务培育壮大经济发展新动能加快新旧动能接续转换的意见》，尽快出台相关实施细则，从国家层面规范对"新动能"的认识。二是指导各地客观评价所处工业化发展阶段，因地制宜确定主导产业和发展方向，充分发挥新动能对稳增长优结构化风险的重要作用。三是尽快建立工业领域新旧动能转换监测评估体系，科学客观评价全国各地新动能发展情况；提炼先行地区动能转换经验，指导各地动能培育实践。

有的放矢，在若干前沿创新技术领域寻求突破。一是有效识别可引领产业革命、培育新动能的技术领域，针对那些已进入概念导入期、产业化突破前期的颠覆性创新技术领域，国家可通过设立相应新兴产业发展专项计划和专项研发基金等形式，加快制造业创新中心建设步伐，如建设以石墨烯为代表的新材料创新中心。二是加强对基础性、交叉学科前沿技术领域的持续跟踪研究，并引导社会资金投入前沿技术的商业化应用研发。加快制定正确的技术路线和标准、应用标准等技术标准规范体系，并着力打通现有技术储备的应用环节，加快新兴技术商业化应用推广进程。

有效引导，充分挖掘并快速壮大新兴市场规模。一是结合我国庞大的人口、产业规模，充分挖掘新兴市场需求并加强对相关产业的规划引导，如重点跟踪共享经济、数字经济等领域，规范引导龙头企业做大做强，塑造高质量产品生产供应能力，快速形成有效市场供给并构建上下游一体化的产业链条。二是加强对新兴行业的跨领域监管体制机制创新，研究制定促进新兴市场进一步开放的管理方法，如适当放开低空管制以促进通用航空市场发展壮大。同时，鼓励和引导社会资本进入新兴产业领域，利用 PPP 等模式引入发展新动能，充分发挥市场导向型的需求培育。

深度融合，充分利用新技术改造提升传统产业。一是鼓励地方政府通过咨询、交流、培训等方式加强对企业智能化自动化改造的指导和引导，建议中小企业量力而行，从相对成熟的技术开始，从亟待升级改造的部位入手，逐步深化；建议资金雄厚的大型企业紧密结合自身需求，放弃盲目攀比，步步为营，深化应用。二是大力培育一批既掌握核心技术，又具备丰富行业经验和实战能力的系统解决方案商，为传统制造企业提供战略咨询、实施方案、关键装备、核心软件、数据集成等一站式服务，打造智能制造产业生态系统，提高传统产业与新兴产业融合度。

加速改革，营造促进要素流通的良好政策环境。一是在户籍或居住证等方面为新兴经济领域人才提供便利，鼓励国有企业在人力资源管理方面进行创客化、平台化改造，促进人才自由流动。二是建立和完善公共数据资源合理适度开放共享制度，打通数据封锁和信息孤岛；科学规范利用大数据，切实保障数据安全。三是充分发挥国家新兴产业创业投资引导基金的带动作用，吸引更多社会资本支持新经济、新技术、新产业发展。

第三节　有效摆脱我国共享经济的"三带"困境

一、重识共享经济

共享经济的"闲置性"。共享经济本质是利用互联网等新一代信息技术，构建双向选择机制，为供需双方搭建租、借等共享经济平台，将线下闲置的物品或个体整合起来，提供自由匹配的可能性，实现物品与服务"所有权"与"使用权"分离，推动海量、分散化的闲置资源在时间与空间上实现优化配置，加速在研发、设计、生产、销售、服务等各个环节注入"分享"因子，满足多样化生产与生活需求，提高资源利用效率的一种新型经济形态。

共享单车本质并不是闲置物品或闲置资源，而是摩拜、ofo等共享单车经营主体以解决消费者短途出行问题为切入点，锚定打车软件和公共交通"盲点"，有意识购买并经营消费者所需单车，提供基于移动互联网的新型交通出行方式，破解 消费者"最后一公里"接驳"痛点"，将城市交通的开环模式架构成"骑—乘—骑"闭环模式，是基于移动互联网的"租赁经济"新业态。

共享经济的"平台性"。共享经济旨在以"平台＋个人"替代"公司＋员工"模式，即共享经济供给方实质是独立劳动个体而非隶属于商业组织，能够摆脱既有制度束缚，基于兴趣爱好最大限度地发挥能力与才华，根据个人需求灵活调节市场供给，更倾向于供给非标准化的产品与服务，增加供给多样化、个性化、创意性服务或产品，甚至提供独特、无可替代的体验，挖掘市场消费亮点并将其做新、做深、做广，放大个人特有品牌价值，掀起新消费风尚。

摩拜、ofo等共享单车出资方是拥有大量固定资产的商业组织，其自身就是依附于某个特定的企业或机构的供给方，而非个人或是为供需双方提供"撮合交易"的共享经济平台，毋庸置疑要受限于既有制度束缚，迎合消费者交通出行偏好，最大化配置自身要素资源。此外，虽然共享单车给消费者带来前所未有体验乐趣，具有一定个性化与创意性，但这只是作为新兴业态开拓市场理应具备的特质。

共享经济的"共益性"。共享经济主要是实现闲置资源"共益化"，即通过服务创新及变革反作用于实体经济，促使产业上下游通过传导机制优化产业结构，找准创造差异化服务核心所在，创造出各自诸如性价比、用户体验等差异化价值，往往能够提供低于企业同类或同质商品与服务的价格，使需求方相对受益同时能够在需要时刻被满足，极大降低实体经济运营维护成本，同时满足消费者独特需求，实现不在于拥有但可以使用的新生产或生活模式。

共享单车经营主体则通过精准把脉消费者偏好，借势产业发展空窗期，突破共享单车车身及智能锁等技术瓶颈，吸引互联网巨头、跨界创业者、VC风投等纷纷入局，投入大量人力、财力与物力，抢占通勤车销售等产业链末端市场，以单次租用方式向消费者提供有偿服务，通过按次收取费用等单边交易模式，以及"要使用先交押金"的押金金融模式，赚取市场利润。

简言之，共享经济内涵紧扣资源闲置性，通过运作方式平台化，重在"分享"与"共益化"，而共享单车重在借助信息技术，对原有经营模式的更新，实质上是"租赁经济"或租赁经营的升级版，并非共享经济。随着新一代信息技术超加速发展，共享经济除了有"共享"单车混淆视听的概念争议外，其自身在发展过程中也仍面临诸多的问题和挑战。

二、共享经济"三带"困境

产业配套"缺失带"。共享经济颠覆传统企业模式、商业模式、生产与消费模式等，导致无论是现有产业链还是包括基础设施、制度体制等产业配套都供给不足，尚不能完全满足其发展需要。比如，基础设施方面，存在移动Wi-Fi资源、能源并网等覆盖范围有限及不完善问题；制度方面，存在如何强化共享经济准入机制，构建供需双方信用惩戒机制，以及针对共享经济平台应该征什么税、个体参与者除共享经济平台抽成外，如何缴纳个人所得税等问题，这都是确保共享经济有序发展的关键所在。

权益保障"空白带"。共享经济供需双方均为陌生个体，不存在企业实力背书，需要凭借良好信任体系有效实现关联体之间分享、合作以及互助，通过身份证信息验证、社交账号登录、保险赔付等多种技术与制度创新构建信息体系，实施交易诚信约束。毋庸置疑，共享经济当前信息数据约束范围有限，导致交易诚信约束力弱化，面临如何保障诸如联系方式、目的地、支付信息等涉及隐私和信息安全的消费者权益问题，以及如何保障脱离社会保障安全网、处于非传统雇佣劳动关系的隐性就业和自由职业者的权益问题。

监管体系"灰色带"。共享经济具有典型的网络化、跨区域、跨行业等特点，而当前基于工业经济建立的集权、层级管理、事前审批与准入等经济社会管理制度已经难以规范并引导共享经济实现有序可持续发展，难以应对共享经济模式创新所导致的信息安全等监管，难以处理共享经济主体与传统行业主体之间经济纠纷等问题。特别是，共享经济低门槛准入，有可能形成非专业人员大量涌入的供给者"蓄水池"，同时出现许多游走于监管灰色地带的新兴业态，导致诸多安全监管模糊地带，甚至出现真空地带。

三、对策建议

完善产业配套体系，打造强劲"支撑区"。加快制定与"工业云"相关的标准和规范条例，加大"工业云"关键技术攻关力度，积极探索发展"工业云"新型网络化制造服务模式，建立"工业云"评估服务体系，打造"工业云"示范基地，拓展大数据、云计算等产业链条，促进产业链间信息流、业务流、资金流共享，实现集研发、设计、生产、制造、销售、使用于一体的全生命周期的资源与服务，有机融合新动能培育和传统动能改造提升。

加大移动互联网、物流体系、能源网等共享经济基础设施及平台建设力度。培育新动能、发展新经济，释放碎片化时间与闲置资产价值，实现闲置资源社会化再利用，促进用户需求个性化配置，加快"以买为主"向"以租为主"转变步伐，全方位打造开放、包容、共赢共享经济产业生态圈，力争为用户提供多样、精准、高效的产品与服务。

深度剖析共享经济的盈利模式与收益来源，对共享经济征收低于6%现代服务业增值税，同时由共享经济平台统一代扣代缴个人所得税，确保"有利必有税"同时促进集约低碳经济加快发展。此外，积极创新发展与共享经济相匹配的众筹、供应链金融、网贷、相互保险、财富管理等共享金融模式，为共享经济有序发展提供融资支持。

健全权益保障机制，构建安稳"保障区"。积极加快企业信用代码推广实施步伐，培育第三方专业化信用服务机构，实时追踪分析共享网上用户点评及交易效果评价等信息数据，构建用户信用评级系统，逐步逐层建立一个能够覆盖较大范围的"诚信指数"体系，叠加共享经济线上线下力量，跨越信用缺失障碍，有序规范市场竞争秩序，发挥市场筛选功能，确保供需双方权益。

基于共享经济特性，积极调整社会保障、养老保险、医疗保险、失业保险等制度体系，建立适应共享经济发展要求的社会保障和福利制度，为大多数共享经济隐性就业者和"自由"从业者提供社会保障"安全网"，加大供需双方权益保护力度。

加强监管体系建设，锻造坚韧"防控区"。把脉共享经济发展存在的监管问题，审慎研究共享经济行业准入门槛，加大事前、事中、事后监管力度，提高审慎监管、底线监管、协同监管水平，适度调整或清除传统限制式管理模式，适时清理旧规则，建立新监管体系，加快制定规范诸如"共享停车"等共享经济发展的法律法规及标准体系等政策文件，提升精细化管理水平，发挥对行业准入、税收征缴、就业等方面的指导规范作用，促进从事共享经济的平台企业或个人在法律法规允许范围内规范发展，促使共享经济与传统经济公平竞争，为经济发展注入新动能，同时促进旧动能提质增效。

针对共享经济发展不同阶段及不同行业特性，研究制定动态监管条例，特别要基于大数据、互联网、云计算等高新技术，构建新型数据实时收集机制，重点加强个人及企业信用记录、违法失信行为等数据收集与分析工作，加大涉及风险预警等信息资源在线披露和共享，同时加强对共享经济平台用户隐私和数据安全保护，实现监管信息的快速、直接、透明，旨在为共享经济发展新兴业态创造宽松、公平、透明的市场竞争环境，架构促进新旧动能二者合理、有效、快速切换的体制机制。

推动真正模式发展，缔造有效"试点区"。紧抓共享经济所具备的闲置资源配置等基本特性，理清共享经济范畴，积极推广诸如"共享停车"等彰显闲置资源"共益化"的共享经济模式，而不要"胡子眉毛一把抓"，将共享单车、共享汽车等新业态均囊括到共享经济范畴之内，导致产业发展"混沌化"，进而抑制共享经济发展的活力与潜力。

积极挖掘共享经济模式发展的有效经验，及时总结归纳，实施"成熟一个、推广实施一个"，适时促使有条件的地区将共享经济纳入区域内现代服务业综合改革试点，建设共享经济实验室，培育共享经济平台，促使服务业与制造业通过共享经济实现互通有无，以新商业模式加速新旧动能接续转换。

第四节　加快破解我国电动汽车"换电"难题

一、"换电模式"的发展障碍

目前，我国电动汽车能源供给方式主要以充电桩"充电模式"为主，据统计，截至 2016 年底，我国已建成公共充电桩 14 万个，其中，快充桩 3.8 万个，逐步形成广告、金融、租赁、消费大数据等商业模式共存的充电运营网络。相比之下，"换电模式"发展相对较慢，且主要集中在公交、出租等营运领域。在公交领域，自 2008 年北京采用"换电 + 电池租赁"运营以来，南京、青岛、天津、合肥等地相继出现"换电模式"电动公交车，由公交公司采购整车，第三方（如国家电网）提供电池租赁服务。在出租（网约车）领域，北汽新能源、重庆力帆等企业在北京、广州、重庆、厦门、杭州等地投入运营，截至 2016 年底，在北京，北汽新能源投入运营 2000 台 EU220 换电出租车和 50 座换电站；在杭州，时空电动公司"蓝色大道"项目已累计投放超过 2000 辆换电式网约车。相比充电桩"充电模式"，"换电模式"具有诸多优势，如节省充电时间、降低电费成本、延长电池管理寿命等，但电动汽车"换电模式"一直难以大面积推广，主要存在以下障碍：

一是应用场景限制高，需找到适用领域和模式。相对于普通燃油车和"充电模式"电动车，"换电模式"电动车行驶线路和地理范围，严格受电池行驶里程、营运形式、换电站位置等条件限制，要求用户行驶习惯相对固定。目前，"换电模式"在营运领域的适用程度较高，例如，公交车等点对点运营车辆的工作时间、行驶距离、能量消耗相对容易预测；城市出租车运营范围既定，2—3 分钟完成电池更换可节省出更多运营时间。

二是行业间协调难度大，需打破原有产业链分工协作和利益分配格局。"换电模式"彻底打破电力、电池、主机厂（汽车制造）等企业的产业链分工，要求从传统的"电池厂主机厂用户电力供应商"单向产业链条，转向"以电池服务运营商为核心，电池厂、整车厂等企业为配套，电池服务运营商直接面对用户"的立体产业链条。新的产业分工提高了行业的不确定性，例如，2011 年国家电网确定了"换电为主、插电为辅、集中充电、统一配送"电动汽车充换电商业模式，统一电池、车辆等技术标准，而上下游企业则疑虑电网企业形成行业垄断，将挤压主机厂和电池企业的利润空间，导致电网企业主导的换电模式运营效果不佳。

三是充电设施投资金额大，需高成本投入。据统计，一个电动汽车充电站的设备投入成本在 300 万—500 万元，而建设用于换电运营的集中型充电站，设备费用在充电站 2 倍以上（包括电池转运箱、大型充电设备、机械悬臂等辅助设备），其中还未包含备用电池购置费用（经调研，一辆电动汽车需配备 1.7 块电池才能满足周转）。而且，集中型充电站的占地面积比一般充电站（桩）更大。如杭州一个换电站的建造成本约 2000 万元。此外，换电站同时在充电池数量多，相应提高了电网负荷、安全生产等方面的级别和要求，拉高整体投资和运维成本。以浙江杭州万华换电站（时空电动）为例，共有 100 个电池位，按照每日可循环充满两块电池包、电费成本 15 元、换电收费 120 元计算，日均提供 200 次换电服务，最高日收入两万元，换电站理论年收入 700 万元，至少三年收回建造成本，其中还未包括人工工资、电池包购置费用等其他大额支出，实际投资回收期将大幅延长。

二、对策建议

政策扶持层面，开展电动汽车"换电模式"适用场景的项目试点和模式示范工作，完善财政补贴、相关标准制定工作。一是开展"换电模式"适用场景试点示范。总结各省市"换电模式"电动汽车应用案例，挖掘"换电模式"适用场景，例如，北京北汽新能源换电式出租车模式、杭州时空电动"蓝色大道"网约车模式、力帆集团换电模式分时租赁业务、浙江金华充换电组合公交运营模式等。由主管部门支持评选电动汽车"换电模式"应用项目，在场站建设、交通物流、汽车金融等方面试点，从而形成公交、出租、分时租赁、通勤班车、物流等领域可复制可推广的模式示范，逐步拓展运营场景，形成"换电模式"试点示范交流机制。二是完善相关扶持政策。现行各类扶持政策偏好"充电模式"，应落实对电动汽车"换电模式"相关补助政策，从当前公共充电补贴主要以"桩补"为主格局，转变为充、换电模式并重，引导地方政府给予"集中型充电站"电费补贴。同时，支持开展PPP模式、混合所有制等探索，鼓励物业、商场等运营方以经营场地等形式入股参与换电站和换电商业模式服务。三是加大相关技术及标准的研发和制定。加强国家重大科技专项、国家重点研发计划、国家科技成果转化引导基金等财政资金对关键共性部件的支持，重点研发换电式电动汽车、换电式电池、换电式充电站等核心技术，加大推广集装箱撬装式换电站等新型应用，制定动力电池规格标准和集中型充电站安全标准，建立相关行业规范标准。

主体培育层面，支持形成领军企业、专业服务公司和运营网络平台，完善上下游产业链。一是培育行业领军企业。采取贷款贴息、投资补助等方式，支持汽车、科技互联网公司来挖掘客运、货运、私人出行等不同群体需求，探索适合"换电模式"运营的商业项目，鼓励自营自建、融资租赁、委托第三方运营管理、承包加盟、合作运营等多种电动汽车换电模式。进一步完善《乘用车企业平均燃料消耗量与新能源汽车积分并行管理办法》（新能源汽车"双积分"制），推动传统汽车企业参与换电汽车车型的开发与销售，支持积分抵偿。二是培育产业链专业服务公司。完善产业配套，构建"换电模式"商业支撑体系，培育车辆维修、电池运维养护和配送、融资租赁、汽车消费金融等换电式电动汽车运营专业化公司。三是支持企业建立综合性运营平台。融合互联网、物联网、智能交通、大数据等信息技术，建立"换电模式"专业服务平台，推动实现电动汽车与智能电网间的能量和信息互动，围绕用户需求，实现充换电导航、换电预约等服务，拓展增值业务，提升用户体验。

影响篇

第九章　中美贸易情况及特朗普年度政策梳理

"与工业和通信业相关的国际贸易投资问题"是赛迪智库工经所的重点研究领域之一。近五年来，我们一直密切跟踪研究国际经贸投资规则、美国等国家贸易投资政策动向，积累了丰富研究成果，并对工信部相关司局提供了有力支撑，在对部支撑方面取得显著成效。2017 年研究成果丰硕，不仅向工信部提交数篇研究成果，而且多篇文章报送国办和中办，其中 2 篇更是获得国家领导人的批示。

2017 年 1 月 20 日，美国总统特朗普上台后出台一系列贸易、投资、减税、货币等对内对外政策，对外加速吸引制造业回流，采取贸易保护主义，对内依靠大规模投资，刺激经济发展。一年来，我们持续跟踪特朗普政策演变，及时、专业、深入地评估特朗普相关政策对我国工业和通信业的影响，形成一系列研究成果，本章是其中部分成果的节选。主要是对特朗普 2017 年制造业相关政策进行系统梳理，从中预判中美经贸关系的未来发展趋势，并提出未来我国从被动应对到主动突破的政策建议。

第一节　2017 年中美贸易情况概况

一、2017 年中美贸易整体情况

2017 年 1—11 月，中美贸易总值为 3.58 万亿元，增长 16.5%，占我国进出口总值的 14.2%。其中，我对美国出口 2.64 万亿元，增长 15.4%，占我国出口总值的 19.1%；自美国进口 0.94 万亿元，占我国进口总值的 8.3%，增长 19.6%；对美贸易顺差 1.7 万亿元，占我国贸易顺差的 66.8%，较 2016 年同期

增长了 18 个百分点。从数据中可以看出，美国是中国最大的贸易顺差来源地。

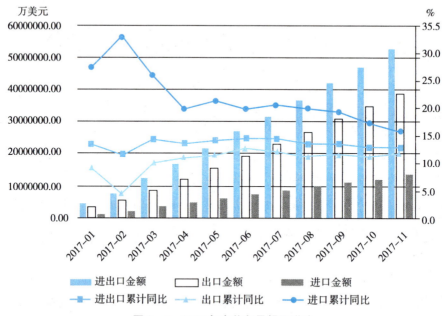

图 9 - 1　2017 年中美贸易额及增速

资料来源：海关总署，赛迪智库整理，2018 年 1 月。

二、中美分行业贸易情况

2017 年 11 月，工业品（HS 编码两位税号 05 - 98）出口 3825.1 亿美元，占对美总出口额的 98.3%。工业品进口 1192.9 亿美元，占自美总进口额的 86.5%。

分行业看，工业领域对美出口额排名比较靠前的行业为电子、轻工、装备等（见表 9 - 1）；自美进口额排名比较靠前的行业为电子、装备、汽车、矿产品等（见表 9 -2）。

表 9 - 1　2017 年 1—11 月对美出口额分行业排名

排名	HS 编码	产品类别	对美出口额（亿美元）
1	85	电机、电器、音像设备及其零附件	952.29
2	84	核反应堆、锅炉、机械器具及零件	834.93

续表

排名	HS 编码	产品类别	对美出口额（亿美元）
3	94	家具；寝具等；灯具；活动房	264.97
4	95	玩具、游戏或运动用品及其零附件	173.80
5	61	针织或钩编的服装及衣着附件	147.13
6	39	塑料及其制品	138.50
7	87	车辆及其零附件，但铁道车辆除外	137.93
8	62	非针织或非钩编的服装及衣着附件	128.11
9	64	鞋靴、护腿和类似品及其零件	108.63
10	73	钢铁制品	92.46
11	90	光学、照相、医疗等设备及零附件	87.73
12	63	其他纺织制品；成套物品；旧纺织品	73.23
13	29	有机化学品	65.58
14	42	皮革制品；旅行箱包；动物肠线制品	61.90
15	76	铝及其制品	33.68
16	44	木及木制品；木炭	33.14
17	71	珠宝、贵金属及制品；仿首饰；硬币	32.38
18	82	贱金属器具、利口器、餐具及零件	32.23
19	83	贱金属杂项制品	31.46
20	96	杂项制品	29.30
21	40	橡胶及其制品	28.89
22	86	铁道车辆；轨道装置；信号设备	28.66
23	48	纸及纸板；纸浆、纸或纸板制品	26.81
24	69	陶瓷产品	25.14
25	70	玻璃及其制品	24.73
26	67	加工羽毛及制品；人造花；人发制品	20.52
27	68	矿物材料的制品	19.00
28	88	航空器、航天器及其零件	11.96
29	33	精油及香膏；香料制品及化妆盥洗品	11.67
30	98	特殊交易品及未分类商品	11.58
31	49	印刷品；手稿、打字稿及设计图纸	11.46
32	30	药品	11.34

续表

排名	HS 编码	产品类别	对美出口额（亿美元）
33	28	无机化学品；贵金属等的化合物	11.27
34	27	矿物燃料、矿物油及其产品；沥青等	11.07
35	65	帽类及其零件	11.00
36	38	杂项化学产品	10.01
37	56	絮胎、毡呢及无纺织物；线绳制品等	6.13
38	54	化学纤维长丝	5.92
39	60	针织物及钩编织物	5.79
40	59	浸、包或层压织物；工业用纺织制品	5.71
41	72	钢铁	5.46
42	57	地毯及纺织材料的其他铺地制品	5.34
43	32	鞣料；着色料；涂料；油灰；墨水等	4.97
44	91	钟表及其零件	4.51
45	92	乐器及其零件、附件	4.39
46	66	雨伞、阳伞、手杖、坐登式手杖、鞭子及其零件	4.39
47	55	化学纤维短纤	4.13
48	74	铜及其制品	3.96
49	81	其他贱金属、金属陶瓷及其制品	3.67
50	58	特种机织物；簇绒织物；刺绣品等	3.32
51	34	洗涤剂、润滑剂、人造蜡、塑型膏等	3.14
52	25	盐；硫黄；土及石料；石灰及水泥等	3.13
53	46	稻草、秸秆、针茅或其他编结材料制品；篮筐及柳条编结品	2.94
54	35	蛋白类物质；改性淀粉；胶；酶	2.70
55	36	炸药，烟火；引火品；易燃材料制品	2.58
56	52	棉花	2.53
57	89	船舶及浮动结构体	1.09
58	31	肥料	1.01
59	93	武器、弹药及其零件、附件	0.76
60	43	毛皮、人造毛皮及其制品	0.46
61	97	艺术品、收藏品及古物	0.38
62	51	羊毛等动物毛；马毛纱线及其机织物	0.34
63	79	锌及其制品	0.34

排名	HS 编码	产品类别	对美出口额 （亿美元）
64	37	照相及电影用品	0.28
65	53	其他植物纤维；纸纱线及其机织物	0.26
66	75	镍及其制品	0.24
67	41	生皮（毛皮除外）及皮革	0.23
68	50	蚕丝	0.22
69	26	矿砂、矿渣及矿灰	0.15
70	47	木浆等纤维状纤维素浆；废纸及纸板	0.07
71	45	软木及软木制品	0.06
72	78	铅及其制品	0.01
73	80	锡及其制品	0.01

资料来源：海关总署，赛迪智库整理，2018 年 1 月。

表 9 - 2　2017 年 1—11 月自美进口额分行业排名

排名	HS 编码	产品类别	自美进口额 （亿美元）
1	85	电机、电器、音像设备及其零附件	160.08
2	84	核反应堆、锅炉、机械器具及零件	149.22
3	87	车辆及其零附件，但铁道车辆除外	137.69
4	88	航空器、航天器及其零件	120.92
5	90	光学、照相、医疗等设备及零附件	106.61
6	39	塑料及其制品	64.33
7	27	矿物燃料、矿物油及其产品；沥青等	61.96
8	71	珠宝、贵金属及制品；仿首饰；硬币	49.35
9	47	木浆等纤维状纤维素浆；废纸及纸板	40.95
10	29	有机化学品	32.86
11	30	药品	30.46
12	38	杂项化学产品	28.47
13	44	木及木制品；木炭	27.80
14	74	铜及其制品	14.60
15	26	矿砂、矿渣及矿灰	13.30
16	41	生皮（毛皮除外）及皮革	11.00
17	40	橡胶及其制品	10.78
18	76	铝及其制品	10.76
19	73	钢铁制品	10.64

续表

排名	HS 编码	产品类别	对美出口额（亿美元）
20	52	棉花	9.93
21	28	无机化学品；贵金属等的化合物	9.41
22	33	精油及香膏；香料制品及化妆盥洗品	8.16
23	34	洗涤剂、润滑剂、人造蜡、塑型膏等	8.04
24	70	玻璃及其制品	7.95
25	48	纸及纸板；纸浆、纸或纸板制品	7.91
26	98	特殊交易品及未分类商品	6.49
27	37	照相及电影用品	4.61
28	32	鞣料；着色料；涂料；油灰；墨水等	4.60
29	49	印刷品；手稿、打字稿及设计图纸	4.45
30	35	蛋白类物质；改性淀粉；胶；酶	4.44
31	72	钢铁	3.41
32	25	盐；硫黄；土及石料；石灰及水泥等	2.92
33	75	镍及其制品	2.76
34	81	其他贱金属、金属陶瓷及其制品	2.71
35	94	家具；寝具等；灯具；活动房	2.50
36	82	贱金属器具、利口器、餐具及零件	2.48
37	68	矿物材料的制品	2.35
38	55	化学纤维短纤	1.84
39	56	絮胎、毡呢及无纺织物；线绳制品等	1.65
40	95	玩具、游戏或运动用品及其零附件	1.57
41	83	贱金属杂项制品	1.54
42	54	化学纤维长丝	1.22
43	69	陶瓷产品	1.14
44	59	浸、包或层压织物；工业用纺织制品	1.08
45	64	鞋靴、护腿和类似品及其零件	0.93
46	96	杂项制品	0.86
47	36	炸药；烟火；引火品；易燃材料制品	0.54
48	43	毛皮、人造毛皮及其制品	0.40
49	86	铁道车辆；轨道装置；信号设备	0.36
50	89	船舶及浮动结构体	0.36

排名	HS 编码	产品类别	对美出口额（亿美元）
51	31	肥料	0.35
52	63	其他纺织制品；成套物品；旧纺织品	0.31
53	92	乐器及其零件、附件	0.23
54	79	锌及其制品	0.21
55	58	特种机织物；簇绒织物；刺绣品等	0.20
56	57	地毯及纺织材料的其他铺地制品	0.19
57	62	非针织或非钩编的服装及衣着附件	0.16
58	42	皮革制品；旅行箱包；动物肠线制品	0.16
59	51	羊毛等动物毛；马毛纱线及其机织物	0.15
60	60	针织物及钩编织物	0.12
61	97	艺术品、收藏品及古物	0.10
62	67	加工羽毛及制品；人造花；人发制品	0.09
63	61	针织或钩编的服装及衣着附件	0.09
64	65	帽类及其零件	0.04
65	80	锡及其制品	0.03
66	91	钟表及其零件	0.03
67	78	铅及其制品	0.02
68	93	武器、弹药及其零件、附件	0.01
69	46	稻草、秸秆、针茅或其他编结材料制品；篮筐及柳条编结品	0.004
70	45	软木及软木制品	0.003
71	53	其他植物纤维；纸纱线及其机织物	0.002
72	50	蚕丝	0.002
73	66	雨伞、阳伞、手杖、坐登式手杖、鞭子及其零件	0.002

资料来源：海关总署，赛迪智库整理，2018 年 1 月。

第二节　特朗普"美国优先"制造业相关政策评述

特朗普执政一年来，尽管相关政策与其竞选时的承诺有所出入，但整体上依然围绕"美国利益优先"来重振制造业和扩大就业机会。具体来看,特朗普主要从贸易、税收、投资等方面出台相关政策,对外加速吸引制造业回流,采取贸易保护主义,对内依靠大规模投资,刺激经济发展,不公平竞争调查将成为美对中的主要攻击手段之一。同时,鉴于我国制造业竞争优势依然存在,未来应进一步研究美重振制造业的相关影响及对策。

一、美国贸易谈判重点由多边转向双边,旨在实现美国利益最大化

一是全面挑战 WTO 自由贸易体制,意图不受约束地实施贸易保护主义。以 WTO 为代表的多边贸易投资体制是二战后在美欧等发达国家主导下建立的,自由贸易是 WTO 等多边贸易投资体制的原则和基石,但特朗普确打着公平贸易的旗号,反对并威胁退出 WTO。其在 2017 年 11 月 APEC 峰会明确指出,WTO 对美国不公平,中国等国家不遵守规则。2017 年 11 月 27 日,特朗普更是否决了 WTO 上诉机构上诉法官的任命,使得 WTO 全球贸易争端解决机制陷于冻结的边缘。

二是以 NAFTA 和美韩 FTA 重谈为契机,强迫主要贸易伙伴为"美国优先"让步。特朗普认为以 TPP 为代表的大型自由贸易协定是以美国提供过多全球公共产品为前提,故上任伊始即宣布退出 TPP,贸易谈判重心转向 NAF-TA 和韩美 FTA 等双边和区域贸易谈判。截至 2017 年 12 月,NAFTA 已经进行了五轮谈判,美国不仅主导制定高于 TPP 水平的国企、电信等规则,而且呈现出"美国利益优先"的典型特点。如美国为吸引和保护本土汽车制造业,创新性地将区域价值成分和美国价值成分相结合提出全新的 NAFTA 原产地规则。不仅大幅度提高汽车的区域价值成分(从 TPP 的 45% 提高到 85%,即三国产零部件占到整车 85% 以上才能享受关税减免),而且要求美国产零部件的比重达到 50% 以上,开创了区域贸易协定中单独强调国别价值成分的先河。

二、对华贸易政策全面升级,同时"围剿"我国传统产业和高精尖产业

一是"双反"和"232 调查"相结合,阻碍我国钢铁和铝等传统产业的全球出口。近年来,美国加大对我国钢铁和铝产品的"双反"力度和频率,

2017 年先后对我国不锈钢板带材、碳合金钢定尺板、铝箔、冷拔机械管、不锈钢法兰、锻钢件、胶合板、工具箱以及通用铝合金板决定发起"双反"调查或者作出肯定性裁决，裁定最高达 200% 以上的反倾销反补贴税率。尤其是 2017 年 11 月 28 日，美国商务部打破 25 年惯例，在没有国内产业申请的情况下，自主对中国产通用铝合金板发起"双反"调查，表明特朗普对华贸易战呈现升级态势。除了传统的"双反"调查，特朗普更是启动了历史上极少采用的"232 调查"，调查钢铁和铝制品进口对美国国家安全的影响。尽管"232 调查"并非专门针对我国，但彰显了其通过此举限制我国钢铁和铝等过剩产能产业全球出口的意图。

二是发起瞄准"中国制造 2025"的"301 调查"，遏制我国高端制造业做强做大。传统上，美国多采取"337 调查"来保护其进口贸易中的知识产权，美国海关可据此阻止侵犯其知识产权的产品及其上下游产品的进口。然而，特朗普于 2017 年 8 月授权美国贸易代表启动"301 调查"，对我国政府在技术转让、知识产权和创新方面的法律、政策和措施进行调查评估，将知识产权保护的平台从美国进口贸易拓展到中国产业政策，且一旦"301 调查"做出不利结论，受影响的将是我国所有行业。更重要的是，本次"301 调查"的实质是了限制我国通过"中国制造 2025"等战略举措实现从制造大国向制造强国的转变。近两年，美国商会等国外机构纷纷发声，质疑"中国制造 2025"利用国家力量大规模扶持先进制造业。美国商务部长罗斯于 2017 年 8 月 16 日在《金融时报》发表文章称，"通过'中国制造 2025'，中国计划在半导体、人工智能、无人驾驶汽车、生物医药等众多高技术领域成为领导者。盗窃美国知识产权、强迫美国企业技术转让是中国达到这一目标的途径之一。为此特朗普总统指示 USTR 发起 301 调查来保护美国创新是必要和正当的"。未来通过"337 调查""301 调查"、安全审查等手段遏制我国半导体、人工智能等高精尖产业发展已经纳入特朗普的政策考量。

三是明确表态我国为非市场经济国家，延续"替代国方法"对我国征收高额反倾销税。根据《中国加入世界贸易组织议定书》第 15 条，不论 WTO 成员方是否承认我国是市场经济国家，2016 年 12 月 11 日之后都应无条件终止采用"替代国方法"计算我国出口产品的正常价值。而美国和欧盟国家不想放弃这一压榨中国出口企业的利器，明确或者变相沿用此方法，重创我国相关优势产业。尽管我国于 2016 年 12 月 12 日将欧美这一做法诉诸 WTO 争端解决机制，但目前中美案件（DS515）仍处于磋商阶段，中欧案件（DS516）刚刚进入专家组听证环节，尚需至少两年时间才能有定论，从而给了美国加大对我国出口产品"双反"的时间窗口。2017 年 10 月 27 日，美国商务部公布对我国铝箔企业反倾销调查的初裁决定，拟对我国涉案企业征收 96.81%—162.24% 的高额反倾销税。与初裁决定同时发布的还有《中国非市场经济地位报告》，在该报告中，美国商务部用 200 多页的篇幅从六个维度论证我国仍然是一个非市场经济国家，因此在本案中继续使用"替代国方法"确定我国铝箔产品的正常价值，从而得出高额倾销幅度。2017 年 11 月，美国作为中欧案件（DS516）案件的第三方提交意见，明确表态不承认中国的市场经济地位，传达出强势信号。

三、加息、缩表和减税政策共振，吸引制造业回流

一是开启新一轮紧缩性货币政策，加速产业资本回流美国。继退出 QE 和加息两步骤后，2017 年 10 月，美联储宣布开始缩表。此举将巩固美元强势地位，促使大量产业资本流入美国，也大大增强特朗普大规模发行国债投资基础设施建设的资本实力。数据显示，上一次美联储缩表（2000 年），美国 FDI 净流入增长 11%。

二是通过大规模减税吸引制造业回流美国。2017 年 12 月 2 日，美国参议院通过《减税和就业法案》（以下简称《法案》），是美国 31 年来国会首次修改税法。《法案》将联邦企业所得税率从 35% 下调至 21%，将海外企业利润汇回税从目前的 35% 下降到 15.5%（其中，非流动资产的税率仅为 8%），并大幅度提高个税扣除额。21% 的企业所得税不仅低于欧盟国家 22.1% 的标准税率，而且也低于经合组织（OECD）国家 24.8% 的平均水平，在减轻美国企业负担的同时将大幅度刺激全球制造业回流美国；降低海外利润汇回税，吸引企业将海外收入带回美国，同时也可以大大提高其进一步发债的资本实力；降低个税则可以显著提升民众收入，大大刺激民众消费。尽管减税可能导致联邦财政赤字进一步扩大、公共债务水平继续上升，但美国通过回流制造业扩大税基、加息缩表吸引全球资金流入美国投资等手段有可能缓解财政

赤字问题。

四、特朗普"美国优先"重振制造业政策呈现新特征

一是主要驱动力不同，从企业自主决策到政府强力"引导"。奥巴马政府虽然大力主张制造业回流，但是自主权在企业，企业根据自身情况自主决策是否回美国投资。新一轮重振制造业的主要驱动力是政府强力"引导"。例如计划实施停止离岸法案，主张对在境外生产在美国销售产品的企业征收高关税，推行产业回归政策，"引导"企业在美本土投资生产。

二是覆盖领域不同，从高端制造业到传统制造业。奥巴马主张发展先进制造业，聚焦制造业的高端环节，意在强化对我国的低端锁定；特朗普提出的制造业回流，领域更广泛，除了继续强化支持对美国高端制造业的回流，还意图扩大回流领域，特别是部分为美本土企业配套的企业，如为苹果公司配套组装的富士康于 2016 年 12 月提出将在美投资建厂；福特、丰田等传统汽车制造业企业也计划在美投资设厂。另外，近年来，美国天然气成本持续位于历史低位，加之特朗普政府推出的能源新政策，都将加速能源密集型企业回流美国。因此，从一般电器组装、汽车制造等传统制造业，到高端芯片等高端制造业，以及能源密集型企业都将成为新一轮美国制造业回流潜在企业。

三是政策重心不同，从保持科技领先到扩大就业。两届政府鼓励和支持的产业领域不同，也说明了政策目标不同。奥巴马政策核心是为了提升美国制造业的竞争力，保持美国在全球先进制造业和科技方面的领先地位，而特朗普更注重以"美国优先"为核心的利益导向，不仅要依靠其在先进信息技术和制造业关键领域、环节的技术优势，以及在前沿创新方面的机制优势，确保美国制造业在全球居于绝对领先地位，还提出"买美国货和雇美国人"的政策目标，通过降低美国贸易逆差和扩大就业，以期重振美国制造业。

第十章　影响及对策建议

面对特朗普"美国优先"经贸政策以及与之相伴随的"逆全球化"举动，我们应深入地评估其对我国工业和通信业的影响，尤其是要警惕其在全面围堵我国传统产业的同时，阻碍我国通过"中国制造2025"做大做强高精尖产业。在此基础上，一方面要制定点对点的精准应对和反制策略，同时也要变被动为主动，从世界经贸格局演变和大国博弈的长远战略角度出发，系统打造我国全球竞争新优势。

第一节　警惕"美国优先"政策对我国的负面影响

一、"美国优先"扰乱我国对外贸易发展的有利格局

特朗普提出的"美国优先"，旨在强调要先发展自己，增强经济、军事实力，同时摆脱不必要的战略负担，最后实现"美国的再次伟大"。特朗普上任以来，已经退出多个协定或国际组织：2017年初退出TPP、6月退出《巴黎协定》、10月退出联合国教科文组织、11月退出"采掘业透明度倡议"。通过这一系列动作可以看出特朗普的"孤立主义"倾向，这对当前经贸规则带来巨大挑战，并可能重塑全球经贸格局。同时，特朗普访问亚洲之际提出"印太战略"的概念，这是"亚太再平衡"战略的延伸，也是防范中国"一带一路"的战略考量。目前美国实施"印太战略"的优势来自两个方面：一是尽管特朗普已经宣布退出TPP，但日本坚持在美国退出的情况下继续寻求达成CPTPP，给美重返TPP提供了机会窗口。二是目前美加墨正在进行的NAF-TA重新谈判中"美国优先"特征明显，一旦美借助NAFTA达成更符合其核

心利益的多边谈判新标准，美国"重返亚太"、掌握亚太经济发展主导权将更加可期。当前我国深度参与的 RCEP、中日韩等多边协定尚在谈判中，美国"重返亚太"将深刻影响我国对外贸易格局。

二、沿用"非市场经济地位"加大"双反"力度，贸易摩擦将不断升级

目前美欧认为中国在税收、融资、产业政策和补贴等方面存在严重政府干预，与完全市场经济国家尚存差距。此举剑指我国国有企业、产业政策和融资政策，未来我国出台相关产业政策将越来越受制于欧美国家的牵制。截至 2015 年，我国遭遇反倾销调查数量连续 21 年居于世界首位。2016 年上半年针对中国的 65 起贸易案件中，反倾销案件多达 46 起，占比 70.8%，钢铁、机电和化工等行业饱受冲击。即便中国将欧美变相沿用"替代国方法"诉诸 WTO，但 WTO 案件解决多持续几年之久。在 WTO 有定论之前，预计欧美会加大对反倾销措施的使用频率。而未来 5 年正是我国工业转型升级的关键时期，频繁的反倾销调查将大大影响我国钢铁、机电、化工和纺织等行业的发展。2014 年美国新增对华反倾销立案 20 起，欧盟新增 12 起，在欧美强势贸易保护力度下，我国化工、钢铁、机电等行业出口出现负增长。预计未来钢铁、化工等行业遭受的反补贴调查将大大增加。与反倾销相比，欧美对华反补贴并非主导。以美国为例，美国对华反倾销案件中，正在实施措施的有 80 起，在同期正在实施的反补贴只有 40 起。但是，随着"替代国方法"条款的终止，以及如若中国在 WTO 起诉欧美沿用"替代国方法"获得胜诉，欧美将慎用"替代国方法"。取而代之，将频繁提起反补贴调查，呈现反倾销和反补贴并重的趋势。由于补贴涉及一国产业政策，可能同时涉及上下游数个产业或行业，一旦涉案，波及面和影响力也更大。目前中国遭受反补贴的行业集中在冶金、化工、机械及金属制品等行业，未来这些行业可能受损较大。

三、全面限制我高精尖产业，中美双边谈判压力增大

跨国公司对华正常技术转让可能受到影响。未来美国政府可能加强跨国公司对华正常技术转让限制，尤其是对人工智能、半导体、信息通信、生物

医药和新能源汽车等高精尖技术的出口管制力度将进一步加强。同时随着特朗普美国制造业回归政策的推进，高技术制造业将越来越多地布局在美国本土，我国企业通过中外合资等方式引进和吸收先进技术的难度将越来越大。

美国将加强对我国企业全球并购的国家安全审查。美国政府未来将进一步加强对我国企业投资美国科技领域的审查，尤其是将加强人工智能、半导体等可能影响国家安全行业的国家安全审查。以半导体为例，2016年美国外国投资委员会（CFIUS）否决或中止了5起中国企业并购案。2017年1月6日，美国白宫发布《持续巩固美国半导体产业领导地位》报告，指出随着中国政府的大力扶持，中国芯片产业已经对美国相关企业和国家安全造成严重威胁。报告指出将加大对中国芯片交易的国家安全审查，并联合其他国家一起限制中国全球芯片产业的兼并购。

四、与美国制造业之间的成本优势日趋缩小，未来吸引外资压力增大

近年来我国与美国制造业之间的成本优势正日趋缩小，在新的竞争优势尚未形成之际，极具"美国优先"特点的财税与货币政策的落实到位，将给我国本土产业发展造成挤压效应。从税负成本看，我国制造业并不具优势：世界银行《2017年营商环境报告》公布的营商环境排名中，我国为第78名，美国、德国和日本分别为第8名、第17名和第34名。其中税款缴纳作为重要的指标，我国排名更加靠后，排在第131名，美国、德国和日本分别为第36名、第48名和第70名。从能源价格来看，我国电力、煤炭、天然气、成品油价格均高于美国，美国优势明显。另外，2016年我国已经成为全球第二大对外投资国，对外投资直接1701.1亿美元，同比增长44.1%。制造业企业"走出去"屡见不鲜：青岛海尔56亿美元并购美国通用电气家电业务、百度计划在硅谷设立第二家研发机构、滴滴出行与斯坦福人工智能实验室达成合作主要开发无人驾驶技术等。这些案例的背后有我国制造业全球布局的考量，但也需注意到制造业加速外流带来的产业空心化风险。

第二节　全力打造我国全球竞争新优势

一、战略定位上，充分认识并把握我国从全球公共产品的消费者向提供者身份转变的机会窗口

改革开放以来，我国综合国力迅速提升的重要原因是利用国际市场扩大出口和利用国际资本招商引资，更多表现为全球化的"搭便车者"。而在全球经贸格局变动背景下，我们必须转变参与国际竞争的方式，提供与自身发展阶段相符的全球公共产品。一是持续扩大对外开放，进一步向外资和外国商品开放国内市场。扩大制造业、服务业外资市场准入开放范围，持续推进专用车和新能源汽车制造、船舶设计、飞机维修等制造业和生产性服务业对外开放，加快电信和金融等服务业开放进程；进一步削减包括汽车、高端消费品在内的工业品关税，允许更多外国商品分享我国巨大的国内市场。二是通过海外投资加速资源全球配置，向世界提供中国资本。2016 年我国对外投资占 GDP 的比重为 11.8%，不仅远低于发达国家 44.8% 的高水平，也远低于全球 34.6% 的平均水平，这与我国大国身份确有不相符之处。未来应持续扩大对外投资，变产品输出为资本和产能输出，为其他国家带来基础设施投资和就业的同时，缓解我国贸易摩擦紧张态势。三是推动经贸互信交流，实现中美合作共赢。作为当今世界第一大经济体和第二大经济体，两者利益相互交融，中美经贸合作大趋势不会改变。未来应进一步寻求美国国内支持自由贸易人士的支持，扩大舆论影响，增强双方信任机制，消除潜在误解，削弱美国国会内的反华势力和贸易保护主义倾向。

二、产业支撑上，从制造业、服务业和跨国企业三个方面夯实产业发展基础

一国产业全球优势主要体现在由制造业支撑的货物贸易竞争力、服务业支撑的服务贸易竞争力和全球资源配置主体跨国公司的竞争力三方面。一是

全力推进"中国制造2025",加快制造业新旧动能转换。在抢占新一轮科技革命和产业革命制高点,发展高科技新兴产业的同时,要通过智能化、信息化和服务化手段改造提升传统产业。二是依托服务业对外开放和对内改革,提高"中国服务"竞争力。借助上海等自贸试验区,加速试点服务业市场准入开放,总结成熟经验基础上推动全方位开放。加快制造业和服务业融合发展,大力推动研发升级、信息技术、物流运输等生产性服务业发展。三是培育一批具有国际竞争力的跨国公司,增强我国主动配置全球资源能力。进一步深化国有企业改革,发展混合所有制经济,淡化国有企业的行政色彩,消除东道国对我国国有企业的所有制疑虑。支持民营企业海外投资,推动民营企业成为跨国投资主体。

三、营商环境上,从政策稳定性、资源价格改革、税收优惠上重塑吸引外资优势

世界银行数据显示,2017年我国营商环境排名为78名,美国为第8名。面对资本流失可能引发的产业空心化风险,我们需要大力优化营商环境,重塑吸引外资新优势。一是保证政策的持续性。对于美国紧缩性货币政策的加紧实施和税改方案的落地,我们应密切关注但不宜盲目跟进。应从自身角度把握政策节奏,重点在提升政策的透明度上下功夫,通过稳定、透明的政策环境加强对外资的吸引。二是加快资源性产品价格机制改革。作为制造业重要的生产要素,能源价格成本是吸引制造业投资的关键因素。油气领域推进混合所有制改革,电力领域推进大户直购电,煤炭领域助力企业降低成本避免煤炭价格快速上涨。三是研究降低工业增值税税率的可行性方案。目前工业17%的增值税税率明显高于与我国制造业相竞争的几个国家,比如日本(5%)、韩国(10%)、越南(10%)、印尼(10%)等。而且现行工业和商业增值税税率明显高于服务业(仅为11%和6%两档),工业增值税税率明显较高。未来需组织力量加强研究降低工业增值税税率的可行性方案,进一步降低工业企业税负。

四、市场空间上，通过高标准自贸区和"一带一路"建设提高参与全球竞争的深度和广度

2016 年，美国和欧盟市场占到我国出口总额的 34%，尽管仍占绝对比重，但周边国家、金砖国家以及广大的"一带一路"沿线国家将是未来最具增长潜力地区。一是加快实施自由贸易区战略，积极打造自贸伙伴圈。推动现有在谈自贸协定，尽快推动完成 RCEP、中日韩等自贸区谈判。积极推动与"一带一路"沿线国家和地区、欧亚经济联盟、上海合作组织等建立双边、区域贸易和投资协定。二是加快"一带一路"沿线经济合作步伐，拓展我国产业发展空间，聚合与我有共同利益诉求的发展中国家伙伴，将其作为我国构建人类命运共同体的主战场。制定我国制造业和服务业布局架构和路线图，以优势产业"走出去"推动我国的技术标准化、标准规则化、规则国际化，不断提升在国际规则制定上的话语权。

五、规则引领上，从减少专向性补贴、国有企业公平竞争、维护 WTO 框架上进一步引领国际经贸规则制定

当前我国在推动经济全球化方面，主要是与国际规则接轨，尚未掌握规则制定权，因此面对这些标准，仍处于较为被动的局面。随着美国以打击不公平贸易为由加大"双反"调查力度，中美贸易争端仍将持续：2017 年 2 月 2 日，美国商务部最终做出反倾销和反补贴的肯定性终裁报告，对我国出口的不锈钢板带材征收反倾销和反补贴税率；2017 年 3 月 8 日，美国商务部正式对中兴通讯做出制裁，以违反美国出口管制法规为由将中兴通讯公司等中国企业列入"实体清单"，对中兴公司采取限制出口措施。一方面，未来应继续加强国际规则的学习与应用，尤其是积极规范政府补贴模式，减少专向性补贴，以普惠性的补贴政策为主，确保相关产业政策不违反 WTO 规定，推动产业政策向普惠性、功能性、结构性转变；另一方面，我们应该逐渐从规则的遵守者向规则制定者转变，不能被美国总是以"国有企业""市场经济地位"等问题牵着走，而是应该通过"一带一路"倡议等多种平台形成符合我国利益的国际经贸规则表达。

展望篇

第十一章　机遇与挑战

2017 年，面对错综复杂的国内外形势，在以习近平同志为核心的党中央坚强领导下，我国工业狠抓稳增长调结构增效益，有效遏制工业下行势头，切实减轻实体经济企业负担，通过技术改造、兼并重组、质量品牌、绿色转型、示范基地等措施促进产业链整体升级，工业新旧动能转换成效初显，工业生产超预期回升、产业结构优化升级、企业效益明显改善。在 2016 年底举办的工业和信息化会议上，提出要以党的十九大精神统领新时代制造强国和网络强国建设，紧紧抓住我国追赶国际先进水平和面向未来升级谋篇布局的关键战略机遇期，坚定不移走中国特色新型工业化道路，打造形成数字经济时代下制造业国际竞争新优势，有力支撑起质量第一、效益优先、协同发展、充满活力的现代化经济体系。但仍需警惕供给质量与消费需求脱节，金融对实体经济支撑力不足、国际制造业竞争加剧等问题，拖累制造业竞争力提升。

第一节　机遇

一、工业经济形势稳中向好，结构调整步伐加快

一是工业增速稳中有进。2017 年全年全国规模以上工业增加值同比增长 6.6%，增速同比加快 0.6 个百分点，达到近三年来最快增速；2017 年 1—11 月，全国规模以上工业企业实现利润总额 68750 亿元，同比增长 21.9%，比上年同期加快 12.5 个百分点。规模以上工业企业主营业务收入利润率为 6.36%，比上年同期提高 0.54 个百分点，制造业提质增效明显。分行业看，高技术产业和装备制造业增加值分别同比增长 13.4% 和 11.3%，增速分别比

规模以上工业快 6.8 和 4.7 个百分点。

二是区域工业经济改善明显。2017 年，我国地区工业经济在保持稳中求进总基调基础上，区域分化情况有所好转，呈现出"中西快、东部优、东北稳"的发展态势。2017 年前三季度，共 19 个省份工业增加值增速快于上年同期，大多数省份工业效益状况明显改善。尤其是东北地区工业发展情况明显好转，前 9 个月辽宁省工业增速降幅比上年同期收窄 9.3 个百分点，从 8 月起增加值增速转为正增长。

三是去产能降成本成果显著。2017 年前三季度，钢铁去产能已完成全年预定目标任务，依法取缔"地条钢"任务按期完成。钢铁、有色、水泥、平板玻璃等行业利润实现较大幅度增长，企业亏损同比分别收窄 4.8、2.4、12 和 6.2 个百分点。在减税降费方面，2017 年全年为企业减负超过 1700 亿元，2017 年前三季度，税务部门支持科技创新税收优惠政策减税超过 2200 亿元，同比增长约 50%，有力推动了供给侧结构性改革。

二、制造强国建设稳步推进，网络强国加速实施

一是制造强国建设全面实施。2017 年，工业领域完成了以《中国制造 2025》为引领，11 个专项规划为骨干，各地落实文件为支撑的顶层设计，"中国制造 2025"顺利实施，"中国制造 2025"国家级示范区启动创建。国家制造业创新体系建设不断完善，新批复 3 家国家制造业创新中心。国家科技重大专项、工业强基工程实施取得新突破，C919 大型客机、AG600 水陆两栖飞机成功首飞。军民融合深度发展取得新成效，《关于推动国防科技工业军民融合深度发展的意见》发布实施。

二是网络强国建设迈出重大步伐。2017 年，我国信息网络建设工程扎实推进，电信普遍服务试点全面完成 3.2 万个行政村通光纤任务部署。网络提速降费力度加大，全国 50M 以上宽带用户比例超过 60%，手机国内长途和漫游费全面取消。5G 技术研发完成第二阶段试验，TD－LTE 项目获得国家科技进步特等奖。市场监管力度加大，基础电信领域混改试点实现重大突破，防范打击通信信息诈骗成效显著。

三是制造业与互联网深度融合发展。2017 年，推动出台了工信部关于深

化"互联网＋先进制造业"发展工业互联网的指导意见。智能制造工程大力推进，完成202个综合标准化和新模式应用项目立项。制造业数字化转型步伐加快，两化融合国际标准成功立项。制造业骨干企业双创平台普及率接近70％。融合技术协同创新活跃，支持云计算、大数据、人工智能、IPv6研发应用的政策体系不断完善。

三、科技创新能力不断增强，提质增效成果显著

一是科技创新成果突出。2017年，我国在加快建设创新型国家的征途上大步前进，航空航天、电子信息、装备制造等领域取得了一系列重大科技创新成果。首艘货运飞船"天舟一号"发射升空，随后与"天宫二号"空间实验室顺利完成首次自动交会对接；具有完全自主知识产权、达到世界先进水平的中国标准动车组"复兴号"成功完成首次运行；我国自主设计并建造的亚洲最大绞吸挖泥船"天鲲号"在江苏启东成功下水。

二是研发投入结构继续优化。2017年，从经费投入结构来看，我国基础研究经费占比继续回升，高技术制造业研发实力的不断提高，对我国经济实现提质增效、转型升级起到了重要的支撑和带动作用。企业对全社会研发经费增长的拉动作用进一步增强，民办研发机构投入快速增长，全国研发经费资源继续向东部地区聚集。在欧盟委员会公布的2017年工业研发投入排行榜中，中国内地有7家企业上榜。

三是企业创新能力显著提升。2017年我国创新能力和表现排名为全球第22位，处于中等收入经济体的首位，企业自主创新能力尤为突出，有力助推我国产业转型升级，产生了巨大的经济效益。培育出一批具有国际竞争力的龙头企业，并充分发挥中小企业创新生力军作用，制定和实施中小企业创新成长计划等。同时采取鼓励地方政府对高新技术企业提供必要的资金支持，通过设立专项创新基金等手段支持企业创新发展。

四、对外开放水平持续深化，国际产能合作加强

一是对外开放进入新阶段。2017年以来，随着我国对外开放不断深入，"一带一路"倡议大力实施，我国工业外贸企业积极转型，国内市场需求向

好，近两年外贸连续下跌的局面得到扭转，呈现企稳回升走势。全年进出口总额 277921 亿元，同比增长 14.2%，其中出口 153318 亿元，同比增长 10.8%；进口 124603 亿元，同比增长 18.7%。进出口相抵，顺差 28716 亿元。机电产品出口增长达 12.1%，占出口总额的 58.4%，比上年提高 0.7 个百分点。

二是工业出口结构优化。自我国对外开放政策实施以来，我国工业出口主导产业从轻工、纺织等传统产业向装备制造业、高新技术业等资本、技术密集型产业转型升级步伐进一步加快，高附加值产品和装备制造产品出口增长较快，部分先进技术、关键零部件和消费品增速提高。国际市场布局、商品结构、经营主体和贸易方式优化加速推进，外贸转型升级基地、贸易平台、国际营销网络深入推广。

三是积极推进国际产能合作。当前世界经济增长缓慢，国际贸易萎靡不振，急需新的驱动力来促进增长。我国大力推动本土优势产能"走出去"，进一步优化了国内产业结构，扩大与合作国家的利益交汇点，为我国工业发展注入更多活力，达成合作共赢局面。目前我国已与近 20 个国家开展了机制化产能合作，铁路、核电等一大批重点项目在世界多个国家落地生根，随着"一带一路"建设深入推进，国际产能合作前景广阔。

第二节　挑战

一、供给质量与消费需求脱节，结构性失衡风险犹存

一是高质量产品供给能力不足。自 2010 年以来，我国稳居全球制造业产出第一大国，有 100 多种消费品产量居全球首位，但主要出口产品集中在中低端产品范畴。反观我国也是高端消费品进口大国，2016 年我国消费者奢侈品消费有 77% 发生在境外，"弱品质"成为我国高端购买力严重外流的主要因素。

二是自主品牌建设明显滞后。随着新一轮全球产业化分工兴起，我国制

造业面临"双重挤压"，一方面国际实体经济战场争夺更加激烈，另一方面我国质量品牌建设与国际先进水平仍有较大差距，虽然自主品牌数量多，但品牌附加值低，加之部分企业品牌意识较弱，缺乏严格的质量品牌管理体系，直接制约了我国自主品牌高端化发展。

三是制造业标准化程度不高。标准是产业发展和质量技术基础的核心要素，尤其对制造业长足发展有重要作用。随着新一代信息技术和高端制造业不断发展，我国制造业标准体系系统性和协同性不强、产业跨界融合适应性较差等问题凸显，智能制造、绿色制造标准缺失，直接影响我国对接国际标准。

二、制造业成本优势逐步削弱，民间投资意愿不强

一是要素成本优势递减。从 2012 年开始，我国作为"世界工厂"的劳动力成本优势就在逐年递减，尤其是劳动力工资水平，在超越东南亚国家地区后，逐步与美国等发达国家水平持平。而从土地、电力、物流等制造业生产要素和流通环节来看，我国成本已高于部分发达国家，直接降低了国内外企业投资建厂意愿。

二是税费负担过重。美国《减税与就业法案》正式落地后，企业所得税由 35% 直接降低至 21%，已吸引通用、福特等大型企业生产线回美，而其他国家也纷纷出台减税方案。目前我国"营改增"后，制造业抵扣链条不完善、固定资产抵扣环节缺失等问题使部分企业税负不降反增，加之企业承担社保福利费用较重，都直接影响企业长远发展。

三是工业领域民间投资意愿不强烈。2017 年，我国固定资产投资增速一直呈现下滑趋势，特别是民间投资增速，1—11 月仅为 5.7%。长期来看，工业民间投资占民间投资总额比重逐年下降且下降幅度有扩大趋势，增速持续低于民间投资总额且差距明显扩大，而工业民间投资又对工业投资影响较大，若未来增速不能企稳回升，将直接制约工业发展后劲。

三、金融对实体经济支撑不充分，削弱制造业竞争力

一是资金脱实向虚趋势明显。2017 年三季度末，我国本外币工业中长期

贷款余额 8.2 万亿元，同比增长 6.9%，增速较 2016 年有明显提高，但仍低于 2011 年 12.5% 的平均增长水平；本外币工业中长期贷款余额占本外币各项贷款余额的比重自 2011 年以来逐季下降，三季度末已降至 6.66%，较上年同期回落 0.3 个百分点。

二是制造业增加值占比过低。2017 年前三季度我国金融业增加值占 GDP 的比重达 8.5%，远远超过英、美、日、德等发达经济体。而对比来看，我国制造业增加值占 GDP 的比重降至 29.4%，已低于 30% 的预警监测标准。长此以往，将导致过度金融化和产业空心化，进而影响我国制造业竞争力。

三是金融对工业融资支持不足。目前我国制造业企业融资成本居高不下，金融资源配置不合理，同时受利率和信贷政策影响，目前国有银行和股份制银行对中小企业融资门槛也在不断提升，融资租赁等新型融资方式虽解决了中小企业单一融资渠道难题，但仍存在投资风险和融资隐患。

四、国际产业竞争日趋激烈，制造业贸易摩擦加剧

一是发达国家再制造战略带来冲击。随着国际产业分工更加细化和深入，制造业与服务业融合步伐加快，发达国家在服务业方面的高效率越来越能够弥补劳动力成本过高的不足，同时以新一代信息技术、新材料等为代表的新兴产业发展，以及制造业回流趋势推动，也将重塑全球产业分工，长远来看将对我国制造业发展形成强有力冲击。

二是制造业分工格局出现变化。随着贸易投资自由化进程推进，信息、货物、服务跨境流动成本大幅降低，生产模块化、个性化发展不断深入，直接影响了制造业国际化布局。目前新兴经济体在全球制造业中份额不断提升，我国在中低端制造环节制造业竞争力遭受挑战，同时也面临来自发达国家高端制造业冲击。

三是制造业领域贸易摩擦加剧。虽然全球经济正在改善复苏中，但我国仍面临贸易保护主义和孤立主义倾向加剧等众多干扰因素，尤其未来中美经贸关系仍有较大不确定性。2017 年以来特朗普政府先后对我国发起"232 调查""301 调查"及"双反"调查，随着调查结果的公布，部分工业品将面临高额的惩罚性关税，出口成本大幅升高。

第十二章　政策展望

2018 年是全面贯彻党的十九大精神的开局之年，是改革开放 40 年，也是决胜全面建成小康社会、实施"十三五"规划承上启下的关键一年。在过去的 2017 年里，我国宏观经济稳中向好，好于预期，GDP 增速 6.9%，实现 7 年来 GDP 首次提速增长；经济增长的质量和效益显著提升，经济结构出现重大变革，实体经济回暖，工业经济呈现稳中向好势头，经济活力和韧性不断优化；对外开放深入发展，"一带一路"倡议进一步吸引全球关注，各领域不断签署推进重大项目。展望 2018 年，我国的产业转型升级正处于关键阶段，制造业仍然是振兴实体经济的主战场，预期"中国制造 2025"将继续深入实施，制造强国与网络强国建设全面推进；我国将以供给侧结构性改革为主线，优化供给体系，打好防范化解重大风险、精准脱贫、污染防治三大攻坚战；将进一步加快改革开放，加强财政、货币、产业、区域等经济政策的协调配合，推动建设实体经济、科技创新、现代金融、人力资源协同发展的产业体系，实现经济高质量发展。

第一节　推动制造强国与网络强国建设，迈向高质量发展阶段

随着互联网技术的快速发展，工业面临着信息化融合下的深刻变革，美国、德国等发达国家分别出台"先进制造业""工业 4.0"等国家层面战略规划，谋求抢占制造业制高点，在新一轮制造业竞争中稳固优势。而我国劳动力等生产要素成本提高，国际加工、代工业务面临发展中国家的竞争压力，产业转型升级迫切。鉴于此，"中国制造 2025"重磅出台，力图扭转中国制造大而不强的局面，推动制造强国建设。抢占制造业国际竞争的尖端，需要

借助互联网信息技术的东风，根据 2018 年全国工业和信息化工作会议内容，拟开展网络强国建设三年行动，数字经济将成为制造强国与网络强国全面推进所迸发的新亮点。

一、示范引领，制造强国建设稳步前行

目前《中国制造 2025》"1 + X"规划体系已全部发布，未来重点将是五大工程、专项行动、规划及相关配套政策的深入实施。一方面，突出重点，加强制造强国关键领域突破攻坚。2017 年 10 月，工信部发布《产业关键共性技术发展指南（2017 年）》，11 月，十二部门联合发布《增材制造产业发展行动计划（2017—2020 年）》，在重点关键领域布局突破。根据 2018 年全国工业和信息化工作会议要求，工业强基、高端装备创新等工程项目进展应予密切关注，动力电池系统等 50 项左右的关键瓶颈领域是突破重点。新材料产业发展对于推动技术创新、产业转型升级具有重要战略意义，也是制造强国的主攻方向之一。另一方面，"中国制造 2025"出台至今，已取得较好成效，下一步工作将加大对优秀产品的推广力度，并以点带面，通过树立标杆强化先行地区的示范引领作用，可预期未来将加大对高档数控机床、基础制造装备、关键系统部件等产品的应用推广力度，加强对地区经验的总结推广，高标准创建"中国制造 2025"国家级示范区，增强标杆效应。此外，相关产业政策也有序推进，产融结合将进一步加深，推动设立"中国制造 2025"产业发展基金。

二、创新驱动，网络强国建设全面推进

信息网络建设是我国发展互联网经济，发展壮大数字经济，推动制造业转型升级的重要基础条件。目前我国信息网络建设打下良好基础，光网城市全面建成，网络提速降费政策惠及全民。预期未来网络强国建设将着力从技术、设施、安全三个维度构建强国基础"铁三角"。5G 标准确定和商用产品研发将是 2018 年的一大亮点，5G 推广将带来相关技术、硬件产品的新一轮换代升级市场机遇。设施方面，随着光网城市的建成，下一步将一方面推进百兆带宽普及与千兆城市建设，另一方面促进高速光纤带宽网络的城乡全年

覆盖，加大服务普惠力度。随着网络技术与设施的推进，互联网将在社会经济生活中发挥更为重要的作用，网络安全的重要性越发凸显。2017 年 8 月，《公共互联网网络安全威胁监测与处置办法》出台，进一步健全公共互联网网络安全威胁监测与处置机制，11 月，《公共互联网网络安全突发事件应急预案》发布，通过健全应急机制，提升公共互联网网络安全突发事件的应对能力。2018 年 1 月，中央深改组审议通过《科学数据管理办法》，强化了大数据发展过程中的数据安全。预期未来网络信息安全建设力度将进一步加强。

三、信息网络技术与制造业深度融合，发展壮大数字经济

新一代信息技术的发展为工业转型升级提供了契机。一方面可以促进制造业的生产智能化，发展智能制造；另一方面可以促进制造业服务能力的提高，发展服务型制造。为推动制造业与互联网融合，加快新旧发展动能和生产体系转换，政府出台系列政策持续推动两化融合，2017 年 11 月，国务院印发《关于深化"互联网＋先进制造业"发展工业互联网的指导意见》，提出到本世纪中叶，工业互联网创新发展能力、技术产业体系以及融合应用等全面达到国际先进水平，综合实力进入世界前列。同年 12 月，工信部制定《促进新一代人工智能产业发展三年行动计划（2018—2020）》，加快人工智能产业发展，推动人工智能和实体经济深度融合。预期未来将以激发制造企业创新活力、发展潜力和转型动力为主线，通过构建基于互联网的大型制造企业双创平台与为中小企业服务的第三方双创服务平台，培育壮大新业态新模式。在生产方面，深入实施智能制造工程，持续推进智能制造专项；在服务方面，利用互联网、物联网等信息技术，加强生产厂商与消费者的互动，针对消费端需求提供个性化定制型服务，推进服务型制造发展。

第二节　以供给侧结构性改革为主线，打好三大攻坚战

根据党的十九大精神，为保障宏观经济运行保持在合理区间，实现由高速增长向高质量发展转变，未来我国宏观政策取向将继续以供给侧结构性改

革为主线。立足我国现实情况判断，未来需求侧管理的政策空间有限。从财政支出政策看，经过前期多轮刺激，地方政府债务风险凸显，财政投资拉动的政策空间压缩；从货币政策看，近年来货币乘数快速提升，呈现经济货币化趋势，货币总量刺激政策的负面效果日渐凸显。根据中央经济工作会议，未来将继续以供给侧结构性改革为主线，并着重补齐短板，打好风险防范、脱贫攻坚、污染防治三大攻坚战。

一、全面提升供给体系的适应性与创新性

2017 年供给侧结构性改革取得显著成效，钢铁去产能超额完成全年 5000 万吨目标任务，"地条钢"产能得到全面清理，减税降费举措切实减轻企业负担，工业经济呈现稳中向好势头，国民经济全年完成一份良好的答卷。根据中央经济工作会议要求，未来将继续围绕"三去一降一补"五大任务，继续破除低端无效产能，建立防范"地条钢"等低端产能死灰复燃的长效机制，稳步推进重点行业的产能置换进程，加快传统产业优化升级。在供给主体方面，要激发多元主体的投资活力，2017 年 10 月，工信部等十六部门联合发布《关于发挥民间投资作用推进实施制造强国战略的指导意见》，旨在应对制造业民间投资增速放缓的局面，促进民营企业转型升级、激发民间投资活力，加快制造强国建设步伐。

二、突出重点，打好经济高质量发展的攻坚战

根据中央经济工作会议要求，2018 年乃至未来三年将重点围绕发展短板打好三大攻坚战。一是防范化解重大风险，增强现代金融服务实体经济能力。当前我国地方政府债务与企业债务的双重高企，警示金融风险问题的解决已刻不容缓，预期未来三年左右时间将对宏观杠杆率进行有效控制，防范系统性金融风险。二是打好精准脱贫攻坚战，补齐发展短板。该举措一方面将有助于提振内需，也是保障民生的重要任务，另一方面也意味着政府财政将面临较大的刚性支出，财政收支压力偏大。三是打好污染防治攻坚战，推动绿色低碳发展。近年我国环保产业发展前景利好，政府支持力度加大。2017 年 10 月，工信部出台《关于加快推进环保装备制造业发展的指导意见》，提升

环保装备制造业水平，实现有效供给。11 月，工信部出台《高端智能再制造行动计划（2018—2020 年）》，促进机电产品资源化循环利用。预期在污染防治攻坚战需求推动下，绿色制造工程将继续扎实推进。

第三节　深化改革，优化经济政策协调机制

中国工业的转型升级，既要有效发挥市场机制的作用，同时也离不开政府产业政策的支持，其中财税、货币政策是政府宏观调控的有力工具。必要的财税扶持政策与金融体制的完善，将有助于减轻企业在转型升级中的负担，振兴实体经济，提高经济发展质量。而政策变动必然对原有政策体系下形成的均衡带来冲击，而由于部门间、区域间政策衔接协调不足，将导致政策效果偏离预期，或引发新的问题。党的十九大提出，要健全财政、货币、产业、区域等经济政策协调机制，着力推动建设实体经济、科技创新、现代金融、人力资源协同发展的产业体系，对相关政策的协调推动提出了更高的要求。

一、深化"放管服"改革，营造产业发展良好环境

根据 2017 年 6 月全国深化简政放权放管结合优化服务改革电视电话会议，深化"放管服"改革，实质上是要改革政府传统管理体制与政府越位权力，是要改革政府权力衍生出的寻租权力与不当利益，是要改革政府履行职能的方式与作风。2018 年 1 月，中央深改组二次会议将浙江省"最多跑一次"改革作为典型，指出各地区要结合实际，加大体制机制创新，增强群众对改革的获得感。预期成功经验将刺激各地以优化审批流程为代表的"放管服"改革进程，政府将继续加大"放管服"改革督察力度，推动政府开展刀刃向内的自我改革，降低企业营商的体制机制成本，营造产业发展良好环境。

二、推进结构性减税，切实降低实体经济负担

近年来国际国内环境合力影响下，实体经济发展困境凸显，企业压力增大，税负感增强，甚至出现"死亡税率"的舆论观点并引发广泛关注。以

"六税一法"为主要内容的税制改革旨在推进结构性减税，其中"营改增"是涉及范围最为广泛的关键举措。2017 年是全面推行"营改增"试点后的第一个完整年度，为实现"营改增"涉及行业的全面减负，考虑服务业存量资产税收抵扣等问题，对制造业与服务业实行差异较大的税率，从政策执行效果看，存在高缴低扣、低缴高扣等不公平现象，将对产业链造成扭曲。预期增值税税率优化问题将成为"营改增"全面试点后的下一步工作，制造业增值税适用税率将逐步下调，确保实体经济的良好发展环境。此外，环境保护税于 2018 年 1 月 1 日起正式开征，该税种税收全部划为地方收入。考量到环境保护税征税力度与企业招商引资可能存在的反向关系，地方政府应树立高质量发展的政绩观，警惕因经济利益考量而放松税收执法。

三、提高产业从业人员待遇，强化人才供给保障

为实现建设知识型、技能型、创新型劳动者大军的目标要求，教育与人才待遇将成为打造产业人才队伍的重要抓手。根据党的十九大精神，未来将以新发展理念统筹各级各类教育事业发展，完善职业教育和培训体系，深化产教融合、校企合作，健全优化创新性、复合型、应用型和技术技能型人才的培育机制，强化人才供给与产业发展需求的契合。中央深改组二次会议强调，要提高技术工人待遇，发挥政府、企业、社会协同作用，完善技术工人培养、评价、使用、激励、保障等措施，实现技高者多得、多劳者多得，增强技术工人职业荣誉感、自豪感、获得感，激发技术工人积极性、主动性、创造性。

第四节　扩大开放，积极应对国际经济环境变化

近年全球经济周期性提振，主要经济体实现自国际金融危机以来的首次同步增长，国际贸易与投资走势利好。但世界经济仍面临较大的不确定性，"逆全球化"思潮和贸易保护主义倾向有所抬头，引致我国的国际经贸环境依然存在较大变数。同时，随着中国国际影响力的日益提升，"中国威胁论"依

然久唱不衰，对中国的封堵性举措也将对我国的"一带一路"等国际战略带来挑战，需要做好相应预案。

一、跟踪国际经贸环境变化，进行政策相机调整

近年来美国、欧盟等主要经济体对华贸易摩擦加剧，贸易保护主义抬头，日本、欧盟和美国等主要经济体基于自身利益的考虑，相继宣布不承认中国"市场经济地位"，延续"替代国做法"，拒绝履行《中国加入世界贸易组织议定书》中规定的义务，预期该类举措将导致贸易争端激化，我国的出口贸易环境不容乐观。此外，美国、欧盟等出台的旨在促进制造业回流的政策，将对已形成的全球供应链造成冲击，对我国国际产业链布局带来新的机遇和挑战。未来我国应跟踪美欧等贸易政策变化，为国内产业发展和对外经贸关系做好准备。对于美欧日等国对华发起的贸易调查，做好诉诸 WTO 争端解决机构的准备，维护自身权益。

二、继续推进"一带一路"战略，构建人类命运共同体

2017 年 11 月，在美国退出 TPP 的情况下，由启动 TPP 谈判的 11 个亚太国家达成框架协议，并更名为 CPTPP，预计将于 2018 年 3 月发布协定最终版本。预期美国重新加入该协定的可能性较小，但美国不会放弃对亚太地区的战略布局，将通过双边谈判维系其影响。我国"一带一路"倡议现已取得较好的反馈，机制日趋成熟，2018 年 1 月，中央深改小组二次会议通过《关于建立"一带一路"争端解决机制和机构的意见》，预期争端解决机制的建立将促进"一带一路"商贸和投资争端的依法妥善化解，营造稳定、公平、透明的法治化营商环境。我国将继续推进"一带一路"建设，扩大"一带一路"的"朋友圈"，以政策沟通、设施联通、贸易畅通、资金融通、民心相通，不断增加世界各国的共同安全和共同利益，推动构建人类命运共同体。

后　记

　　赛迪智库工业经济研究所长期跟踪研究工业经济，在对工业经济发展环境、各工业行业发展趋势、工业经济政策导向、工业领域前沿技术创新研判的基础上，历时半载，经广泛调研、详细论证、数次修订和完善，完成了《2017—2018年中国工业发展质量蓝皮书》。

　　本书由王鹏担任主编，秦海林、关兵、乔宝华担任副主编，负责书稿框架设计和审稿，关晓旭负责统稿校对。全书共分为六篇，其中：理论篇由张亚丽（第一章）、乔宝华（第二章）编写；全国篇由乔宝华（第三章）、张文会（第四章）编写；区域篇由乔宝华（第五章）、韩力、韩建飞、张淑翠、徐铭辰、王昊、张厚明、刘世磊、赫荣亮、周禛、张凯（第六章）编写；专题篇由秦海林（第七章、第八章）编写；影响篇由梁一新、韩力（第九章、第十章）编写；展望篇由李佳璐（第十一章）、孟凡达（第十二章）编写。同时，本书在研究和编写过程中得到了工业和信息化部各级领导以及行业协会和企业专家的大力支持与指导，在此一并表示衷心的感谢。

　　新时代下，随着我国经济由高速增长阶段向高质量发展阶段转变，我国供给侧结构性改革的不断深化，我国工业经济将向着高质量发展目标前行。同时，希望我们的研究能够为探索工业高质量发展新路径提供一些思考，为"中国制造2025"战略的进一步落实提供一种新的检测和评估视角。

咨询翘楚在这里汇聚

信息化研究中心	工业化研究中心	规划研究所
电子信息产业研究所	工业经济研究所	产业政策研究所
软件产业研究所	工业科技研究所	军民结合研究所
网络空间研究所	装备工业研究所	中小企业研究所
无线电管理研究所	消费品工业研究所	政策法规研究所
互联网研究所	原材料工业研究所	世界工业研究所
集成电路研究所	工业节能与环保研究所	安全产业研究所

编 辑 部：工业和信息化赛迪研究院
通讯地址：北京市海淀区万寿路27号院8号楼12层
邮政编码：100846
联 系 人：王 乐
联系电话：010-68200552 13701083941
传　　真：010-68209616
网　　址：www.ccidwise.com
电子邮件：wangle@ccidgroup.com